王卫 顺丰而行

新蓝领时代骄子

王　楠◎著

时代出版传媒股份有限公司
北京时代华文书局

图书在版编目（CIP）数据

王卫：顺丰而行：新蓝领时代骄子／王楠著. --北京：北京时代华文书局，2014.9
ISBN 978-7-80769-853-1

I.①王… Ⅱ.①王… Ⅲ.①王卫–传记 Ⅳ.①K825.38

中国版本图书馆 CIP 数据核字（2014）第 208685 号

中国梦系列丛书

王卫：顺丰而行：新蓝领时代骄子

著　者｜王　楠

出 版 人｜田海明　朱智润
选题策划｜黎　雨
责任编辑｜胡俊生　李　荡
责任校对｜闻　天
装帧设计｜张子航
责任印制｜刘　银

出版发行｜时代出版传媒股份有限公司 http://www.press-mart.com
　　　　　北京时代华文书局 http://www.bjsdsj.com.cn
　　　　　北京市东城区安定门外大街 136 号皇城国际大厦 A 座 8 楼
　　　　　邮　编：100101　　电话：010-64267120　64267397
印　　刷｜河北飞鸿印刷有限责任公司
开　　本｜710×1000mm　1/16
印　　张｜18.25
字　　数｜202 千字
版　　次｜2014 年 10 月第 1 版　　2024 年 1 月第 2 次印刷
书　　号｜ISBN 978-7-80769-853-1
定　　价｜58.00 元

引 子

中国快递业的独孤求败

46 岁的香港人王卫，系顺丰快递的舵手。与很多企业家不同的是，这名舵手只沉醉于自己的那片海，终日与水手们打交道，不喜抛头露脸，更别谈主动扬帆起航，招摇过市了。

不过，顺丰这家企业是不待扬鞭自奋蹄的。它是业界翘楚，它是一家神奇的企业，与其领导人一样充满传奇。

20 年时间，王卫从番禺码头的挟件员做起，一步步打造出了一个资产总额超千亿元的企业，他本人因此荣登 2013 年福布斯中国富豪榜第 22 位，财富总额 237.9 亿元人民币。

顺丰，到底是一家怎样的公司？

它很热门，它不打广告，它很神秘，它很低调，它不打算上市，它的老总是马云最佩服的人……它有很多特质，这些特质让外界记住了它。或许，你也不必记住它，只需到大街小巷收发快递之处一睹真容，就能了解它的魅力所在。

当电商席卷全球，自配物流之势如火如荼之际，王卫却能一骑绝尘，不但于国内众多快递枭雄中拔地而起，且在对抗电商物流上亦毫无惧色，依然故我，实在叫人拍案。王卫，凭什么底气这么足？

快递资讯网的徐勇说："给你三年时间，30个亿，你也砸不出一个顺丰来。"作为国内排名第一的快递公司，顺丰甚至有着"中国版联邦快递"的美誉，这一切绝非空穴来风。无需去罗列顺丰每年的营业额——当然，营业额这种硬指标或许更能说明问题，单看其能一挑五家快递企业，即足见它的翻手之力。

今日，年销售额逾百亿的顺丰，在王卫手中依旧鲜活无比，若说毫无疲态可言，却又言过其实。不过，也恰是时不时的风水轮转，更可见顺丰的"顺风"之态。

论及顺丰的成功，与深挖任何一家企业成功之道一般无二。领导者的睿智总是要排在首位，王卫的商业谋划之法，大有武侠领域的"独孤求败"之状，"化有招为无招"，招招制敌。

王卫的为人，王卫的管理，王卫赋予顺丰的文化……皆为传奇！

目 录

❧ 引子 中国快递业的独孤求败/ 001

❧ 1 带着梦想上路/ 001
从 "挟带人" 起步/ 001
高端定位，一路 "顺丰" / 005
"非典" 之机/ 008
收权运动/ 012
直营 VS 加盟/ 016

❧ 2 低调的 CEO/ 021
深港神秘人/ 021
低调的 "难言之隐" / 025
企业家中的 "孤独客" / 030

"50万饭局"的背后/ 034

3 顺丰的民营大佬之路/ 039

"草根"的诞生，"偶像"的成长/ 039

乱象丛生，何以顺丰突围？/ 043

无限放大优势/ 047

客户至上，缔造王牌/ 051

来自"国家队"的挑战/ 055

航空争霸，谁主沉浮？/ 059

4 挑战"四通一达"/ 063

桐庐一家亲/ 063

EMS"暗战"顺丰，"四通一达"错位竞争/ 067

"慢递"动了谁的奶酪？/ 071

"铁老大"出山/ 075

"巨头"来袭/ 079

蝴蝶效应挫伤"四通一达"/ 082

"菜鸟"不菜/ 086

得华东者得天下/ 090

5 快递中的"慢姿态"/ 094

由外转内，暗殇顺丰自谋出路/ 094

顺丰"收钱"为哪般？/ 099

顺丰的"红色靠山"/ 103

跳出"电商包围圈"/ 107

当产业遭遇资本/ 110

引资不为上市，顺丰刮"逆风"/ 113

6 试水电商/ 118

　　顺丰E商圈，且行且谨慎/ 118

　　快递跨界之"劫"/ 122

　　E商圈"加码"，解决"最后一公里"/ 126

　　传统行业的"圈地运动"/ 130

7 顺丰"触网生财"，第三方支付"挂牌营业"/ 134

　　"顺丰宝"挂牌"营业"/ 134

　　崩塌的统一"大平台"/ 138

　　"三雄"相争，顺丰"加码"/ 143

　　支付域名的"保护伞"/ 147

8 顺丰"反7-11"开店/ 151

　　快递+便利店，顺丰的新"菜式"/ 151

　　入侵零售业/ 155

　　顺丰跨界经营，豪赌VS机遇/ 158

　　转型不是需要，是必要/ 162

　　铩羽而归，顺丰折戟沉沙/ 166

9 O2O的行业魅力/ 171

　　顺丰的"新路"/ 171

　　顺丰再试零售业/ 175

　　电商落地，快递加码/ 180

10 加速涉水/ 185

　　顺丰"尊礼会"/ 185

　　定位精准，前景堪忧/ 190

　　搅局，还是终结？/ 194

　　目标中高端/ 199

11 "三战"电商/ 202

从礼品到食品，顺丰"高端"在路上/ 202

挑战高端，不是一件容易的事/ 207

专注于食品生鲜/ 211

打响生鲜电商之战/ 216

快递"触电"，各显神通/ 221

12 顺丰优选，逆流而上/ 224

走入电商的"岔道"/ 224

优选"铺路"，顺丰自"元"其说/ 228

优选背后的"生意经"/ 233

走上"代运营"之路/ 238

13 数十万员工的管理之道/ 243

练好内功，先要平衡"五行"/ 243

心法四诀，避免"走火入魔"/ 248

给他尊重/ 252

条款是用来打破的/ 256

高效管理，对话"巨无霸"/ 260

14 迷人的顺丰文化/ 265

企业低调，员工自豪/ 265

信赖，就是信得过，赖上你/ 269

业内的领袖，业外的偶像/ 273

顺丰是快递，公益是先锋/ 277

1 带着梦想上路

从"挟带人"起步

如果统计一下国内商业大佬的性格，我们会发现，"大胆"总是个标杆儿角色。大胆，给人最直观的感觉是：无所畏惧、出手迅速、不计后果。

若真把大胆的特点放在王卫身上，恐怕并不合适。他低调、内敛、守规矩、肯吃亏，通俗点说，或许有些闷。这样的性格在商场打拼，是否会吃亏？一切，皆有渊源。

1971 年，王卫在上海出生，他的家境尚算不错，父亲是一名空军俄语翻译，母亲则在江西一所大学教书。不是典型的书香门第，可王卫骨子里仍有些风雅之气。

7岁那年，王卫跟父母搬离居所，迁至香港。

上世纪七八十年代的香港，寸土寸金，商业氛围浓郁，人们的生活节奏与今天不可相提并论，但较之内地来说，却是形如泾渭的。在这样的环境中，王卫也自然被熏陶出了睿智型头脑，这是他日后从商的本钱。

环境对于塑造人本身性格的影响不言而喻，自古及今，莫不如是。年幼的王卫在香港这一与国际靠拢的都市生活，内心自有的敏感教会了他"保守"。当然，他的保守系相对而言。较之于一些商界大佬们的破釜沉舟，王卫的表现显得似有些"裹足"。

香港的商业环境发达，混迹其中者各怀手段，想来，这些在年幼的王卫眼里，是一种"不应出"的手法。

高中毕业后，王卫打消了继续升学的打算，十几岁的他投身于香港叔叔的工厂中，成为了一名普通学徒。这种人生模式，与霍英东、李嘉诚颇为相似。于复杂环境之中，以一颗纯洁之心滚爬，是很容易学得一身过硬的生存本领的。

学徒生涯鼓励着王卫，他开始慢慢学着做生意、开工厂。最初，他脑子里空空如也，没有很具体的经商思路，只能摸着石头过河，看人家做什么赚钱，他也做什么，并不会思考自己的条件及市场环境。

初期模仿式的经营，让王卫学会的不是找准哪个市场空白，而是吃亏。那时候，他的生意多半失败，现实让他变得更加清醒，他开始琢磨如何运筹，如何变得更精明，更有商业眼光。

20世纪90年代，王卫抓住了一个机会。

广东与香港毗邻，王卫在广东顺德做印染生意时，总要把样品寄送到香港给客户，期间耗时较长。后来，还曾在码头托人捎样品到香港。无论怎样，都要费上一番周折。

那时，香港的不少生意人都把厂子设在广东，于是邮寄需求一目了然。王卫看到了被人忽视的市场空白，他本人也有受人之托稍带些小物件的经历。时间一长，王卫脑子里冒出个想法：何不以此为机，专门去做物件收发的公司呢？

说干就干，22岁的王卫从父亲处借了10万元启动资金，与几个朋友合伙成立了专门收发快件的公司——并于1993年3月26日正式成立顺丰公司。创业之初，公司仅有6人。可谁会想到，这个作坊式的小公司，日后会成为商业快递巨擘呢？

古之得天下者，要有"天时、地利、人和"的条件，做生意也不例外。王卫有内地、香港往返的经验，算占了地利，有启动资金及合伙人，是为人和，那么天时呢？

自1978年"改革开放"以来，沿海地区经济发展迅速，与港澳地区亦有诸多资本输入、输出，这带动了整个珠江三角洲地区的发展。至1992年以后，深港间出现了"前店后厂"的经济模式，直白地说，生意人多把店面设在港澳地区，工厂则设立在珠江三角洲。若从运输方面讲，当时的大背景所抛出的是货运商机，这也是那个黄金时代的冰山一角。

王卫和合伙人，就是这冰山一角中的掘金者。最初，他们能收发的物件有限，也比较辛苦。可以想象，在拥挤的人群中，几个人拉着拉杆箱子行色匆匆，风雨兼程，这种现实让王卫牢记于心。后来，王卫一手打造的顺丰快递成为业界翘楚，他从不忘自己冲在第一线的那段经历，屡次强调：一线业务员才是"最可爱的人"。

"挟带人"时期，是王卫打基础的关键期，这份辛苦也为他沉稳的性格注入了极稳重的元素，始终让他在光环和鲜花面前保持清醒低调。这也是顺丰的特质之一。

事实上，王卫最初打造的顺丰并不规范，似有扰乱市场秩序之嫌。"挟带"，顾名思义，并非按照正常的物件寄送流程。不过，对于寄送者和顺丰来说，则双双获益：一个支付的钱少，一个可赚取利润。

一般情况下，顺丰的早期业务流程是这样的：收到寄件人消息，于前一天上门取件，次日由业务员"挟带"出境，自香港收到物件后，再行带回。

那时，番禺至港澳的快船系"挟带"出境的重要路线，王卫也很看重，顺丰的很多业务都依托于此。这无疑是条发财门路，因早期快递市场混乱，政府监管不严，门槛也极低，除了王卫，也有很多人效仿"捞钱"。

王卫若一直这样继续下去，他也只算是借着改革开放的春风，小赚一笔的土豪了，根本谈不到日后掌管百亿资产的顺丰。但是他看到了混乱局面的结局，故而绝不想尽早"送命"。

他迅速抽离出身，把顺丰的业务逐步正规化、规范化，跳出了鱼龙混杂之所。他很清楚，政府早晚会监管快递市场，等到了火烧眉毛的时候再有所行动就来不及了。这样的战略眼光，让王卫一枝独秀，成为快递业的一株奇葩。

那时的王卫处在一个年轻气盛的时段，年轻人很难把握自己，可他不同，是个很有原则的人。投机生意是他排斥的，投机、走私在他眼里只是一个过程，他的目标是做企业。因此，即便"挟带"很有赚头，且成本不高，王卫还是决心转型。

几番思量，王卫靠着自己对市场的嗅觉，做出了低价揽件的决定，即以低于市场价 30% 的价格收件，且依旧实现快速发件。

这样的决定于乱象丛生的快递界是否明智？王卫的小团队能否与"挟带"群落抗衡？当一切未发生之时，谁也料不到结果如何。可王卫决心把快递做到专业，而专业是需要付出代价的，这一点他心知肚明。

高端定位，一路"顺丰"

在顺丰走向正轨的过程中，王卫性格中的诚信、规矩、谋略发挥了巨大作用，这是顺丰的福气。

决定"改邪归正"的王卫，思前想后，最终决定采用"低价收件，高速发件"的策略压制竞争对手。

说压制对手，倒不如说他是要完成自己对"企业"二字的升华。他不希望自己永远只是"挟带"的角色，他要变得更加专业。这样的做法，不但成全了他的"企业情结"，更直接对周围的对手们造成了威胁。

他的策略很快得到一大批中小商家的广泛支持，这为顺丰培养了一批忠实的客户。

客户量剧增，业绩攀升。王卫也审时度势，马上启动预先的计划，意欲把顺丰的员工打造成正规军。他让员工把之前的散件集中打包成统一的快件，然后再进行发送。可以说，从一开始，顺丰就走上了一条专业化之路。

"深港线路"是顺丰的起点，是王卫第一桶金的来源地。王卫眼见顺丰正式发展上路了，但也未曾抛弃这块原来的"肥田"。他以顺德为大本营，接着逐步向四周扩大版图。通过对广东业务的成功复制，长三角、华中、华北……祖国各地都雨后春笋般冒出了顺丰的身影。

王卫对顺丰的打磨十分精心，这促使顺丰的生命力日益旺盛。至1997年香港回归之际，顺丰已悄然成为深港货运领域的巨擘，其总收入的四成来自于国内快递业务，自此，王卫带领的顺丰"双管齐下"，席卷全国之势指日可待。

顺丰的发展速度如此迅猛，在一众快递"大小鱼"中脱颖而出，那么它到底有什么法宝？其实这一点都不奇妙，所谓的秘诀，都在王卫的经营中一览无遗。

有人曾做出了这样的总结：拉动顺丰高速发展的有三驾马车——高端定位、航空运件、直营模式。

自1996年开始，顺丰于国内快递业发力，此时，宅急送、申通也方兴未艾，于快递行业蓬勃发展的黄金时代崭露头角。那是个疯狂的时代，处处是商机，处处有市场，似乎能称为"业务"的都有银子可赚。快递业处在这样的盛世之中，"企业定位"这般考虑似乎多余。

当时，最初起步的快递公司无一例外地实行多样化产品定位，同城、异地，甚至国际快递，只要是快递业务，都照单全收。还有很多同行走上了"快递优则物流"的路线，纷纷拓展了物流业务，谋求着看似"大而全"的发展局面。

与所有同行不同的是，顺丰始终坚持着精准而谨慎的市场定位，用王卫的话说，那就是："只做快递，只做小件，不做重货！"

这种定位的形成，会斩断顺丰业务链条中不少"食物"，大有壮士断腕之意。多数同行奉行"来者不拒"原则，王卫却果断剔除五六元钱的同城快递客户，更把与四大国际快递——DHL、UPS、TNT、联邦快递业务重叠的高端客户群摒弃。此举，是顺丰日后能驰骋快递业的关键点之一，毕竟，与那些大佬们死磕，下场是可想而知的。

那么，小客户不要，高端客户也不要，王卫究竟要什么呢？很简单，两梯次中间的"中端"客户。对于这些客户，顺丰给予的服务依旧高端，当然，价格也会跟着水涨船高了。

这样的产品定位，在当时可以说是敢冒天下之大不韪，但王卫有自己的理解。原因是中端客户的忠诚度较高，且对快递价格的承受力强，因此不会因贪图便宜而选择速度和服务一般的快递。

正是意识到这一点，王卫觉得顺丰必须"针锋相对"，有的放矢。他迅速采取新的竞争策略——提速、高端服务！

从前，为了赢得市场竞争，他舍弃了利润；如今，还是同样的目的，他要再拿回应有的利润！他放弃价格战，将快递价格从15元提高到20元。

价格涨了，服务质量也会一样跟着涨。别人48小时才能到达的件，顺丰36小时送到，别人36小时，顺丰24小时！别人用电动车送件，顺丰用面包车送，别人面包车送，顺丰用飞机送！只要能为客户争分夺秒，顺丰不惜重金！

除了提速，王卫还注重提升顺丰的服务水平，他不惜重金购买最先进的手持终端——巴枪，时时扫描快件，时时跟踪快件运行轨迹，这便做到了对快件行程的了如指掌。

在快递行业中，"暴力分拣，野蛮操作"几乎是业内不成文的"规则"，这也是此行业饱受诟病的一大因素。王卫力求打造专业、完美的顺丰，自然不会让这种情况发生在顺丰。于是，一项作为三驾马车之"根本"的硬性要求，成为顺丰异于同行的又一独有属性——人才。

顺丰频频招收高学历人才，更屡屡引进高素质管理人才，甚至聘请 IBM 公司做管理咨询，这一系列高端之举，最终让顺丰于良莠不齐的快递业中脱颖而出了。

正是王卫长期坚持的"优质高价"策略，助推公司一路"顺丰"。王卫相信良好的口碑可以口口相传，顺丰从不做广告宣传，也没有任何推广手段，而且收费常年居高，然而在与申通、宅急送的竞争中，顺丰却一直领跑，显然，"优质高价"的准确、完善的市场定位功不可没！

"非典"之机

在 21 世纪初的几年里，快递业的门槛并不高，也许是未有行业巨头的震慑，以致杂七杂八的民营快递公司如雨后春笋般地涌现。那时，仅仅几年的工夫，中国大地上就林立起上百家快递公司。

这些草根公司依靠极低的成本进行高速的业务扩展，这对顺丰造成了一定的"围剿"式威胁，其地盘开始被蚕食。然而，此类指望着从顺丰的疆土上割下一块半块肥肉的小公司，却因为业内不可避免的低廉价格战，使得业务同质化严重。显然，这对通过定位快递市场中的中端客户，而走出同行业的价格战的顺丰无法构成实质性威胁。

不仅如此，王卫在带着顺丰锁定了中端客户，明确市场定位后，又随即亮出第二张王牌——航空运件！

2002 年，顺丰总部在深圳福田成立，王卫希冀大杀四方。

2003 年，一场令国人恐慌的"SARS"（非典型性肺炎）疫情爆发了，而自深广地区先出病例的现实，无疑应该让顺丰遭到重创。可令人惊叹的是，顺丰非但没有因此裹足受困，反倒迎来了其历史发展中最好的契机。

"非典"期间，广东地区成为疫情发展最严重的地区，人们谈"非典"而色变，大多待在家里不敢出门。而让客户足不出户即能业务正常，恰是快递公司的基本宗旨，故此"非典"的来袭，为快递业提供了难得的契机。

那段时间，安居于家中的人更多地选择快递公司帮忙进行运送物件，顺丰藉由其行业属性和积累的口碑，业务量一度逆势上扬。

对于快递业而言，最重要的竞争力非时效性莫属，时间就是金钱，只要能缩短运件时间，就能走在对手的前面。

王卫审时度势，通过对国内快递市场行情的分析，敏锐地发现此时快递市场的新需求——人们运件时首要看重的是"准时到达"，其次才是"价格公道"。于是，王卫迅速做出反应——用飞机运件！飞机运件成本不菲，但王卫在提速上素来一掷千金！

"非典"期间，多数行业受到不利影响，航空运输遭受巨大打击这一现状不言而喻，故而运价大跌。王卫辨析市场动向，看出此非常时刻绝对是千载难逢的好时机。当然，这种"利好"于他而言，并非只谋利益，不求道德。

王卫的打算是，借此时机同扬子快运签下租用飞机的合同，成为国内首个将快递运上天空的民营快递企业，以将正执迷于价格战的同行们远远甩在身后，奠定顺丰的江湖地位。

从陆地到空中的变化，让顺丰的送件速度在业内首屈一指，具有决胜的优势。北京、上海、广东、深圳均为快递热门路线，出货量大，对大部分同行来说，下午收件次日送达的几率相对很低，而顺丰即便在下午6点钟收件，次日一早即可让物件抵达目的地，显然，超快的速度，早已淡化了15元提升到20元的涨价现实。

速度，几乎成为顺丰最显著的特质，一旦客户遇到重要快件马上寄送，他们的脑海里最先浮现的多半是"顺丰"二字。这种物件数量累积的情形，迅速提升着顺丰的业务量，也从侧面缓解了包机成本带来的隐性压力。

同时，随着人们消费能力的逐步提高，一些曾经对运货时间和运货服务要求不高，只追求低廉运费的消费者，也开始逐渐选择运货更快、服务更可靠的快递公司，因此，很多低端的快递消费者便慢慢升级成为顺丰的客户。

由此，顺丰又进入了一个业务爆发式增长的黄金阶段——年营业额由2003年的两三亿，一跃上升至2004年的14亿元，再到2006年的30亿元。彼时，顺丰正式确立了自己在国内快递市场中的高端领导者地位！

虽说稳健快速的发展，让顺丰可傲视群雄了，但王卫对此并不满足。从航空运价尝到甜头以后，他萌生了更大的野心——自己买飞机！

"非典"过后，航空快递业务量越来越多，自2004年开始，顺丰每年在航空业务上的增幅都超过70%，显然，租用飞机已不能满足其与日俱增的业务量。且此时的竞争对手也已经尾随顺丰来争夺航空快递的市场份额，因此购买自己的飞机，组建自己的航空公司，已成为顺丰的一个必然的战略性选择。

当然，这是一个艰难的选择。

此时，包机的成本在一个可控范围之内，也更加省心省事，而自己组建航空公司，所要冒的风险巨大：购买飞机不难，但在使用期间飞机的维修费、航空燃料费、飞行员工资、机场起跑费等一系列成本，则成了一个没底儿的"窟窿"，一旦顺丰的业务量稍有下滑，便无力支撑飞机的使用率，继而会形成高昂的成本，这很容易就令顺丰陷入不可挽回的绝境。这等同于在顺丰内部安置了一枚随时可被引爆的"炸弹"。

然而，抱定"做一件事就要做到极致"的王卫，还是决定跟自己赌一把！

其实，王卫并无碰运气之嫌，他的"赌"也是经过了深思熟虑的。当时，国际上的四大快递巨头都早已用飞机运快件，顺丰购置自己的飞机，是紧随国际步伐之举。当然，若只为这没来由的追风，显然不是王卫的个性。

顺丰凭借100%的业务量年增长额，购置自己的飞机完全可以满足其使用率，同时顺丰如果拥有了自己的航空公司，就在产业链上占据了主动权，不仅可以自由选择更加经济适用的机型，还能根据市场变化开发成体系的顺丰产品。正是有了这般考虑，王卫才敢放手一搏。

2009年2月9日，顺丰航空有限公司正式开始筹建，由深圳泰海投资有限公司和顺丰速运有限公司共同出资，注册资金1亿元，以深圳机场为运营基地。

同年11月，顺丰航空正式获民航总局批准运营——两架飞机更成为顺丰的"硬头货"。是时，顺丰当之无愧成为国内首家使用飞机运件的民营快递公司，真是牛气冲天！

从租飞机到买飞机，王卫在快递提速上实现了华丽转身，令同行望尘莫及。

截至 2013 年 11 月，顺丰航空已经拥有 13 架自由运输机，另外还租赁了 19 架全货机，其利用 32 架的机队规模，为全国各地的客户提供着优质高效的服务。

据顺丰航空的规划，2015 年顺丰将拥有 69 架全货机；2021 年，预计拥有 196 架飞机，货运量预计超过 600 万吨。而根据中国民航总局的"十二五"规划，2015 年中国航空货运量将达到 900 万吨，由此可见中国的航空货运有着极其广阔的发展空间，这也为顺丰的航空快运未来提供了无限可能。

顺丰，这样一个一无背景，二无资源，三无实力的民营企业，之所以能在航空快递领域取得如此令人瞩目的成绩，有一个原因便在于竞争对手的"不作为"，正是由于国内众多快递企业大多缺少谋略，缺乏国际化视野，才烘托出了顺丰的成功。

其时，拥有谋略和野心的王卫，已慢慢将眼光瞄准了国际快件，开始拓展起自己的海外业务。在"海淘"日渐兴起的今天，我们有理由相信，顺丰会在自己的国际化道路上扮演越来越重要的角色，借助航空运价的优势飞得更高！

收权运动

如果说高端定位、航空运件，都可成为快递业打击竞争对手的釜底抽薪之策，是有心、用心的快递公司可以"拿来主义"的，那么企业的立足之本——模式，就可看成是优秀与卓越之间的决定性"分水岭"了。

王卫在定位和空运上的发力，促使顺丰先人一步，逐渐攀升至业界高位，但谨守方法而没有制胜之根，就很容易被人超越。幸而，顺丰不是无根的企业，它的制胜之道，很大程度源自模式的准确。

如今的快递业态分直营和加盟两种模式。

直营，即是全国设有统一客服电话，客户遇到任何问题，一通电话很快会得到解决，且设有呼叫中心，客户投诉、查询信手拈来。此外，无论哪里的分公司、营业厅，乃至车辆等，都具有统一性——统一的企业标识、工服等。

加盟，顾名思义，一个总部，若干利益关系构成的分部，无全国统一客服电话及呼叫中心，服务质量参差不齐。如此模式，缘何还有人做？很简单，不必专业化管理、投资少、成本低。

最初，顺丰也不是定位直营模式的。从"放权"到"收权"，王卫也是通过一次冒险的收权变革运动，才最终确立了顺丰的直营模式。

顺丰创立初期，其业务主要来源于深港件的自然延伸，网点布局并无规划可言，哪里有市场，哪里就会有顺丰，每建立一个网点，就注册一家公司，这完全是一种被利益牵着走的被动模式。

2002年以前，顺丰一直都没有成立自己的总部，只有分布各地的分公司，这种方式类似于其他快递公司的加盟模式。分布于各地的顺丰公司都归当地的加盟商所有，分公司负责人每年只需向顺丰上缴一定的利润即可，其余都可装进自己的荷包。

这种松散的模式，维系了顺丰很长时间的发展，直到王卫发觉这不是长久之计，并确立了"高端定位"的形象后，顺丰才发生了本质性变化。

顺丰所定位的客户，是对价格不敏感、重视速度和服务的中端用户，而先期的松散模式带来的结果是：加盟商为了追求利益最大化，往往代理多家快递公司，对顺丰公司制定的统一的速度和服务承诺难以保证，长此以往，即会严重损害顺丰一直辛苦塑造的品牌形象。

而且受损的还远不止顺丰品牌。

早期，顺丰的加盟模式使得大量客户资源都控制在加盟商手里，这些加盟商并不局限于对一个东家的"忠诚"，一旦时机成熟，各地"诸侯"随时都可能揭竿而起，自立门户，反过来与顺丰分庭抗礼。这种局面已可预见，王卫知道自己绝不能坐以待毙。

王卫是个从不在意外界评价的人，这让他在行收权之举上更显雷厉风行，绝不拖泥带水。其实他不是个不讲情面的人，可几次三番与加盟商产生激烈矛盾纷争后，他也看出有些事情早做晚做都一样，且越早越好。加盟商们得过且过的表现，最终促使王卫下定了决心，摒弃加盟，实行直营。

自1999年到2002年，王卫发动了顺丰历史上最大的一次革命——收权运动。

这一刻，王卫守住底线，毫不留情，强硬地将所有加盟商"一刀切"，想留下的，产权一律收回，不想留下的，便卷起铺盖，收拾行囊拿钱走人！

王卫强硬之心人人可见，可大家未必都甘心受制于他。在这个过程中，王卫所受阻力巨大，甚至差点付出生命的代价。

在汕头分公司，王卫的收权运动遭到强烈的抵制，为了全体一盘棋，他干脆暂停顺丰在汕头的所有业务，这便激怒了汕头加盟商，双方谈判未妥，汕头加盟商带人开着车在高速路上狂追他几十公里……可他依然故我，整顿不好决不罢休！

路都是人走的，苦都是人吃的，王卫用了3年的时间整顿清理，终于在2002年收到成效了。这一年，顺丰在广东顺德成立了自己的总部。

这场持续3年的"收权之战"，让顺丰成功地削弱了"地方诸侯"的权力，模式也由加盟制转型成直营制，顺丰与分公司的产权明晰，架构合理。经过改革，王卫将顺丰的所有资产都牢牢地掌握在自己手中，拥有绝对的话语权。至此，顺丰真正地变成了王卫一个人的企业，变成了一家未来前景无限的企业。

从2002年开始，完成收权运动后的顺丰正式向华东拓展，通过对直营模式的成功复制，进而一路向北，华北、东北……王卫逐渐铺开了一张面向全国的立体大网。

直营是模式，维护模式的始终靠人。在拓展全国快递业务的过程中，王卫打造出的"顺丰直营大军"不禁令人侧目，他们既是顺丰攻城拔寨的王牌，也成为顺丰高速发展的基石。

顺丰拥有27万直营大军，他们一步步托举出了顺丰的辉煌。

王卫是从一线走出来的企业领导者，故而深知底层员工渴望赚钱，顺丰的业务量大、效益高，王卫便在员工福利待遇上下足本钱。人人都知道，企业怎么对待员工，员工就怎么回报企业，多去安抚，多去鼓励，多发工钱，这样的现实屡试不爽。因此，王卫做出了业界，乃至企业界领导者总说不做的事儿——为员工制定高工资标准。

顺丰员工的高工资，在同行业内是出了名的。当时，一般公司的快递员月薪只有一千多元，而在顺丰，两三千元是家常便饭，月薪过万者也大有人在，至于顺丰管理层的薪酬，也至少比同行公司高出一倍。因此，单从薪资这一物质性方面来看，经过收权运动后留下来的顺丰员工，对王卫的忠诚度颇高，少有流失。

至于当年离开顺丰的分公司负责人，他们在短期内的确凭借自己的客户资源自立了门户，可也鲜成大气，不论是在快递速度、快递服务，还是在给予员工的薪酬方面，都难以与顺丰匹敌。基于这种显而易见的现实，顺丰当年流失掉的客户又纷纷调转船头，再找顺丰承件。如此，纵然经历了看似元气大伤的收权运动，顺丰仍底气十足！

由于王卫在运营模式上做到了端本正源，在他人眼中，顺丰也有了不一样的色度，每提及此，必是一番溢美之词。在收权运动之后，顺丰成为真正采取直营模式的快递公司，资金投入较多，管理成本上升，然而这些却都不会成为顺丰运营效率和服务质量下滑的障碍，甚至"不下反上"。

顺丰的直营模式，使得所有收件员都牢牢依附于顺丰总部，他们的唯一东家就是顺丰。当然，这个东家给予了他们生活所需及事业走向，是值得托付的。如此一来，顺丰总部等于控制了市场基层主力军与客服，这就等同于将所有货物的流向牢攥在手，于是，保证客户资源及客户忠诚度便是不言而喻的了。

王卫在做"挟带人"时，考虑的只是获益，后来逐步有了专业化想法，才一步步"弃暗投明"。顺丰选择直营，付出巨大，可后期的收效又岂是早期寥若晨星的投资可能比拟的？如此，今日呈现在我们眼中的顺丰，独具一格。

直营 VS 加盟

加盟与直营之争，其实由来已久。至今，以顺丰为代表的直营派别和以"四通一达"（申通、圆通、汇通、中通、韵达）为代表的加盟派的竞技难分伯仲。

对"四通一达"来说，加盟制是难逢之机，没了加盟，就没有他们今天的生存发展。

从一个大的市场方面讲，淘宝时代的到来，将"四通一达"捧上了一个高位，正是加盟制的出现，让他们在电商快递业方面取得的成功赶超了顺丰，使其当真在与顺丰的竞争之战中露了一回脸。

与直营相比，加盟制有利于市场的迅速铺开，这也是王卫最初站在加盟一列的因素之一。在加盟模式中，只要缴纳一定的加盟费，无论良莠，谁都可以加盟，其余均按每单价格收费，比如每单3元。

于是，对众多淘宝卖家而言，这无疑是另一个赚钱的途径。原本卖家要为每单付出5元快递费，但若加盟了"四通一达"，就可以每单"凭空"多赚钱2元的快递差价，何乐而不为呢？

就这样，几年之内，有超过5万个淘宝卖家开始成为"四通一达"的加盟网点，"四通一达"在淘宝卖家的助推下，迅速成长为电商快递行业的"巨无霸"，全线飘红。

然而，在淘宝时代，表面看似风光无限的"四通一达"，其实危机四伏。电子商务的大爆发，不仅给"四通一达"带来无限商机，也给他们带来了诸多挑战。

电商配送的基本要求，是要做到速度和服务的统一化，这一点对"四通一达"的加盟商似有难度，这些加盟商并非精挑细选、层层选拔而来，因而鱼龙混杂，发货速度难以保证，服务品质更难统一，于是有关"四通一达"暴力分拣的事件层出不穷，每年关于电商快递业的投诉居高不下，这让"四通一达"焦头烂额。

有一些商家考虑到客户体验，为了打造更贴心的服务，便希望快递企业实行代收货款制度。如果把这一事件平移至顺丰身上，且不说适合与否，只要王卫想干，则一定干得十分出色。可是，这对于加盟商实行松散管理的"四通一达"而言，简直是块烫手山芋了，他们是无论如何也不敢碰的。

当快递业的发展日益蓬勃之时，"暴力分拣"和"爆仓事件"即频频见诸于各大媒体，使一些快递企业开始反思阻碍企业进一步发展壮大的加盟制。加盟制门槛低，监管不严，上手快，赚钱迅速，可这些都是表象，深挖内核，会发觉其中生了"蛀虫"。只是，"蛀虫"生命力旺盛，一般的打虫药根本起不到效果。

怎么办？实行加盟制度的快递企业开始把目光投向顺丰——它是怎么做到的呢？

顺丰的直营，先期耗费资本巨大，没有一个长远规划的路子，走直营"死得更快"。有些快递企业，比如宅急送、申通、韵达、佳吉、圆通等，在顺丰的直营模式取得成功之后，都加以效仿，结果均未取得成功，在遭遇加盟商强烈抵制后又重回旧位。显然，他们都没有王卫的"狠心"！

在加盟和直营之间，其实每家快递公司都有着统一的意见：加盟制是快递企业由弱到强的必经之路，而直营制是快递行业的终极之路。

结果都知道，过程难坚持。很多快递企业并非不愿转型，而是力不从心，因为直营制必须投入大量的人力、巨额的硬件设施，这对于很多年收入只有几亿元的快递同行，是一个高不可攀的门槛。

况且，直营模式也不是完美无缺的，也有自己的局限性。

直营网点投入成本高，顺丰根本无法像"四通一达"那样大网一撒，坐待收网。在一些经济状况稍微落后的地区，顺丰想铺设网点，开展业务，是难比登天的。也基于这个因素，这些边缘地区总是"四通一达"的盘中餐。

同时，顺丰难以在电商业务迅猛发展的大形势下分得一杯羹，原因有二：第一，网络布局疏漏，密集度不足；第二，配送成本过高。如此，顺丰只能避开电商市场，在适合自己的天地大展拳脚。据悉，顺丰在蓬勃发展的电商市场中，仅有15%的市场份额，少之又少。如此看来，当电商汹涌而来后，到底加盟与直营孰优孰劣，也未见得一定要分出一二了，但两者间的竞争却始终存在。

更扑朔迷离的是，以腾讯、淘宝、京东为首的各路电商，似乎为完善市场链条，或打造"一站式"购物，纷纷组建起自己的物流队伍，这无疑使得本就硝烟弥漫的电商业快递市场更是四起狼烟。

腾讯携手京东，依托于京东强大的物流队伍，配送自己旗下的易迅网、拍拍和未来微信等自有电商网站的商品；淘宝携手马云组建的菜鸟物流，一样打造起自有的物流团队。"得物流者得天下"，仿佛成为行业金科，电商大佬们迅速盘活资源，搭建自己的物流标配。

时至今日，有些微名的电商网站均在物流配送领域腾挪转移，苏宁易购、当当网、唯品会……他们或将实体店摇身一变成为快递点和取货点，或整合第三方物流资源，或组建自己的配送队伍，此时的电商市场，呈现出百家齐鸣之态。

对于电商巨头们的围追堵截，快递企业的危机意识日甚。实现直营，牢牢地攥住基层快递人员，或许是保证快递速度和服务水准的唯一救命稻草，转型虽有风险，不转型则会有危险，这对他们来说，是一道不得不挨的"殇"。

而此时的顺丰，正在酝酿更大的计划。

王卫的心思好像不在怎么突出重围上，而在于如何突破局限。以年限为准，我们不妨笼统地观其大体脉络，也就能看出王卫到底要干什么了。

2004年，顺丰把"发展民族速递业"作为自己的口号，似乎从没把"四通一达"作为自己的竞争对手，而是期望与国际快递巨头一决高下，争当民族快递业的代言人；

2006年，顺丰华北总部进驻北京空港物流园，与此同时，华北分公司各地的配送中心也都开始搬家；

2008年，IBM公司进驻顺丰，为其下一步的管理架构调整出谋划策，是时，顺丰为一线送件员配置了5000台最先进的手持终端；

2009年，顺丰组建了自己的航空公司，把自己的业务从地面发展到了天空；

2013年，一直对外来资本敬而远之的顺丰，融资80亿，预谋进军电商行业；

……

看来，王卫并不打算竞争现在，而是想着如何博弈未来。而顺丰的未来会怎么样？也只有未来能给出答案。

低调的 CEO

2

深港神秘人

1993 年的中国快递业，迎来了 3 位异乡人的青睐——在日本学成归来的陈平，他在北京创立了宅急送；浙江人聂腾飞、詹际盛，在杭州创立了申通；另一个，就是在广东做挟带生意的香港人王卫，成立了顺丰。

如果说 3 个异乡人的创业初衷，都是为了解决创业者的个人温饱问题，且在经营模式和理念上也存在偶然的联系性，不如说，3 家企业的创始人都是怀揣着梦想才决战于异地的。只是，随着时光年轮的碾压过后，王卫的顺丰，突然间某一天，在镁光灯下的沿海地区泛起阵阵涟漪，而一直未曾被关注，抑或说始终不曾给外界关注其机会的王卫，选择站出来——低调又神秘的王卫，在顺丰成立了 20 个年头之后，迎来了首批外部投资者。

说王卫神秘，是因为他从来不接受任何媒介的采访或聊天；说他低调，是因为他从来不接受任何公司或机构的并购，甚至不需要任何投资者的慷慨解囊。而如今，王卫却给顺丰请了"保镖"，且一请就是 3 个，这到底是因为"神秘人"过够了隐居生活，还是"低调人"决定逆流而上，不打算再在波涛汹涌的商海里蜗居？

其实，别看王卫不问世事，便觉其不关心格局，他不是看不到机遇，而是不喜登高望远、不喜争风吃醋，另一方面，与快递无关痛痒的磕磕绊绊在他眼里，如同粗茶淡饭一样，虽然味道一般，但还算有营养。王卫就是这样一个人，谦逊、谨慎，或许还有些小悲观，偶尔会掺杂着一定程度的以自我为中心。但正是这种谨慎与自我，让顺丰做好了自己。

有人认为，此次"自我"了那么久的顺丰引资是被"招安"了；更有这样的猜测：以前曾 9 次抵押贷款，都坚持不肯融资的顺丰，如今肯定遇到资金困难了。

答案何在？

顺丰的"自我"，是在充分了解自身与国内外快递行业竞争优劣势的基础上，所坚持的一种营销模式。顺丰运营的第 21 年，其直营模式、高端定位及首发的航空运输成为成功的三驾马车，而这三驾马车，在让顺丰涌向高速发展的快速道的同时，其实也给其带来了巨大的成本压力。

比如，飞行模式启动以来，用于空中的"子弹"支出很高，一个小时几万元人民币；而且，直营模式比加盟模式在管理成本上，至少高出 15%；另外，聘请 IBM 做管理构架调整的参谋费也不是一笔小数目。

早在 10 年前，王卫就先后 9 次将手里的物业及商展给银行做抵押，用得来的资金在国内继续开设网点。随后的一年，他更大胆地将整个公司抵押给中银。而在经历大手笔成本支出后，王卫却对 PE、VC 的机构投资不理不睬，将顺丰牢牢控制在自己手中，不能不说，他的眼光之深邃、深远，高于常人。

掌舵人王卫给力，顺丰也就更争气，其为王卫持续带来了高额利润。截止到 2010 年，顺丰利润高达 130 亿元人民币，仅次于中国邮政 EMS，在中国快递业市场占有 18% 的高额比例。

其实，顺丰也未尝不打算采取"混合打"的方式发展，虽然王卫曾拒绝联邦快递 50 亿元人民币的橄榄枝，但这并不代表他就打算单枪匹马一辈子，此前可能时机未到，也可能让他看得上眼的投资者还未出现。

2012 年 4 月，顺丰的主要竞争对手中国邮政，通过 IPO 募集资金达 99.7 亿元人民币；8 月，申通也斥巨资 1.6 亿，从海航手里获得天天快递 60% 的股权；次年 5 月，中通某位股东的股权出售给了红杉资本……除了竞争对手的频频动作之外，顺丰自身也在近些年内开设了许多新业务：顺丰 E 商圈、试水网点便利店、顺丰优选等。这些点滴事件，终于让披着神秘面纱的王卫站了出来，但低调之人毕竟恪守低调本分，20 年来的独闯龙潭，仍没让王卫和顺丰身上有逞英雄的痕迹，他们在首次引入外资之前，丝毫不做任何宣扬，这大抵也是王卫和顺丰在外界眼中"不鸣则已，一鸣惊人"的主要原因。

若谈往昔，王卫的保守和低调反映出的是一个民族企业家长时间挣扎于夹缝中的必然本性，那么首次引入外资，接触市场性资本，似乎能看出顺丰的下一步动向了。

王卫曾说，同样是画画，有的人一辈子是画匠，而有的人却成为了画家。言外之意，做快递就要做成中国的联邦快递。

王卫的想法不局限于脑子里，他更热衷于落实，低调地落实。这种势不可挡的架势，恐怕只有王卫才能彰显得如此淋漓尽致。想想顺丰，十年购百机，80%的中国机场周围都有顺丰的一席之地，仅此两点，又有几家堪比？

用独特来形容王卫最为恰当，他身上总有股不寻常的气息。而除了神秘和低调，他的深谋远虑、与时俱进一样让人印象深刻。就像这次融资，想必也是王卫熟虑多年的一个抉择，看看他挑选的这三家股东就知晓了：招商局集团驻扎在香港的央企，老牌国字号，正部级单位，截至2012年底管理总资产3.59万亿元；中信资本，正部级央企中国中信集团有限公司旗下的"孙公司"；注册地苏州的元禾控股，核心业务包括与国开行联合开办的国家级VC母基金，截至2013年6月底其众多投资项目中有28家企业已上市或过会（通过证监会审批）。

这3家新股东虽握有顺丰股权，可加起来仅有25%，另75%股权依然牢牢掌握在王卫手中。坚持做快递，坚持做自己的王卫，并没有因未来的一个计划或变数而改变自己的初衷。

当3家股东横空出世后，有媒体爆料，顺丰股东并非仅这3家。

2013年8月23日，顺丰方面向媒体确认，确有悄然隐身未被提及的神秘"小四"，只是这第四家股东融资额很小。随后又有媒体挖掘出，这个神秘"小四"，即顺丰融资顾问——古玉资本管理有限公司。

实际上，这次融资并不是顺丰第一次调整自我身份。

众所周知，王卫虽然出生于上海，但后来移民香港，变成了香港籍，因而顺丰作为一家港资独资企业经营了很多年。2010年，王卫变成了深圳市民，顺丰也随即变身，成为民营公司，其外资形象也转为内资。这次变身的背后，隐含着一个重要因素：2009年10月1日开始实行的新《邮政法》，在承认了民营快递公司的合法地位的同时，规定外商不得投资经营信件业务，这便就束缚了顺丰很大比重的业务端口。如果想合法地继续经营信件业务，顺丰的变身就势在必行！

敲定融资方，在选择媒体接受采访上，王卫也煞费了苦心。

2011年，党报获得了仅有的三次采访王卫的机会，其在接受《人民日报》采访时，也一次次提及"政府"、"政策"。可见，王卫的每一个抉择都是值得推敲的。他始终认为，中国民营快递能走多远、走多快，与政府的决心密不可分，同时，政府的大政策环境对民营快递企业的发展也至关重要。

这也就再次验证了他人对王卫的评价：低调做人，认真做事，且做有意义的事！外界坚信，顺丰融资后，谜一样的王卫，必将给世人带来更加低调的"奢华"。

低调的"难言之隐"

企业在社会上展现出的性格，是由企业的领导人个性决定的。顺丰的低调，一样由来于掌舵者王卫的低调。

对于"低调"的概念，大众的理解是——"一种谦虚谨慎的态度，不张扬，隐藏自己的能力不表现出来"。仔细斟酌一下王卫和顺丰，一路走来，无论兴盛与否，果真不留成长的蛛丝马迹。似乎转瞬间，站在大众面前的王卫一下子特别高大，而他的顺丰，也满载着荣誉矗立在行业前沿那最翘首的位置。

王卫在一次接受采访时如是说，他已经习惯了低调的生活，甚至正在享受着这种低调生活带给他的无尽乐趣。做一个平常的老百姓、做一个平凡的人很是舒服，没有任何威胁，是他最习惯的生活。

平常、平凡，容易理解，威胁源自何故？

追溯王卫带领顺丰一路走过的点滴痕迹，不难发现，这个曾经为了"有口饭吃"的企业在成立之初，为了多揽生意而广泛布设网点，可谓"哪里有业务往来，哪里就有顺丰的痕迹"。且但凡有网点的地方，就会注册一家顺丰公司。如此行事，运营10年间，顺丰一直没有自己的总部公司，这就意味着散布在各个城市的分公司群龙无首，得不到统一的管理。显然，这是"加盟"模式。

王卫很早就认识到，一个企业做得再大，不够强是没有意义的，于是他开始收权。也是因为收权，便有"要让王卫付出生命来做代价"的谣言传起。多年之后，今日的王卫无论人在哪里，身后总会跟着几个保镖。想来，他也知自己是平凡之人，没有三头六臂，而顺丰能平步青云，一直安稳地走到今天，定与其谦逊、谨慎关系甚密。而他的谨慎作为，在2008年那场世界金融危机当中，彰显得更为透彻。回眸那场世界经济危机，金融业、商业、工业，乃至利益相关的许多产业，无一不谈虎色变。

经济危机爆发之前，最先嗅到危机味道的当属物流业。总部坐落在沿海经济发达地区的顺丰，第一时间感受到了危机的可怕：外部需求迅速减弱的制造业，其生产量也急剧减少，效益大幅降低；以中、小著称的企业和外向型企业开始大量倒闭。仅2008年上半年，全国就有近7万家主营业务500万以上的企业关门大吉。

而对八成业务来自于企业的快递业来说，随着众多企业的减产或倒闭，其业务量更是大幅缩水。2009年，是快递业历史上最低迷的时期，雪上加霜的是，许多在中国的跨国企业为了自身利益不惜大打价格战，致使更多国内企业亏损，濒临倒闭。

此刻，一直稳步前行的顺丰被国人看好，甚至有人说，要是中国的快递业能度过危机侥幸生存，那一定是顺丰！国人认为，只要顺丰在，中国民营快递业就不会灭绝。这是对顺丰极大的肯定，也是对王卫一直低调做人，高调做事的极大肯定。

不过，谦逊之人怎会为了在危难中侥幸生存下来的幸运而沾沾自喜呢？王卫堪称是"不以物喜，不以己悲"的"圣人"，这样的评价，在其一次内部讲话中得以体现！

在那次题为《用生命捍卫价值观》的内部讲话中，王卫很激动，也许，他需要这样的激动来掩盖自己过于平静的心，以便让所有员工都能自然地立于主人翁之位。这是在经济危机还很严重的过程中进行的讲话，2008年的年底，是不是本身就具备了一点"逃生"的奢望在里面呢？

王卫慷慨激昂地表示："3年后，顺丰是不是能成为中国民族快递业的骄傲，我们能不能打赢这场与国外对手的保卫战，也许都不重要了。因为，我们要让大家看到的是：在中国的速递行业中，曾经有这样一批人……曾经有一家叫顺丰的民营企业，能从心底让对手感到可怕跟可敬！人可以输，但不能输掉尊严！死随时都可以，但要死得有价值！战死，好过做俘虏。"

在那样危难之际，如此激昂的讲话足以振奋人心。谁的内心里都有坚定的一面，王卫，抓住了最恰当的时机，将最重要的话说了出来，温暖了顺丰人，也激励了自己。的确，人可以输、可以亡，但绝对要有尊严和价值。"战死，好过做俘虏！"王卫似乎对自己更"狠"了。

一直以来，外界对王卫的认识多集中在这几个关键词上：神秘、谦逊、谨慎、低调！但从王卫近些年的动作来看，他并不是真正的"不食人间烟火"。收权、买飞机、请 IBM 做管理调整的咨询顾问、聘有学历的人才做管理、购买最先进的手持终端……王卫就是这样，总是不引人注目地做着自己的事业。

对于王卫的低调，一些分析人士开始怀疑，这到底是低调营销的手段？还是这个民营快递企业有了难言之隐？

顺丰人认为，企业走低调路线是势在必行的，这也顺应了企业产品的定位。顺丰给自己的产品定位为高价值的小件物品，像商业票据——这种以快递送达为主的高价值的小物件，正是顺丰的主营业务，这种产品的服务侧重于商业用户，而商业用户本身就是忠诚度的"代言人"，他们需要的服务可以没有宣传，可以不被广为人知，但一定要讲信用，有高质量的服务。于是，顺丰便没有做广告营销的想法，与其花钱打广告，不如实实惠惠地给自己员工多发工资，员工满意了，才能更好地做事，顾客才能更加满意，顺丰的品牌才会越做越大，这岂不比做广告更奏效？！

当然，顺丰的理念也未必会得到业界的认可，毕竟顺丰不打广告，其他快递同仁也会一样争先恐后地宣传自己。故此在王卫看来，树大了势必招风。

自本世纪初以来，邮政的 EMS 便在快递业掀起了竞争之战，且这场竞争伴随着日益激化的矛盾。邮政部门"严格"把关各快递公司的货件，对于非法货件一律查抄。随后，在所谓的"邮政法"庇护下，邮政着实打压了中国民营快递业。对于国际线路上叱咤风云的四大跨国快递巨头——UPS（美国联合包裹）、FedEx（美国联邦快递）、DHL（德国敦豪）、TNT（荷兰天地快运），中国邮政无法撼动其势力与地位，但对于民族企业，"红老大"是一定要为自己立威的，至少要将民营快递业嘴里，把原本属于自己的"口粮"抢回来！

顺丰的主要业务是文件和单据，这就足以让邮政"另眼相看"了，邮政对顺丰的验货可谓严上加严！如此，初创业时的顺丰，的确多掏不少银子"交学费"，最多的一次，顺丰一年就被"罚款"500 万元。

对于邮政的"罚款"，王卫从来都不吝啬，该交多少交多少，绝不拖泥带水。如果有员工对邮政的罚款提出异议，王卫还会认真地"教诲"他，称应该对相关部门"感恩"才行！同样的事件，申通的处理方式也许就比较高调，而王卫则始终坚持自己一如既往的低调原则，也从不现身于邮政相关话题讨论会。究其根本原因，王卫曾如此感叹："没有邮政，就没有顺丰！"

这是实话！

倘若没有邮政无数次在国际舞台上坚持与四大跨国快递巨头周旋的决心和魄力，中国仅存的几家民营快递企业岂不早就被吞并、垄断了？虽然中国邮政总会把自己放在大哥的位置上，但明眼人都看得出来，民营快递企业都稳稳妥妥地在邮政羽翼下得以安生。时至今日，它们能快速发展，与健康成长的平台不可分割。

倘若产品定位可以与时俱进地改变，那么，中国邮政永远都是不可逾越的红线。深知这一点，王卫和顺丰也就更能坦然地将自己束缚在幕后，低调并淡定地成长着。虽然可能会有痛楚，比如，顺丰要淡化自己的企业标识，绝对低姿态地出现在大街小巷之中，尽量减少与邮政的硬碰硬，不再激化矛盾。

也许，这就是王卫"委身求全"、低调做自己的"苦衷"，但谁又知道这是不是顺丰应对邮政的权宜之计呢？相信顺丰在逐渐做大自己的同时，与邮政之间的冲突会渐行渐少，在物流国际化的当下，无论是国有还是民营，都是中华民族自己的产业。

企业家中的"孤独客"

在很多做快递的人的眼里，王卫很特别。他的特别，像是与生俱来的空间感，即使与他面对面，也仍然觉得无话可说。也许是彼此都互不关心，也许是真的没什么共性。

几乎所有创办公司的企业家的初衷都是为了利益，为扩大利益，通过媒介宣传等营销手段来宣传公司是无可厚非的，可低调的王卫和他的顺丰却"鹤立鸡群"。

顺丰在很长一段时间内都没有开通400免费服务电话，在他们看来，如果真正对时限有要求的顾客，是不会纠结于几毛钱的电话费的。这种思想或许在其他快递公司眼里是太过"自我"，可顺丰就是要这么"自我"。

顺丰选择不跟其他快递企业同"流"合"污"，申通也好、圆通也罢，你们走你们的价格战，我做我的品牌。顺丰甚至对外宣称，快件价格无任何折扣优惠，即使是业务量很大、需要月结账的"VIP"客户，一样没有任何特权。

在票据、文件这种风险小、利润高的物件服务上，顺丰一马当先，当仁不让地将服务做到最好；而对大件运送上，如包裹等物件，顺丰是一定不会另眼相看的。再者，机场的运输渠道比较"霸道"，其野蛮行径可能会损伤包裹的外包装，对此，顺丰内部甚至有个不成文的规定，单票低于 5000 元以下的业务拒绝派送。当然，这样别具一格的条款，想必只有王卫才会做到吧。

不得不说，王卫在企业家的队伍里显得有些单薄，他甚至不会为同行派送物件。这到底是王卫将顺丰保护得过于严谨，还是如此低调谨慎的个性，将他"排挤"到孤独的一列？总而言之，就是因为太"单薄"了，所以顺丰必须做大、做强。

在大风大浪面前，王卫颇为冷静；同样在相对和平的竞争环境下，他的冷静显得独树一帜。在他心里，做企业的目的并不仅仅是为了赚钱。

王卫信佛，因此他认为个人成就与自身造诣没有直接、必然的联系，是否能成功跟福报有关。换句话说，一个人做的善事多了，即便孑然一身，也是一生荣华。金钱没有什么特别高的价值，一个人能力再大也不能主宰天地，故而事业上有点小成就，自然不值得沾沾自喜了。

王卫的低调，不仅仅针对自己，也包括顺丰。

在王卫看来，低调对企业的管理也好处多多。如果你的员工不认识你，那么恭喜你，去基层体恤民情吧，保准你能满载而归。

就像美国的一个名叫《卧底老板》的节目一样，只不过，节目中在每个老板进行卧底之前，都会对他们的外貌进行改装，以便不会被基层员工认出来，如此才能更真实地了解民生。而王卫不用改装，因为他自己就是企业的员工。

在熟知王卫的员工眼里，他是一个最富有的工作狂。从企业初创至今，21 年时间会把一个呱呱坠地的婴孩培养成人，也会让一个企业有节奏地快速发展。顺丰就是这样的一个企业，而这种有节奏的步伐主要来自于掌舵人王卫，他 21 年如一日地认真工作，谨慎做事，才成就了顺丰，也成就了自己。

21 年来，王卫每天正常工作时间不会低于 14 个小时，作为 CEO 的他，还会定期到基层工作，做最简单、也最辛苦的快递收发工作。如此拼命，与他强烈的自我危机感密不可分。王卫觉得，如果脑子里连续三个月没有创新思想蹦出、没有变革因素发起，企业就很危险。当然，他不会将自己的危机转嫁给企业员工，他坚持自我，严于律己。2008 年的金融危机最严重时，顺丰也被动地匍匐前行，但王卫没有放弃顺丰的任何一个员工，他说过，收派员才是顺丰最可爱的人。

正因经常下基层，王卫这位高高在上的 CEO，不仅对业内外市场洞悉透彻，同样对自己的企业上下了如指掌。王卫可以正确地做出每一个决定，这种独立自主，不仅体现着他骨子里的个性，也让员工佩服、敬畏。因而，对于"顺丰的所有决定都由王卫做出"这件事，顺丰员工无有异议。

业界一致认为，顺丰是快递业的"黄埔军校"，不单单因王卫为人谦逊严谨，也包括员工对企业的忠诚。王卫本着"做企业不以赚钱为目的"的原则，自然不会亏待员工，况且，顾客是企业的上帝，而员工就是老板的上帝，所以，二十几年来，顺丰良好的口碑更多来自于一线员工的优质服务。

如此，为了激励员工更好地为顾客提供优质服务，王卫在员工薪酬上动了点心思——实行计件工资，即依据个人工作量的多少，进行工资整合发放，干得多挣得多。这样的工资计提方式，一方面保证了一线基层员工的基本收入，另一方面，也为员工提供了工资提升的良好平台，只要员工工作量饱和，且服务质量得到肯定，那么长期稳定的高收入绝不是痴人说梦。

企业为员工，员工为企业。在顺丰人眼里，每个人的主人翁意识都很强，所有人都是自己的老板，业绩突出，服务得到肯定，报酬自然会因勤奋和认可得到体现，外界传言的"顺丰员工月薪过万"的说法，想来也是有据可依的。

宅急送 CEO 陈平曾感叹，顺丰选择了与员工分配工作，而不是普通劳务协议上的上下级关系，聪明如王卫。不过，王卫信奉"顺我者昌，逆我者亡"，他之所以会对员工如此大度，追根到底还是因为员工对他尊敬，对企业忠诚。想当初收权的时候，王卫把那些不听话的分公司负责人的权利收了回来，而分公司那些听话的员工都被他留了下来。这些跟着顺丰一起经历过大风大浪的基层员工，就是最好的活字招牌，还需要什么广告宣传呢？

在顺丰企业价值观的内容里，最关键的一笔不是给员工一份体面的工资，而是让员工既能拿着体面的工资，又能享受着尊严地工作的乐趣所在。这种"尊严"，主要体现在给员工福利的同时，也给员工家属各种福利及补贴；还会给员工更大的学习空间，提供更多的学习机会，公司侧重内部员工晋升，这恐怕就不是其他同行能做到的了。

作为中国民营快递业的龙头老大，顺丰低调得连它所在城市的领导都不甚了了，这听上去有些夸张，但事实如此。也许，该市领导是在去北京开会的时候，才被告知本市有顺丰这样一个快递大佬；也许，顺丰也未曾想到自己低调到如此安静。顺丰正是因为这般低调，甚至与同行格格不入为代价，才得以在危机中屡屡保身。

王卫，这位在自己企业内刊中都不肯现身的掌舵人，纵使企业家的维度里略显他的孤寂，但他的传奇、他的神秘，总会让这个世界因他的存在而更精彩。这么看来，他并不孤独。

"50万饭局"的背后

顺丰经历的初创、广泛散布网点，再到果断授权，这个过程历经10年，但却不为人知。想来，这是王卫的另一层低调。

顺丰所有基层员工都认识，但不知道他是CEO；所有媒体、记者都从挖掘他的老巢走起，但依然无从下手；同行翘首追逐，但不知出发点和方向；甚至城市领导人无意的了解和优惠政策的布施，也是从别人口中获悉……他已低调得有些神秘了。

低调的王卫，迷一样的顺丰，悄无声息地迅速成长着……或许，它并不在意是否被他人认得或关注，它的光芒，早已经照射到世人眼中。

人们认可顺丰的同时，便开始着手深入了解，更有风险投资公司看准了这个不张扬的企业，想收为囊中之物，只可惜，王卫是一块"硬石头"，到底用何种方式，怎样达到目的，可够这些风险投资公司伤脑筋的了。

深圳福田万基大厦旁，有一个名叫"翅富"的酒楼，据说这是属于顺丰员工们的签约餐厅，所有顺丰员工，只要就餐时出示员工工牌号码，就可享受打折优惠。这家餐厅供应的粤式点心和正宗奶茶最为出名，大厅里总是人来人往，除了顺丰员工，自然也有很多新老顾客。

于是，一些想要了解顺丰的媒体、记者、作家、同行，亦或创业投资经理人，便陆陆续续光顾这里，希望能碰碰运气。其实，他们也不知道哪些是顺丰员工，更不知道王卫的样子，即使面对面坐着，恐怕王卫也不会让其察觉。

王卫是那种骨子里透着一股倔强的聪明人。

很多人有创业的想法，或许点子也不错，但很难实施和开展；也有一些人初期创业还有韧劲儿，随着公司逐渐发展，一旦遇到棘手问题就选择退缩，企业寿命自然多半不长，就算其中一些公司挺过来，也会在经营过程中要么转型，要么被动兼并。像王卫这样，只有中学文化，家里背景一般的年轻人，从 22 岁开始尝试创业，至今 21 年有余，不仅一直保守着创业之初的经营理念和严格的产品定位，且艰难度过了经济危机等各种困境，他凭借的不仅是聪明的头脑，更是坚定不移、持之以恒的决心。

相信风险投资（VC）选择顺丰的理由，也是因为它的 CEO 很有自己的"精神"。

任何人在做一件事情之初，都是一步一步尝试着走下去，王卫亦然。1993 年，王卫在广东创立顺丰时，其实算上他本人，整个公司也不过 6 个人，但 21 年后的今天，顺丰上下员工 21 万；最开始从父亲手里借来的 10 万元成立的顺丰，现在市值 150 亿，且正在以每年翻番儿的速度剧增。试想当年，那个深港挟带人，一定不会想到，他的公司今日已是中国民营快递业的巨擘，是中国邮政最大的威胁、也是最好的合作伙伴，更是众多风险投资公司竞相争夺的宠儿。

可惜，王卫没有给任何人接近自己的机会。甚至一些人在讨论王卫的时候，都如同在看不见实物的虚拟世界里，四周飘荡着神秘的幽灵一般。

太多的人想了解顺丰了，连顺丰的消费者也都对这个企业不甚了解。2002年以前，顺丰旗下的所有业务都被严格控制在华南地区范围内，直到两年后成立市场部，顺丰的业务才逐渐向全国范围延伸。当人们打开电视机，看到琳琅满目的各类广告时，唯独看不到顺丰的任何信息。刘翔尚可以在高楼大厦间急速穿行，为EMS代言；张丰毅也可穿着棕黄色的工装出入在仓库里，为美国联合包裹做形象代言；而顺丰，至今没有被"抓到"在电视画面上露脸，更别说请代言人了。

顺丰最好的"代言人"，就是王卫自己，可他"吝啬"得连自己的企业内刊也不留下任何影像，同样的快递同行也就更难了解顺丰这个竞争对手了。

早在1997年以前，中铁快运以国企身份想要借助铁路的平台跻身香港，那时香港还没有回归，中铁快运想要在香港地区打开自己的快递市场的愿望最终还是泡汤了，而前去广东谈判的人被当地海关婉言拒绝。是何原因，让身为国企的中铁快运碰了一鼻子灰？辗转了解后终于真相大白，原来，广东当地有一家民营快递企业，已近乎垄断了所有通港快递业务，即使铁路方面为中铁快运打开方便之门，恐怕这个国企的快递公司也强不过本土这家民营快递公司。没错，这家民营快递公司就是顺丰！

2010年，一场春风吹来一条消息——王卫在香港九龙塘喇沙利道花费 3.5 亿港币购买了一块地皮，并自行建立起两栋四层楼高的建筑体，这两栋拥有独立游泳池的建筑立刻吸引起众多媒体的关注。更有敬业的狗仔们，在顺丰深圳总部门口蹲守数日，并有幸混入顺丰香港网点做起了快递员，一天收派 300 多个包裹，只为见上王卫一眼。最终，狗仔记者拍到了王卫的正面照，得以发表。

这是王卫创业 18 年以来首次被动曝光，他很气愤，因为这样的曝光无论以何姿态出现在大众面前，都是他所不能接受的。或许，他还没有准备好应该如何站在聚光灯下。那张照片仅在网站上停留很短时间就被删除了，即便今日，我们还可以搜索到那篇文章，但王卫的照片已然不在。

人们猎奇新鲜事物的能力和手段总是层出不穷，狗仔们尽力了后，又轮到了那些早就闻到金钱铜臭味儿的风险投资经理人了，他们可不是为了八卦经济人物而闪现的，要知道，这样的风险投资公司，其存在的价值，就是无限地猎取以高新尖技术为基础的生产或经营技术密集型产品的公司，通过对他们进行投资，或者提供增值服务，使得目标公司做强做大，最后再寻求渠道将投资全部撤出，以实现增值资产的目的。一般而言，风险投资公司会通过上市（IPO）、兼并收购或者其他的方式撤出投资，这样在产权流动中实现的投资回报会更大。

2004 年，王卫在筹备组建顺丰公司市场部时，美国联邦快递也在这个时间筹划进入中国市场。联邦快递首先联系到王卫，希望以 50 亿元人民币将顺丰纳为己有。此时，王卫准备打开顺丰在中国的快递市场，正要大展拳脚之际，怎会贱卖顺丰？

联邦快递被拒绝了，被拒绝的 PE 和 VC 也已多得用手指头数不过来。业界都很看好当年销售额突破 13 亿元人民币的顺丰，只是真正有诚意收购的却寥若星辰，一些投资公司只想投资五六个亿，王卫怎会答应？按照当时的情况预估，顺丰若上市，市值至少在 150 亿元人民币以上，再加上溢价部分，这个数字还要翻几倍。

以花旗银行为代表的一些美国投资机构也在寻找王卫，他们希望能伸出一只脚踏在顺丰边上，如果王卫能顺利撮合投资商注资顺丰，他将至少得到 1000 万美元的佣金。瞬间，以顺丰为代表的快递行业，突然成为众多投资商竞相注资的价值回报产业链。传闻，某个 VC 开出 50 万的中介费用，只想与王卫见上一面，吃顿便饭而已，但王卫始终不愿露面。

也许，他根本不屑于这些蝇头小利，亦或许，他的世界里更大的战役还没有到来。只是谁也不知道，在这个疯狂的年代里，王卫有没有意识到，自己快递大佬的地位正在一步步濒临"危险"，毕竟其他快递企业并不会像顺丰一样不接受投资，如果受到竞争的威胁，顺丰又该何去何从？

3

顺丰的民营大佬之路

"草根"的诞生，"偶像"的成长

日本 OCS 与中外运于 1979 年开始的合作，是中国快递业务方兴未艾之端；1980 年，中国邮政正式启动 EMS 业务，但直到上个世纪 90 年代伊始，中国民营快递业才嗅到金钱的味道。那时的中国，私营企业如雨后春笋般蓬勃发展起来，随之带来的是各类合同、文件、票据等小物件的快递运输业务的增加，这使得王卫、陈平、聂腾飞、詹际盛等青年才俊寻觅到一个创业的好渠道——快递运输，以此为背景，中国民营快递业便在众所期盼中诞生了。

1986 年出台的《邮政法》，很大程度上限制了国际快递业在中国的"门票"，美国联邦快递、联合包裹、德国敦豪以及荷兰天地，此国际快递四巨头只能在国际航线上"小打小闹"，做些少量的出入境快递业务。作为中国自己的品牌——中国邮政，其旗下的EMS因局限于自己的体制，很难做出变革性的大动作，这就为顺丰、宅急送和"四通一达"的发展提供了更为便利的硬性支持。

王卫的顺丰就这样"草根"般地诞生了。

很难想象，在没有任何背景和资金注入的情况下，顺丰悄悄地成长起来，当有一天暴露在大众面前时，俨然成为中国民营快递业的大佬，成为同行和客户心中的"偶像"。只是，"偶像"也是一点一滴成长起来的，如今回眸相望，不禁让人惊叹，为何顺丰能成为中国民营快递的大佬？

王卫给顺丰的产品定位是票据、文件型小件快递业务，这类业务往往对时效性要求极高，而对价格区间就不那么拘谨。因此，传统的邮政速度显然将"国家队"局限在运输时间上了，但顺丰及其他民营快递业却开始大展拳脚，各显神通。

起初，民营快递都是很"草根"的，由于客户无法接受遥遥无期的等待，快递"提速"便迫在眉睫。快递公司的交通工具，也逐渐从自行车过渡到摩托车，再从两个轮过渡到三个轮、四个轮……短短几年间，中国内地就涌现出千余家民营快递企业。这些草根快递公司，会依靠极低的成本迅速扩张，当然，王卫的顺丰一马当先。

由于扩张速度快、交通运输工具简单、快递价格优惠等特点，以顺丰为首的民营快递公司常被客户称之为"游击队"，有些小快递公司的服务意识比较差，在接二连三的暴力拆件事件发生后，"游击队"又变成了过街老鼠、黑快递，所以，相当一部分的小快递公司濒临破产。而顺丰，在王卫"家教严格"的管束下茁壮地成长起来，在快递泡沫中依然出淤泥而不染，迅速于民营快递巨头的荣耀保护下生存下来，并且活得很滋润。

剔除了"过街老鼠"、"游击队"，那时的快递业逐渐成长为"正规军"，同时稳定又快速的增长势头保持了相当长的一段时间。其中，尤以顺丰业绩斐然。

顺丰从1993年创办以来，其业绩每年以25%的增长速度递进，且近些年来增长速度突破三成。不过，眼前的甜头未让王卫止步，换句话说，如果这个时候他开始满足于现状，那么巨头恐怕就会变成"锯头"——自己锯断自己的咽喉，从此一命呜呼。王卫知道，自己不能"知足常乐"，还有更重要的事情等着他去做。

2008年，中国快递业占GDP比重很低，算上相关产业的数据，相加之和也不足0.7%。但同时期的美国快递行业及其相关产业，却呈现出一派姹紫嫣红之象，高达9000亿美元的数字震撼了中国，也激发起王卫更大的斗志。

王卫意识到，中国快递业的扩张速度很快，但与美国的快递行业相比，还处于呱呱坠地阶段。要知道，同时期的美国联邦快递，仅其一家企业就拥有670架全货机，而中国的快递业大多蹬着自行车，骑着摩托车"扫街"，显然，仅有增长速度远远不够。

2010年1月1日，黎明前的黑夜在轰隆的起降中迎来了光明——"顺丰航空"波音757-200型全货机，像黑色的大鸟一般飞向了杭州萧山国际机场货机坪，这标志着中国首家拥有飞机运输快递的民营快递公司成功首航，顺丰航空执飞深圳—杭州往返的货运航线正式开通。

这次买飞机的决定，与 7 年前租飞机运货的性质可不一样，王卫下了血本。在引起业界哗然的同时，王卫以偶像的姿态，继续"疯狂"着。

对于王卫阔绰买飞机，同行开始猜忌和怀疑，顺丰一直是中国民营快递业竞相追逐的对象，如今的大手笔，不太像低调的王卫一贯的作为，这难道预示着什么？

2009 年新出台的《邮政法》，严禁港资快递再发展境内货件护送业务，只允许内地出资的快递公司注册运营。与其说新《邮政法》约束了民营快递业，不如说真正限制了顺丰。王卫有 60% 的业务量都在内地，而其本身又是香港人，故而为了让正当壮年的顺丰得以"顺风"，王卫甚至换了身份、又买了飞机，这着实令外界唏嘘——王卫是否真的像传说中的那样低调，他是有背景的？

不管王卫是否有政治背景，但他一贯低调作为，以及正确的指导方针、运营路线，都给顺丰披上了政治"红外衣"。王卫从来都顺着政府，不对着干，他甚至出任中国快递协会副会长一职，并始终站在慈善事业的甲板上扬帆远航，但凡国内遇到天灾，他都会捐款赈灾，且一定在第一时间内。

有人说，顺丰成长得太快，这个"偶像"派的实力选手引起了"国家队"的嫉妒，所以才有新法规来遏制它的迅猛发展。政府尚可以王卫"香港人"的身份将其拒之门外，那么他也只能选择持续低调来明哲保身了。

王卫是聪明的，这种聪明随着顺丰的创立一路跟着走来，他可以明了地洞悉中国快递业的发展脉络，了解顺丰最大的瓶颈就是没穿上"红外衣"。能够在激烈竞争中独占鳌头，是顺丰发展必须拥有的财富，同样，这财富的拥有也让王卫有了太多的身不由己，比如"改名换姓"，比如跟进"国家队"。

站在风口浪尖的顺丰，除了要主动保持跟"国家队"的距离之外，更要不断加强自身的实力，以确保民营快递巨头的舍我其谁。而在接下来的战场上，王卫又会给予顺丰添加怎样的筹码呢？

乱象丛生，何以顺丰突围？

中国的快递业务，目前主要由三个组织承担，分别是"国家队"——中国邮政的 EMS，国际快递四巨头——UPS、FedEx、DHL、TNT，以及逐渐壮大的民营快递业，三方鼎力，相互角逐。在国际快递市场上，四大巨头占据了 80%的市场份额，但民营快递企业不甘示弱，也取得了中国内地快递市场的七成份额，是时，民营快递业正与日俱增地壮大，并被广为接受。

中国的民营快递业可分为三大类，首先是王卫在广东创立的顺丰。顺丰公司所有网点实行直营，其产品定位决定了相对较高的运价，由于设备先进、后台技术强，以及运输设备快捷等特点优势，便保证了货件运输的时速性，且王卫对员工的慷慨也系众所周知。故此，"高薪养廉"在顺丰是可行的。

第二类，要数日本留学归来的陈平在北京创办的宅急送。宅急送跟顺丰一样，采用直营模式，其运作规范，价格较顺丰低。

第三类以浙江系为主，队伍庞大，"四通一达"位列其中。这类民营快递公司主张低成本造就低价格的方针策略，时速和准确率不敢恭维，员工薪酬低，各公司之间存在激烈的市场竞争。

有过网购经历的人大抵清楚，快递行业较为混乱。2013年"3·15"期间，央视曝光一批快递公司暴力分拣、私自拆件的事件。曝光的视频锁定在快递员身上，他们随意地坐在快件上，在运输过程中，不计后果地将普通件、易损件通通一并丢在运输车上。用他们自己安慰自己的话说就是——快递保丢不保损，这就增加了不良快递员的恶劣行径。相关专家分析，正是由于快递公司管理不善，制度不强，对快递运输各个环节没有严格把控，对自身责任认识不清，才导致快递行业的乱象丛生。

在鱼龙混杂的快递行业，仅专注于眼前短浅利益实在是鼠目寸光的作为。然而王卫很清醒地认识到，作为服务行业，想要在乱象中突出重围，良好的服务至关重要。

顺丰凭借自己高端、快捷、为客户提供满意的服务的独特营销模式，造就了顺丰品牌，也成就了顺丰产业。

王卫知道，快递行业永远是一个供不应求的产业，故而赢得客户势在必行。对于拥有众多网点的顺丰快递，如何扩大市场已经不再重要，重要的是如何完善固有市场，提升自身服务质量。

在快递行业里，顺丰当属"异类"。

曾有快递员如此形象地比喻："快递市场的竞争，就好比一个人在自己碗里的肉都吃不完的时候，是不会算计着抢别人碗里的菜的。"在这样的竞争局面下，顺丰品牌应运而生。

有人说快递业是没有技术含量的行业，这话不假，但与之对应的，则是让人跌破眼镜的对服务质量要求苛刻的现实，谁赢得了服务战，谁就赢得了最后的胜利。顺丰便是如此，在"中国队"和"国际巨头"的眼皮底下，把服务搞到了一流。

首先，顺丰着眼于快递的"快"上。

九成网民承认，顺丰是所有快递中最快的一家，这当然要感谢王卫，是他铁了心买下飞机，让顺丰成为国内第一家使用全货运专机运输快件的公司。飞机的速度提高了顺丰的时效性，也保证了顺丰全年365天无假日的运输派送。自2003年起，顺丰年快件量增长速度达50%，业务量的增加提高了利润，因而在买飞机上投入的银子，相信王卫早就赚回来了，顺带着还赚回了一流的服务效率。

其次，王卫认为，好的服务是很难用词汇来界定的。

服务是一种无形的产品，看不见，甚至不能分割，且存在很大的变数，因此，确保做到更多人满意的好服务的方法，是加强服务者本人的自身素质。这个难度很大。

不同的人在不同的时间内，处理问题的方式和所得到的结果都不尽相同。作为快递员，由于长时间在场外工作的性质，决定了其执行服务的过程中不受任何人为因素的直接影响。也就是说，总公司要求的高质量服务，如果快递员本身由于缺乏现场管理和临时性情况处理能力，在服务客户过程中可能出现不理想的结果。这样的不确定因素，王卫心知肚明，他是人，不是神，想要确保一线快递员所提供的服务都一样优质，也是不可能的。

思前想后，王卫觉得规避这种"不可能"的办法不是没有——提供高额工资、严格管理机制及员工激励制度。用心经营的王卫，让每一个顺丰人都得到了切身利益的保障，也等于为顺丰贴上了一道护身符。

顺丰不缺钱，这是业内都知晓的，这从顺丰从来没主动融过资，即便PE和VC苦口婆心主动放贷，顺丰也未曾有过些许青睐便可见一斑。故此，"不差钱"的顺丰，也不会将自己摆在价格战的擂台上。

高价收件也是顺丰的一个标志，1公斤的物件起步价20元，而其他快递公司同样的重量可以做到10—15元。在同行业竞相亮出低价王牌的时候，顺丰稳若泰山，更不给客户讨价还价的机会，坚持其高端定位，及品牌的至尊荣耀。

也许，会有人疑惑，价格高就一定最好吗？顺丰贵，就有贵的理由。

在更高的利润率驱使之下，任何企业都希望盘踞在高端的市场上，但当行业内细分市场的策略不能明朗体现出来时，消费群体很可能从高处流向低处。因此，顺丰在高端市场的定位与运营过程中，也存在极大的考验和威胁，基于此项考虑，顺丰选择了"撇脂定价"。

撇脂定价又名高价法，旨在将产品以高价格定价，在相对丰满的产品寿命初期阶段，竞争者还没有推出同样产品或类似模式之前，以最快的速度获得更高利润。即便在随后的竞争过程中，不得不降价之际，也可将新产品"引荐"到更大弹性的服务市场上。

顺丰的撇脂定价策略，其实实施起来不那么容易，王卫想要在最短时间内赢得预期利润，只能在产业处于市场导入期，产品、服务存在差异化这两个竞争环境中实现。最终的结果已经表明，顺丰做得很成功。

论及原因，在于顺丰所提供的服务与其他公司存在差异化。王卫在确保大方向不变的前提下，细分了顺丰产品价格体系，目标消费群为终端客户；不拘泥于复杂的产品设计，以简单、实用、方便记忆为前提；注重时效性，全国联网，支持上门送货。在提高服务的同时，顺丰的收费标准也在提高，但取送件时间的缩短还是赢得了客户的满意。

如此看来，顺丰赢在了服务上，也就等于赢了那些丛林中的"乱象"。

无限放大优势

自从"暴力拆件"被推上快递行业恶性事件的风口浪尖，人们一提到快递，都会联想到其服务质量差，虽然很多民营快递的客单价较低，可针对一些注重时效和质量的客户而言，怎样扭转他们对快递业的负面认知，是民营快递企业的当务之急。

其实，一路凯歌的顺丰，在"暴力拆件"事件中也没有幸免，只是作为注重服务质量和时效性的王卫，在带领顺丰一路走过的痕迹中，所表现出的敏捷的思维、独特的管理方法、坚定不移的信念还是可圈可点的，这也是顺丰能在中国民营快递行业中独领风骚的资本。

一开始，王卫就没有把"低价"列到顺丰经营战略中来，他对产品的定位决定了顺丰的历史上，不允许有"低价"的出现。不得不说，王卫这一招，活生生地将顺丰"暴露"在快递行业日益激烈的竞争中。尤其当别人打着"低价"口号招摇过市之时，王卫依然坚持自己的"高价"方针。

说来也奇怪，顺丰的价格越是比其他快递高上一筹，其业务量越是稳定增长。对此，业内人士分析，王卫运营顺丰的模式才是其成功之关键所在。

1993 年，王卫刚开始创办顺丰时，业务范围较窄，多半是在广东和香港之间的往来罢了。这样的小范围经营了 3 年，直到1996 年，王卫才逐步将业务范围扩大，以珠江三角洲一带为根据地，陆续延伸至长江三角洲，再到华东、华中、华北，直至整个中国都遍布顺丰的足迹。

如今的顺丰，已在中国内陆的深圳宝安、山东潍坊、北京空港、杭州无锡建立了 4 个分拨中心，100 多个中转场，超过 2000个营业网点，毋庸置疑，其已在国内 31 个省（自治区、直辖市）的千余个大、中、小城市和乡镇的快递业名单上，浓重地写下了一笔"顺丰"。

2007 年，王卫让顺丰的足迹踏上了中国台湾，网点覆盖了台北、高雄、台南、台中等主要城市；2008 年，通过与俄罗斯顺丰公司的牵手，北京、天津、河北、东北、济南等地，开通了该地直达俄罗斯的"快递列车"，这使中国民营快递的翅膀又铺展了一方新的天空。

顺丰业务范围不断扩展，王卫不忘"感恩"顺丰的员工，他曾在公众面前表态，在顺丰，每个快递员都是自己的老板！这不仅是对自己员工真实的肯定，也是对自己的一种肯定。鉴于此，王卫在企业内部曾多次调整组织架构，以顺应公司每一阶段的发展态势。这几次内部架构的调整，足以体现出王卫自身领导人的价值。

1999 年，顺丰将员工的工资定为"收入必提成"制，每一个员工不仅拥有稳定的基本工资，更会依据工作量的多少得到相应的高额提成，这激发起了顺丰快递员的斗志；2001 年，随着业务范围的不断扩展，顺丰业务量猛增，为满足日益壮大的快递业务，王卫给顺丰增加了"多中转班次"、"进出口班次"；与此同时，王卫的眼睛又瞄向了以重工业著称的北方城市，深入地将顺丰渗透到所想到的每处空间，当然，财务管理上也是王卫尤为在意和严格把握的；2005年，王卫再次升级了顺丰的业务——提供多项增值服务，将高质量的服务列为顺丰经营的首要任务……

顺丰已经发展21年了，王卫始终坚守着创业之初的产品高端定位。几经改革，浪潮的方向从未有丝毫改变，如果一定要说有所改变的话，那只能说，王卫一直在给自己"加油"，不断给引擎"增肥"，持续给顺丰"提速"。

一如这个行业的统一名号"快递"中的"快"字一样，王卫始终把"速度第一"作为顺丰经营的理念和与其他业内伙伴竞争的筹码。而能把"快"做得好、做得明白，着实不易，顺丰夯实的基础为自己赢得了时间，而完善的物流网络，也成为其独占鳌头的资本。

每个顺丰快递员在接到客户的物件之后，首先要将发货单条码扫描发送给总部，总部在收到快递员提供的相关数据后，清楚地知道每个物件的直接负责人是谁，并通过高科技系统全程安全跟单，确保"人在件在"。

顺丰的卫星通信系统可以对所有货单进行实时监控，从单号的产生直到客户确认收货为止，总部掌握着货件的每一处经过。每一个顺丰快递员手里都有一把"巴枪"神器，就是它让客户和他们的物件彼此通透，也为顺丰的信誉增加了一层保护膜。

顺丰始终把为客户提供优质服务摆在首位，在不断延伸业务的同时，王卫更逐步推出了更为丰富的服务产品，以满足客户日益增大的"胃口"。

"晨到"和"午到"，系顺丰推出的新服务，顾名思义，"晨到"产品的套餐里包括：晨收晨到、午收晨到，夜收晨到等。客户在一天之内的各个时间段将物件交给顺丰，次日上午，快递员会将物件准时送达；而"午到"则意味着，前一日任何时间发出的快递，次日 18：00 之前必须送达。这类产品目前还没有向全国范围推广，不过在江浙沪、京津地区及顺丰根据地广东，这三个区域的客户已经体验到了这项新增服务。

王卫会根据顺丰在不同地区所起到的不同价值，而将不同服务产品加以分类投放。首先，在华东地区提供了"跨市即日到"增值服务；在广东和深圳地区增加了"即日限时递"业务；在江苏、浙江、上海、广东、北京、天津、河北、山东等区域推出"隔日到"服务，客户在规定的时间内下单，三个工作日内送达。

在服务领域里，只有将服务对象"服务好"的企业，才能最终获胜，任何一场战争，王卫从不做"无谓的牺牲"。

顺丰的服务理念也算老生常谈——"顾客至上"、"顾客永远都是对的"，但他们是认真贯彻着老话的。仔细研读这些语句，总感觉顺丰人有点"作践"自己的感觉，其实这就是营销。

企业既然经营"产品"，目的是将产品销售给客户，从而赚取利润，那么，目的达到才是最重要的。至少在顺丰每个快递员的心里，始终装着更多的笑容、更甜美的话语、更周密的思考、更清晰的表述、更挺拔的身躯、更矫健的步伐、更优雅的穿着、更诚恳的态度、更灵活的应变……顺丰，正以各种姿态完美地诠释着对客户至尊无上的服务精髓。

据悉，国家邮政局每年都会对中国的快递服务进行公众满意度调查，以此为标准来进一步提升快递业的服务质量。多年来，各项数据显露出，顺丰在调查报告中的排名始终第一，此榜首的位置，连中国邮政的 EMS 也无法撼动。

一言以蔽之，顺丰坚守的"客户至上"，为它赢得了最好的成绩，在中国快递行业内，顺丰就是百姓心中的快递王牌，这份殊荣，唯顺丰独有。

客户至上，缔造王牌

"以客户为中心，积极主动为客户提供优质服务，不断满足客户的增值服务需求……"根据现有市场不同时期的变化为客户提供不同的选择，提高物流时效性来缩短客户的期盼周期……顺丰始终如一的"客户至上"理念，的确将"如何对待客户"诠释得淋漓尽致。

顺丰在逐渐拓展业务范围并延伸至国际之时，并未忘记是客户成就了顺丰，当申通、圆通等快递公司被曝出"员工私下贩卖客户个人信息"的新闻时，王卫很"骄傲"，因为顺丰没有趟入这"浑水"当中，顺丰始终恪守本分，扮演着忠诚的"传递者"角色，正如王卫始终低调、谨慎地经营着企业一样。

为了更好地保护客户隐私，更方便客户收发快件，顺丰再一次深入客户之中——与便利店牵手，让客户在住宅就近的便利店收发快件。王卫知道，不同的快递员提供的服务参差不齐，这与人员自身素质和对工作的热情直接相关。故此，顺丰这个被称为"虚拟地址服务"的产品一经推出，就受到客户的称赞。中国快递业的大佬顺丰，其每一个动作都时刻牵引着其他快递公司的动向。

不是每一种成功都能复制，但若能充分地效仿王牌，也是其他公司的"功课"之一。

当初，王卫挥金买下飞机，全程航运快递的举措，便是中国快递业内史无前例的，顺丰用迅速增长的业务量清除了他人对这一做法的恐惧，用利润率证明自己做出了正确的选择。

顺丰产品定位高端，自然对高端客户提供的增值服务更为"高端"。

彼时，在人们对快递业的"保密工作"逐渐失去信心之际，顺丰一马当先，以其一心为客户的原则和举动挽救了快递业诚信的操守。

王卫因始终立足于高端，故此少数但绝对具有代表意义的高端客户，既是推动顺丰前行的助力，也是顺丰需要悉心维护的重点。这类客户的业务主要表现在高价值上。顺丰为提供高价值物件运输需求的客户开设了 VIP 套餐服务，即专车派送、特殊监控、高额理赔等，不仅让客户体会到自身特殊的增值服务，也加大了客户对顺丰诚信的依赖。

顺丰曾一度做出 20 万元人民币的最高保额，想必再警惕的客户也会对顺丰情有独钟吧，毕竟这样"大手笔"的支出，可不是每一个快递公司都能承担得起的。

顺丰是行业内驰骋而出的一匹黑马，自诞生之始不断刷新民营快递业界的各项记录，其"迅速扩展和进步的业务，持续创新和完善的服务，为客户营造迅捷和亲切的服务体验"，都使得自己立于不败之地。从这一层面来看顺丰的成功的话，那就在于它"搞定"了客户。

客户是一个随时充斥着变数的群体，王卫丝毫不敢懈怠，在如何经营客户关系的战略上，他有三个宝。

第一宝，对已有客户的再加工。

所有快递客户都有两个特性，分散性和独立性。而快递公司只有深入抓住客户的特性，有针对性地开展服务，才能获得客户的认可，获取更多的利润。顺丰会根据不同客户的特性，针对性地提供增值服务，深入挖掘客户价值，对消费需求和行为习惯进行综合分析，例如其出名的晨到、午到、当日到、隔日到、四日件等，这就充分体现出了其为满足客户需求所做出的各种努力。

这些客户都是见证着顺丰发展的忠实客户，主要分布在顺丰业务较集中的江浙、京津、广东等地区，这类地区中小企业发展迅速，经济较发达，顺丰能做到从客户内心出发，深入加工精致服务，足见王卫洞察客户心理的能力极强。当然，这更体现出顺丰对已有客户的足够尊重。

第二宝，对目标客户服务提升。

快递行业的门槛不高，也几乎没有什么技术含量可言，所以各快递公司剩下可拼的就只有服务质量。对于扩张速度最快的顺丰而言，在"稳"住了已有的忠实客户之外，还应该对目标客户，尤其是VIP客户群进行服务升级，通过提升服务体验，来满足客户需求，增加业务量。

好的用户体验可以提高客户的优选性，也只有好的服务质量才能获得更高的利润。在此激励下，"顺丰优选"诞生了，其有别于其他网店的优势便在于，着力点在客户的服务体验上。

在食品电商市场环境下，顺丰优选算是后来者居上。起先运作起来的"我买网"、"1号店"等食品电商，要么经营自己品牌，要么致力于线上食品超市，只有顺丰优选，从名字上就把客户体验放在了首位。客户体验得好，价格也就不是对比衡量的唯一标准了，而且，顺丰速运从不打价格战，同门师兄弟的优选也不可能在价格上让步。

第三宝，对"狼类客户"的一站式承诺。

顺丰不是中国唯一的快递公司，虽然其业务量位居国内第二位，但还不能算垄断，至少 EMS 才是"纯国货"，其有中国政府做为强有力的后盾。因此，还有一部分客户是顺丰竞争对手的，这类客户即被称为"狼类客户"。

如此形容，一方面体现出顺丰对其的重视程度，另一方面也预示着这类客户的严重风险性。简单地说，顺丰服务做好了，他们可能弃他家快递而投顺丰，反之，这些客户都是顺丰的"反面教材"。

顺丰通过多元化延伸和个性化服务，在行业内价格战的恶斗中脱颖而出，越发光彩照人地夺人眼球，惹来业内"羡慕嫉妒恨"是一定的了。顺丰倾力打造的属于自己的支付工具"顺丰宝"，让客户在顺丰网站上购买顺丰产品，再经顺丰支付工具成功付款后，由顺丰快递将产品送到客户手里，这样一站式的服务，带给客户的绝对是轻松又愉悦的体验，想想看，客户怎能不被凝聚在顺丰手里呢？

毫无疑问，王卫又赚了。

可能，曾有过不屑于此的同行感叹："顺丰的客户至上，到底能熬多久呢？"王卫熬得的确挺久，别人想到的他做到了，别人想不到的他提前尝试了，这种节奏就跟他人不在一个频道上。无论讲实力，还是讲品质，顺丰坚持"客户至上"的准则，终将其推向了佼佼者之列。

来自"国家队"的挑战

任何一个民营企业的大佬，都会遇到一个实力相当的"国家队"与之正面抗衡。这似乎成为时代发展、社会进步的自然规律，这样的规律很自然地被普及。就像王卫的顺丰，俨然是民营快递行业的佼佼者，而若真要给它安一个"竞争对手"，那么非"国家队"EMS 莫属。

EMS 作为国有快递企业，遇到顺丰这样的"草根"对手，其实也有很多无可奈何。因为一些条条框框严格地束缚着 EMS，所以，中国邮政即便想施展拳脚，也要顾此及彼。尚不算健全的物流网络，便是 EMS 的致命硬伤。为了治疗此"伤"，邮政决定对决顺丰，一些省市的 EMS 业务已经将时限速度这一顺丰关键性指标提上日程，战争一触即发。

EMS 可能还是过惯了"安居乐业"的生活，第一次下战场总还有些胆怵，而一心求胜的希望往往也蒙蔽了理智的双眼，其一味追求速度的同时，可曾想过如何处理"提速"并发症？

为了追求速度，邮政大肆增加运输车辆，大量招聘一线快递员，增加各种可以与顺丰匹敌的先进设备。而对于规章制度是否完善地执行、业务流程对接是否顺利等问题，却不曾仔细思量，继而导致网络协调能力急剧下滑，本来就上不得台面的物流网络险些瘫痪。很多业务在开展的过程中没有得到有效控制，致使时效不均，快是相当的快，慢也是相当的慢，客户怨声载道。

显然，大量的"食补"的确起到了身强力壮的功效，但运输能力增加了，分拣及投递的能力又下降了，使得本就滞后的监控能力和信息化水平越发黯淡无光。就连以往的准客户群体，也难以招架 EMS 这突如其来的"病入膏肓"，纷纷弃"国有"投"民营"。客户的大量流失，带给中国邮政的不仅仅是业务量下降这么简单的挫败，而是让其陷入一个恶性循环的沼泽——左边拼力注入资本和技术，右边却大量流失市场份额。这场没有硝烟的战争，似乎还没有真正开展，EMS 就不战而败了。

物流行业本身就不需要大技术注入，为何顺丰做得"顺风顺水"，而其他快递公司却举步难行呢？甚至就连 EMS，这个正儿八经的"国家队"都不战而败？

对于这场暗战，从正面分析，其实，EMS 的败象是显而易见的。

EMS 不擅长对网络运行管理，很难驾驭这种拼物流和网络的战争。如果 EMS 的网络运行不是其致命伤，尚可招架一阵。而就其所选的对手顺丰而言，这个在民营快递行业竞争市场上叱咤风云的人物，对网络运营，不论从概念理解还是实际操练上，都是以市场化与时俱进的思维模式接招的，这样久经沙场的战神，自然不战而胜了。

而对于产品定位和体系分配方面，EMS 内部未曾达到和谐统一。EMS 给客户提供了繁多的产品种类，可在市场和网络上却给出不同的概念，内部含糊不清地处理货件，作为客户又怎能清晰明了地收发呢？

邮政，当真给客户出了一道大难题，要知道，客户是千方百计要倾力维护的对象，这样百般折腾，客户又能得到什么？再看顺丰，不仅将产品统一标准，而且凡事以客户为中心，就连王卫也常说："客户没有错的！"

　　不过，顺丰在业务范围上并不是一视同仁，而是"厚此薄彼"。比如，针对于业务量大、客户较为集中、经济发展快速且稳定的大中城市，王卫会大开"照顾"之门，不仅会依据客户需求提供更多的增值服务，还会为 VIP 级客户提供一对一个性化贴心服务。而 EMS 在这方面显得有些拘泥于小节了，大范围地覆盖全国，就连城乡地区也遍布 EMS 光荣的足迹，没有针对性的营销服务，是很难取得全面成功的。EMS 的网的确撒得很大，可大鱼都跑了，小鱼又能有多少价值？

　　中国邮政仗着自己是国家的头牌，而看轻了真正的王牌企业，预想超越顺丰，但仅在设备和人员上进行量的积累还远远不够。

　　王卫不仅将顺丰内部流程控制得当，且在终端投递的过程上也费了不少心思，比如"巴枪"。可见，盲目提速又没有严控内部流程和终端投递，是 EMS 栽跟头的根本原因。

　　说顺丰不战而胜，是有所依据的。若换成其他民营快递公司对决邮政，孰胜孰负还不能下定论。为何顺丰能准确接招，应对自如并最终胜出？

　　最主要的因素就是王卫本人。

　　从顺丰创立以来，王卫自产品定位，到授权决定，再到一场又一场的行业竞争，他冷静地纵观全局，找出根本致胜的砝码。他思维敏捷，市场定位准确，在计划经济浪潮中，只有以市场需求为导向，不断提高物流网络竞争力，才能在终端产品中实现价值最大化。

　　顺丰在网络运营管理上占有强有力的优势，同样在终端投递服务上也毫不逊色。在经济发达、客户群相对集中的大城市，顺丰网点设置的人员几乎达到了包括 EMS、"四通一达"等所有快递员总数的 70% 之多，可想而知，速度和服务质量自然不在话下。

顺丰有效地把握着市场机制平衡运行，同样也在每笔账单结算过程中抽出 2—3 元，来确保终端梯队建设的健康运转。而作为"国家队"，EMS 投递员只有不断发展新业务来获取个人利益，普通的物件投递是没有任何额外补助的。显然，王卫率先推行的"工资+提成"薪酬机制，为顺丰高速发展一路亮起了绿灯。

EMS 单一地认为，快递员投递结算的收入，可以从总部利润调节后分摊一部分出来，不过，在日益激烈的竞争环境下，邮政总部的利润也甚是堪忧，又怎会多一个心思分一部分给投递环节呢？

既然与业务量有直接关系，那么如何激发快递员的工作积极性，从主观能动性上推进效益？王卫想到了用指标考核来代替效益评价。

网络是整个快递运营机制中最重要的环节，无论是顺丰总部还是各地区的网点，王卫和员工们都将指标考核看得尤为重要。人都有被鞭策的心理依赖，谁也不能在每件事上都保持着积极的亢奋状态，所以，顺丰严格的奖惩机制出台了：对于完成指标并在考核中成绩优异的快递员予以重奖，而工作懈怠，考核失利的员工，则要为自己的行为付出代价。

同样在做考核和评价，EMS 便逊色得多。懈怠工作、弄虚作假、客观因素过多，管理又做不到细致准确。一方面考核不够客观，另一方面一些不法快递员偷梁换柱，颠倒黑白，久而久之，就产生了恶性循环，如此，EMS 的网络运营质量和速度与日俱降。

在这一轮的对战中，EMS失利了，不过，它会善罢甘休吗？

中国快递行业的业务运输类型包括陆运和航空两大类，陆运以时效为主要竞争优势，在这方面EMS挑战失败，可航空呢？一场更大的战事拉开帷幕！

航空争霸，谁主沉浮？

2012年，中国邮政的EMS募集百亿，并计划启动巨额募集资金A股上市，这一计划让王卫不得不再次接招。

陆运的失利，已经让中国邮政大失颜面，接下来的航空争霸战中，EMS又会使出什么样的招数？顺丰如何接招？最后的赢家会是谁呢？

王卫很认真地对待这次战争，EMS摆开阵势，他也不能保持沉默。

顺丰的首次融资，被看做是其购买飞机的前提，只有如此，方能以足够的能力与邮政抗衡。

说到被王卫看上眼的四家风险投资公司，想必他们也是下了很大赌注。因为这些投资公司以25倍市盈率对顺丰估值，这可不是一个小数目，因为名震天下的联邦快递，其整体动态市盈率也只有22.04倍。王卫这次，至少表面上又稳操胜券了。面子赚到了，资金充裕了，就连苦心算计的风险投资公司也对顺丰偏爱有加，王卫可谓信心百倍。

王卫用25%的股权换来的80亿元投资，究竟会用在何处？

从EMS的大手笔购买飞机的招数上看，王卫很可能会购买飞机，从顺丰核心业务发展态势分析，这是一场高空作战，比的不仅是技术，还有财力。

自 2003 年起，顺丰便开始攒钱买飞机，多年以后的今天，回眸看去，当时王卫的做法真是快、准、狠！

顺丰借助航空运输的"顺风"，把自己又向巅峰吹近了一些，时速性提升了，其在业界的品牌知名度也逐渐首屈一指，王卫在"飞机"问题上看到了顺丰未来的发展。

到了 2012 年，顺丰囊括了中国早航班超过 50% 的航线，晚航班也有四成航线为顺丰所用。考虑到午航班不能在时效性上满足顺丰的一些产品，故此顺丰对该时间段的航班利用率很低，但总数超过 2000 余航班储藏资源，这对顺丰快递的运转规模，营造出了一个趋于垄断性的态势。

往昔，当买飞机、租飞机等举措已不能满足王卫的发展观时，其于 2009 年开始自组航空货运公司，增加顺丰在行业内竞争优势的筹码。短短 4 年时间，顺丰就拥有了属于自己的 13 架自由全货机，另外还租了 19 架，这 32 架全货机，彰显出了顺丰夯实的经济基础和竞争优势。

量的积累必定决定了质的飞跃，32 架全货机满载着顺丰的航空快件，领航于中国快递市场。

2011 年到 2012 年两年间，顺丰完成了超过 100 万吨的航空快件运输量，此数据还以每年 50% 的比例逐年递增着。民航局的"十二五"规划认为 2015 年中国的航空货运运输量为 900 万吨，这个数字为顺丰为首的航空快递提供了更为广阔的施展空间，显而易见，王卫目前的飞机数量还很保守。

当然，最保守的还要数中国航空快递的发展了。摒弃王卫个人的超群能力不提，单看整个中国航空运输大环境下的发展速度，便足见其滞后性。凡事有弊必有利，正是相对落后的航空运输业，才让没有背景、没有资源、没有实力，甚至险些被中国快递业踢出局外的顺丰，得以全身心闯荡江湖。王卫使用的那32架全货机，撑起了中国航空运输业1/3的天空。

王卫很有野心，且野心巨大。他曾在顺丰内部提出，待中国航空运输量突破900万吨大关的时候，顺丰至少要有69架拥有"产权"的全货机，而到2021年，顺丰会拥有不少于196架的全货机，该数目相当于当时整个行业内全货机总数的70%。倘若这些数目变为现实，顺丰就会成为中国航空货运2/3市场的主宰者。

顺丰每一阶段的发展计划，在王卫的操作下基本都可顺利实现。如此强大的对手，让民营快递行业的其他同行不敢匹敌。当然，"吃皇粮"的中国邮政胆子大，绝不会因一次失败一蹶不振。这次，EMS决心反败为胜！

EMS成立于2010年，此时的顺丰年营收只有它的50%，对其而言，顺丰还未曾构成威胁。但顺丰近些年迅猛发展的态势，着实让中国邮政胆战心惊了，曾经多么不起眼的民营小快递，居然爬到了"国家队"的头顶上。可叹的是，中国邮政即便有国家力量的维护，也很难在运营、网点、业务、营利等方面赶超顺丰。

经历了这么多的纷纷扰扰，中国邮政有些"毛"了。

2013年，中国邮政申请重走上市轨迹，但不知道何故，5个月后又对外公布撤出IPO。业内人士猜想，是不是激烈的市场竞争让沉睡的中国邮政得以苏醒？相信，经历了几次战争后，吃皇粮长大的中国邮政也被塑造成了坚强的战士，虽然跟战神顺丰相比还有些逊色，可至少在战略思想和管理架构上，它长了不少见识。

中国邮政始终明白一点，成功主宰快递市场的关键因素在于谁掌握"制空权"。2001 年邮政航线正式开通后，中国邮政就陆续购买了 18 架全货机，并建立起自己的航线网络。但这 18 架全货机是中国邮政通过融资性和经营性租赁得来的，远远不及顺丰的空运效率。而且，顺丰比"国家队"更有魄力，目前顺丰全货机数量就远超 EMS，在未来的规划蓝图中，其速度也会将 EMS 甩出身后很远。

彼时，中国邮政开始认识到自己的弱项。

2013 年 4 月，其大手笔从山东航空股份有限公司买了 5 架二手客机，4 个月后又在国货航租赁了 4 架全货机，未来时间里还计划买至少 15 架类似机型的二手客机，通过客改货后，全面上线，与顺丰抢夺中国航空运输量。

这场血雨腥风的航空争霸战，让业内外的人士均闻到了硝烟的味道。谁能在战争中最终胜出？我们拭目以待。或许，这也只是战争中的战争，有市场就会有战争的存在，顺丰的对手不只有 EMS，而 EMS 的敌对势力也不见得就顺丰这么一个。不管怎么说，顺丰融资了，而且就在 EMS 筹备上市的那段时间里，这不能只是一个巧合那么简单吧？

挑战"四通一达" 4

桐庐一家亲

桐庐是中国著名的旅游县，坐落于浙江省杭州市西南方向，这里群山叠峰，溪流纵横，资源丰富，人杰地灵，有著名的严子陵钓台、江南龙门湾、女儿村、白云源、天斗地漏、纪龙山、罗山天子地、瑶琳仙境等风景旅游区。不过，我们今天不是研究桐庐旅游路线，而是要揭示桐庐给我们的另一个身份——"中国民营快递之乡"。

中国的民营快递发展迅猛，网点遍布全国各地的大中城市及乡镇地区，为国内市场经济的良性发展贡献出了巨大力量。

民营快递主要以王卫创办的顺丰，陈平、陈东升兄弟俩创办的宅急送，以及桐庐籍老乡们建立的中通、申通、圆通、汇通和韵达，即"四通一达"为主。正因为"四通一达"猛冲到中国民营快递十强之列，桐庐，这个带动经济迅猛发展起来的传奇古县，才配得起"中国民营快递之乡"的称号。

"四通一达"，这5家民营快递公司的创立者都是桐庐人，且一线工作人员也以桐庐人为主，20多万名员工为这个行业带来300亿元的年销售额，占中国快递市场总销售额近50%。这到底是5家怎样的企业？他们的掌舵人又是怎样发家的呢？

1993年，桐庐人陈德军在上海创立盛彤实业有限公司，同一时间在杭州开设了"申通快递"的第一个营业网点。此时的陈德军，一定不会想到日后的自己，是拥有万余名员工、400多网点的快递公司CEO。

陈德军也是一个苦尽甘来、奋发图强的勤奋之人。20世纪90年代初期，他随着改革开放的浪潮，与所有打工者一样来到了杭州，他是来"投奔"在此经营快递公司的妹夫聂腾飞的。

1992年，21岁的陈德军在妹夫的"神通"快递公司里帮忙。在快递公司的经历，让陈德军充分认识到，快递是一个不需要投入太多资金，更不需要多少技术含量就可以干得起来的行业。于是，在一个偶然机会的推动下，他到上海"神通"网点做代理，便下决心努力做大业务，并最终成立了自己的"申通"快递公司。

陈德军是一个不忘本的人，他成功运营申通，从一家小公司不断做大，到现在网点遍布全国，申通每一次网点扩大，他都会回到桐庐老家潘畈，带一批无业青年来自己公司任职，一方面应公司扩大之需，另一方面，他想让父老乡亲跟着自己不吃苦还能赚钱。

桐庐潘畈，一个1000人的小村子，1/3以上的年轻人都跟着陈德军干快递，也正是由于潘畈人的积极带动，桐庐另一个乡村——钟山，其村民们也开始了快递生涯，并在随后的民营快递行业中，喜添"中通"、"韵达"等桐庐大家庭新成员。

了解了桐庐县总商会上海商会会长陈德军之后，不妨再来认识一下浙江省桐庐县上海商会副会长聂腾云。聂腾云的哥哥聂腾飞，即陈德军的妹夫，算下来，韵达还要叫申通一声"大哥"。

1999年8月，聂腾云在上海成立了韵达货运有限公司，当时整个公司上下只有30来名员工。聂腾云有着桐庐人特有的坚韧精神，短短十几年时间里，韵达从名不见经传的小公司，发展成为中国快递行业十大影响力品牌之一。截止到2012年，韵达的步伐已经迈到了中国香港、台湾、澳门及中国大陆各个省市地区。聂腾云是桐庐又一个传奇，而在中国民营快递行业竞相追逐的今天，韵达，又会给我们带来哪些不一样的看点呢？

另一个要说的桐庐人，是23岁初入江湖闯荡的喻渭蛟。他从装潢工程起步，经过多次"连环三角债"后，喻渭蛟不仅赔光了多年积蓄，还欠了一身债务。可年轻的力量总能战胜一切不可抗拒的因素，千禧年之初，喻渭蛟带着四处筹借到的5万元本金，在上海创办了圆通速递有限公司。

那时中国快递业还处于被中国邮政垄断的阶段，圆通作为"黑快递"，在创业之初的几年内生意极为惨淡，最多一个月的亏损高达20余万元。只是，喻渭蛟从没有因为一次亏损便打算放弃，在他看来，饥寒交迫的严冬很快就会过去。果然，2009年10月1日开始实施的新《邮政法》救活了圆通，也为其他中国的

"黑快递"改名换姓，换上了"游击队"的行头，再也不是"土匪"了。

借着新《邮政法》的东风，圆通迅速发展壮大，喻渭蛟带着圆通乘风破浪，打开了圆通历史纪元的新篇章，迈上一个个崭新台阶，为民营快递业缔造了又一个桐庐神话。

四通中的第三通，即中通。

1970年，赖梅松出生在桐庐钟山，这个土生土长的大山儿子初中毕业后就辍学在家，可想要搞出点名堂的他始终在寻找创业商机，最终，他决定做木材生意。

赖梅松既勤奋又聪明，做生意的头三个月就赚了1万元。第二年，这个数字后面坚定地挂了一个"0"。就在赖梅松木材生意做得顺风顺水之际，家乡那股"快递风"刮起。

快递和木材本是两个毫无关联的行业，可眼光长远的赖梅松经过深思熟虑之后，决定在快递行业里伸进一脚，而这一脚，便又造就出一个中国民营快递的行业品牌——中通快递。

2002年5月8日，中通速运有限公司正式挂牌成立，和其他民营快递公司一样，中通在成立之初也经历了一番波折和坎坷，但赖梅松始终坚信，不管什么事情，只要开始着手做了，就一定要尽力把它做好、做完美。

中通成长的每一步都饱含了赖梅松和中通员工的艰辛，与其他桐庐产业（快递行业）相比，中通的起步较晚，赖梅松从一开始就在筹划着如何"后来者居上"。在激烈的行业竞争中，中通人不曾有过放弃。"这是一条不归路"，赖梅松在谈到快递时首先发表出这样的感叹，"数万人的生计扛上了肩，这辈子怕是回不了头了。"赖梅松在肩负着中通人使命的同时，也对未来充满期待。

"四通一达"中最年长的老将要数生于 1960 年的徐建荣了，他进军快递行业较其他桐庐人之所以晚，是因为有过一段当兵的经历，且退伍后首先在上海创立了辉裕食品有限公司，每天为上海市民提供 15% 的猪肉供应。直到 2005 年的二次创业，徐建荣才加入民营快递行业的大军，创立了汇通快运。

快递是需要大量人员投入其中的一个行业，徐建荣和其他桐庐人一样，将越来越多的桐庐老乡带进了自己的团队，为他们提供创业和就业的大好机会。

桐庐人越来越多地投身于民营快递行业中，这使得"四通一达"在竞争愈来愈激烈的市场环境下显得格外亲近。只是不知道，在如此"亲上亲"关系的产业链中，"四通一达"的民营快递之路是否好走？

EMS "暗战"顺丰，"四通一达"错位竞争

2012 年 10 月，EMS 降价的消息铺天盖地而来，成为快递行业的大新闻，仅珠江三角洲地区 1 斤起重价，就由原来的 16 元下调至 12 元。是什么原因促使 EMS 放下身段玩起了价格战？此次事件的"始作俑者"是谁？如果 EMS 真的加入价格战的大军，谁又会成为这次战争的最后赢家？带着这些疑问，我们不妨一步一步往回走，看看降价的背后，到底隐藏着怎样的玄机。

据 EMS 相关人员透露，"降价"早在前一年就已经开始了，这是针对部分大客户的一个"优惠"四成运费的鼓励政策，不能单纯的说成是降价，况且这个价格也不是针对所有客户的。只是，此

"优惠"实施时没有得到像现在这样的重视罢了。那么，即使"降价"早有，为什么一直姿态很高、很正的"正规军"EMS，会采用这样的"鼓励政策"呢？不能不说，EMS处心积虑设计的这场价格战，是有目的的。

受"四通一达"低价格策略影响，EMS的业务量受到了一定的冲击，近些年内业务量均呈现下降趋势。为了提高市场份额，稳定固有老客户，开拓潜在新客户，"价格"已经成为影响EMS业务开展的重要因素。只是，EMS方面并不认为这个重要因素是"价格"，而应该是"速度"。故此，EMS定位自己的策略为"提速"。

自2012年9月起，EMS推出"次日达"业务，并迅速将该业务范围扩大到全国56个重要城市。而比较受关注的"1斤起重价就由原来的16元下调至12元"的大客户优惠活动，也一样有时间限制，不过，并不排除期限到了之后，EMS会将此优惠活动的时间延期。

为什么人们对EMS"提速"没有更大兴趣，而对"降价"却尤为敏感？可见，在中国快递行业还不属于"品牌"时代的当下，消费者的敏感度更倾向于价格和服务。而作为中国自有企业EMS，这两项却都不是自己的优势。

"EMS可以做业内最低价，但是它不会，无论EMS如何降价，都不会低于'四通一达'。"EMS相关人士面对"价格战"来袭的问题时，曾这样对媒体表述他们的本意。言外之意，EMS是"国家队"、是"正规军"，根本就不会参与到"游击队"们的价格战中。EMS跟"四通一达"不在一个起跑线上，它需要为整个中国社会承担更大的责任和使命，这责任和使命，是"游击队" 无法企及的。而且，EMS 的网撒得很广，几乎遍布整个中国的大中城市和乡镇地区，如此之大的网络运营成本也与 "四通一达" 拉开了很大距离。

作为民营快递行业，"四通一达" 享受着国家的 "庇佑"，而 EMS 显然不在庇佑之下，因为它不被允许同民营快递进行价格战来争夺市场。EMS 方面还认为，自己定位高端，而 "四通一达" 产品定位中低端，无论如何，EMS 的各种运作也不会殃及到 "四通一达"。

对此，"四通一达" 也有相关人员表示，并不会因为 EMS 的降价而倍感压力，他们会更加注重客户服务营销，从质的提升再上升到量的增加。而 "四通一达" 占据中低端市场由来已久，即使 EMS 跟他们抢中低端市场份额，也不是一时半刻就能如愿的。

EMS 资本雄厚，网点布局紧密，业务范围覆盖广，物流资源丰富……这样的优势在 "游戏" 没有开始时，就已得天独厚了，正因有此优势，EMS 对运费的调整才更游刃有余，不必担心价格战中有任何意外发生。而事实上，在 EMS 运费调整的一二线城市快递市场中，"四通一达" 的确受创严重。

首先，EMS 人力充沛，在国内的快递行业里规模之大，员工数量之多是众所周知的，这样优越的姿态，一旦下调价格，势必抢走 "四通一达" 固有的部分中低端客户，EMS 虽不承认在抢夺地盘，可事情导致的结果明显地呈现出 "四通一达" 受创严重的局面。

其次，EMS 对于接纳通过调整价格而逐渐增多的业务量十分得心应手，绝不会因容纳更多客户而出现供不应求的情况，更不会上演小公司 "货多人少" 的窘况。相反，人员充足，更有助于

EMS 服务质量的提高，快递员们只有更好地为客户营造高质量服务，才能在日益壮大的人才梯队建设中立足。

再次，EMS 降价之心坚决。有些地区的 EMS 达到 40%—50% 的降价，这样大的力度，一方面表现出 EMS 作为国家"管理人"而独有的强大控制力，另一方面，也展露出 EMS 抢夺市场份额的决心。不过，真能挺过日益增长的油价、物价及人力成本，且还能将价格运作得如此顺利，想来也只有 EMS 能做到。

这次价格掠夺战，EMS 不仅抢夺了一定的市场占有率，同时还依托未"贬值"的服务质量赚取了群众的眼球，提升了自身在行业中的品牌知名度。以往，服务并未获得 EMS 足够的重视，亦或许是因这次价格战，阴差阳错地让其认清了竞争的筹码并不只在于价格，而在于时效与服务。

鉴于人们对 EMS 价格调整的主观认识，还有一些 EMS 的市场人员表示出了自己不同的见解，也是这样独到的看法，带给我们又一个启示。另一些 EMS 人认为，EMS 在运输价格上的确一直有所调整："比如上海到长三角的一些大客户，现在已经可以做到'10 加 2'（起重 500g 及以内 10 元，续重 2 元）。北京地区自 2011 年起，对很多客户实际都执行的是'12 加 3'（起重 500g 及以内 12 元，续重 3 元）。"

可以看出，EMS 各地区的网点似乎都有所调整，只是这个调整看着很"眼熟"，似乎跟顺丰的"北京同城快递 13 加 2"似曾相识。难道，EMS 真正要对抗的不是"四通一达"，而是顺丰？

从国内快递市场价格态势分析看，即便 EMS 的"降价"策略执行顺利，业务量能提升 1/5，可必须坚持 1 年以上，才能真正影响到"四通一达"目前的市场份额。可见，EMS "降价"的醉翁之意并不在此。在 EMS 眼里，顺丰才是等量级的竞争对手。

遗憾的是，"四通一达"未能看清事情的本质，盲目跟风降价，成为"降价"风波中最大的输家。EMS 位居国内快递老大，在整个行业运营机制中，既能管得住也能玩得起。中国的快递行业门槛低，这就使得相应的监管水平和发展速度相对滞后，也必然会激发起行业内激烈的竞争。

这是一个伸手不见五指的"黑洞"，也是美味垂涎的硕大"蛋糕"。行业内会因此次"价格战"而重新"洗牌"吗？顺丰，对于 EMS 的又一次挑战，会怎样出招？

"慢递"动了谁的奶酪？

2012 年，中国民营快递行业的各个公司都面临着一个同样的致命问题——成本压力。物价、油价、人员雇佣费，让快递这个需大量人员支撑的行业成本压力迅猛提升。对此，一些民营快递公司纷纷改弦易辙，与电子商务公司合作，将物流网络的速度提高，以减少成本，控制利润下滑。然而，在此非常时刻，一向以"速度"致胜的顺丰，破天荒地放慢了速度，也降低了价格。

原因何在？

2012 年 8 月 1 日，顺丰推出新产品——"四日件"，即客户所寄送物品将在 4 个工作日内送达，此产品耗费的时间几乎可够航空运输两趟，这个全程通过陆路运输的产品套餐一经面世，就在快递业内低端市场斩去一部分份额。时间上虽"慢"了一倍，但运输价格上同样"便宜"了一倍，"四日件"的首重价格为航运首重价格的一半，续重的价格也是航运的一半。

顺丰"四日件"主要针对小商品，如日常护肤用品、奶粉、电子产品、酒类饮品等，大多系空运的"违禁品"。毋庸置疑，顺丰"慢递"的出炉，暗示着不愿跟电商打交道的低姿态开始向电商靠拢。

降价的顺丰也越来越"亲民"，不仅中低端的客户给顺丰点"赞"，一些以销售高价产品为主的电商公司，也愿意与顺丰这个民营快递大佬合作。"四日件"的落地，让原本无缘航运的一些高价商品都可以通过陆路运输了。

在电子商务几乎占据中国快递业一半财富的当下，顺丰为何迟迟不愿青睐于电商？眼睁睁看着"四通一达"借助电商平步青云也不曾动摇的顺丰，为何在此时选择放慢了速度？是顺势而为，还是逆流而上？

其实，有了航空公司，又买了飞机的顺丰，已占有了得天独厚的优势，无论从航线时间段上，还是资金回笼方面都不是大问题，或许，真正让顺丰有所紧张的，还是民营快递日渐提高的高质量服务。

自从顺丰暴露在镁光灯下，它的光环和荣耀让其他快递兄弟企业羡慕的同时，兄弟们也竞相效仿和学习起来。有朝一日，说不定其他快递公司的服务质量会提高到与顺丰相媲美的程度，那时，顺丰快递行业的大佬地位或许就不那么夯实了。

此外，国际巨头在中国快递业务范围内的"通行证"也很快就可以使用了，倘若他们冲击了中国快递行业，想必受创最重的当属一直坚守高端产品路线不变的顺丰和"国家队"EMS 了。EMS 是吃皇粮的，顺丰怎能跟人家相提并论？危难之际唯有明哲保身：降低身份、走亲民路线、亲近电商、丰富产品链……顺丰真的该为盈利煞费苦心了。

顺丰的"四日件"扰乱了快递中低端市场固有秩序,甚至一些观点认为,顺丰此举暴露出自身危机四伏的征兆。不过,操持顺丰的王卫本身就是一个随时充满着危机感的人,这种企业家与企业本身的完美契合度,不是哪家企业都能有的。

顺丰"四日件"虽说放慢了速度,可其空运速度远远拉开了其他快递,而"四日件"的时间恰恰与其他速递运输时间一致,只能说,顺丰为了吃得更饱些,开始垂涎中低端市场这块"大蛋糕"。

顺丰开始挖掘新客户,甚至包括以往不屑于拓展的电子商务。

淘宝网等电商,作为引领快递业务迅速壮大的企业,是时代发展之下必然的存在。"四通一达"很早就嗅到了电商的香甜气息,也许是受顺丰挤兑后不得已而为之的选择,也许是桐庐人尚未被识破的商机法眼,总之,王卫不打算再低调下去了,也不打算一直坚持自我的"高姿态"。

中国是经济大国,是"清贫"的经济大国,在快递竞争市场上,中高端的客户只是少数,绝大多数客户对价格的敏感度更胜于速度。客户自然希望物件可以早到几天,可如果真的晚两天而价格又能优惠一半的话,等上几天又何妨?

对顺丰来说,相对稳定的中高端客户群仍是其"囊中物",故此剩下要做的就是进一步拓宽市场,增加总市场份额。毕竟,成本控制是所有民营快递公司最大的难题。国际金融危机之后,很多欧美快递市场都大开"经济舱",以有效地控制价格和降低成本,这可算作业界模范。

可见，与其说顺丰的"四日件"是在为自己拓展更多的市场份额，莫不如说，顺丰此举更贴近了广大用户的需求。对于一直以来都以依附电商而著称的"四通一达"来说，顺丰市场份额的扩大就是自己市场份额的萎缩。原本井水不犯河水的两大阵营，也开始了正面交锋。这种交锋，短期内不会产生太大涟漪，在事态渐进的过程中，他们需要更准确地把握自己才行。

在整件事发生和发展的过程中，我们可以听到不同声音在讨论着顺丰"慢"下来的速度，是与"四通一达"争夺中低端市场份额的前兆，甚至所有人都认为，顺丰此举就是为了拓展中低端市场的业务。不过，顺丰不承认"四日件"是为"四通一达"准备的"战帖"，而是顺丰自身在填补遗落在快递市场的空白。

明明是满足特定客户的需要之举，怎就成了放低身段？顺丰用这样的疑问依旧保持着民营快递大佬的高姿态。

之所以说顺丰的"四日件"没有降低顺丰的高端身份，是因为所谓的高端业务，并非以价格来衡量。专业的团队、优质的服务、合理的运输时间、规范的市场机制……都是定义"高端"的依据。

抛开"四日件"是否为了瓜分中低端市场而来的话题，就顺丰此次推出的产品而论，算得上成功吗？

王卫并不满足于航空运输的"速度致胜"，他也在不断摸索着修练陆路运输的秘籍。顺丰已经在不断地做这项工作了，目前他们已开通了562条陆运线路，覆盖了中国29个省市地区。

现在的顺丰，已可"上天入地"了，在与电商正式接轨后，这趟"顺风车"还将为B2C企业特供"代收货款"业务，这项特供业务是"四通一达"无法触及的。

在这场"快"与"慢"的较量之中，顺丰是踏着胜利的节拍一路走过来的。陆运与空运不存在直接的冲突，二者都是为顺应"民意"应运而生的不同产品。顺丰的企业标准和运营快捷程度俨然成为行业典范，快与慢的同步而行虽说有风险但也不是无法解决。而"四通一达"在被瓜分的蛋糕中，是不是又受到了新的启迪呢？

"铁老大"出山

国际上的铁路运输历史悠久，源远流长。古希腊早在两千年前就开始使用路轨运输了，而中国直到 1876 年，吴淞至上海长达 13 公里的淞沪铁路的建成，才拉开了中国铁路运输崭新的一页。

百余年来，铁路运输逐渐成为中国运输史上品种最多，业务范围最广，价格相对最低廉的运输方式。目前，主要包括整列运输、整车运输、铁路快运货物班列、集装箱运输、特种货物运输、零担货物运输。到了 2013 年 6 月，中铁运输业务大军中又增加了一位"新成员"——高铁快递。

"高铁时代"的到来，是否预示着中国快递行业内的运输途径重新布局？价格低廉的高铁快递有朝一日会取代价格略贵的航空运输吗？

高铁运输最新推出的"高铁快递"，旨在通过高铁确认列车和载客动车组列车进行快递运输，为部分试运行地区的客户提供城际间"当日达"和"次晨达"的小件运输项目。最先开始尝试"高铁快递"运输途径的，当属广铁集团。

据广铁集团相关负责人透露，早在 2011 年 5 月，广铁集团已经开始对"高铁快递"这个铁路运输的"新鲜血液"未雨绸缪了。首先，广铁站车服务中心将新产品做成问卷，以市场调研的方式搜集各行各业对该新兴产品的认知和建议，根据搜集来的信息整合再用于产品的设计与开发，最后在快递市场上进行推广和品牌营销。

这一系列准备工作耗时半年之久，足见广铁集团对该产品的重视程度之高。2011年年底，广铁集团开始在广州南站与长沙南站之间试运行少量快件的"高铁快递"服务。

小试牛刀之后，客户一致好评，于是，广铁集团趁热打铁，立即举行招商洽谈会议，通过12场洽谈会议的召开，广铁集团分别与EMS、顺丰、联邦快递等快递公司签订合作协议，在武广高铁广州南站至长沙南站之间，首次使用动车组检查确认车，进行快件货物的运输工作，随后，又开通了深圳北站至长沙南站的快递运输业务。

目前，我国快递运输途径方面，80%以上为汽运，15%左右为空运，铁路运输及其他途径运输方式则低于5%的比例。从该数字上我们不难发现，铁路快递运输具有极大的发展空间，甚至有人认为，有朝一日，高铁快递运输会取代空运。

只是，目前高铁快递运输的模式是否会取代其他运输方式还有待考究。

众所周知，高铁快递运输的成本低，同一地区同一快递若分别通过汽运、高铁运输和空运，其运输价格比例约为1∶3.75∶5，高铁与飞机时间相差并不悬殊，但高铁快递的价格却比航运低25%，即高铁始终为客户至少打七五折。除此之外，高铁运输快件过程中，几乎不会因为其他因素而受到影响，诸如天气变化会延误航运的时间等因素，基本不会在高铁运输过程中发生，这就保证了快件在运输过程中的时效性。

那么，高铁运输是否会垄断快递运输市场？

诚然，高铁运输快件具有一定的优势，可也有部分弊端存在。比如，高铁快递运输设施目前并不完善，若恰逢春运、学生潮、民工潮、黄金假日旅游潮等铁路承载高峰期间，别说快递，人流运输顺畅都难以保证，只怕那时"快件"也不得不变成"慢件"了。

而且，不同快件选择不同运输方式都有着其自身不可抗拒的依托，每一个物流公司在做运输选择时，都会考虑其自身的最优半径。比如，1000 公里以上的长途快件运输选择空运最恰当；500 公里到 1000 公里的快件，则赋予铁路运输更多筹码；500 公里以下，选择公路汽运则是性价比最高的。因此，高铁并不能完全取代空运，这是毋庸置疑的。

但不得不说，高铁快递的出现吸引了包括"国家队"EMS、民营快递大佬顺丰等在内的快递公司的眼球。在快递公司严格控制、降低成本的当口，高铁快递以其低价格优势，可谓解了快递业的"燃眉之急"。

当"四纵四横"的高铁线路投入市场运行，快递行业算是最大的赢家了，不但降低了成本，提高了速度，又避免了包括天气影响在内的诸多困扰因素，快递业自要拍手称快了。

只是，高铁快递"试水"期间，除了顺丰和 EMS 一马当先外，"四通一达"等快递公司均持观望态势。而顺丰在"试水"过程中也表示：考虑到目前高铁运输规模尚未完善等因素，并未将更多业务量转向高铁快递。

高铁快递的"出师"算不上大获全胜，可高铁方面未曾打过退堂鼓，而是想方设法让高铁快递"与时俱进"，以更快更好地投入市场使用。

2014年4月1日，中铁快运公司扩大全国范围内的高铁快递业务，覆盖20个城市，正式拉开与航运竞争快递市场战争的序幕。不得不说，高铁快递此次出炉，分摊快递市场份额势在必行。

在运输数量上，高铁运输比航运和汽运大得多，更不会因天气影响和交通拥堵现象而阻碍运输；在服务体现上，高铁快递目前也提供了"上门取件"的增值服务，即铁路部门将在铁路运输之前的环节上增加又一环节——铁路货运部门的相关人员会到企业中接收货物，而这笔上门取件收取的服务费用只是少量成本费，这不仅免除了人工装卸货物的人工费用，也保障了货物本身的多次装卸程序，降低了货物受损几率。

高铁方面对服务的重视程度绝对不比任何一家快递公司差，虽然目前产品种类不算丰富，试运行的城市也不算广，但随着业务不断拓展，高铁快递一定会拥有广阔的发展空间。与此同时，快递行业的运输结构也将会重新洗牌。

不可否认，快递行业的市场竞争结构是多样且可调整的，高铁快递这次着实进入了快递市场激烈的竞争，普通民众，定不会感到任何威胁，反而在经济利益上有了更高的观望前景。

高铁快递的出席，增值了快递业，它将作为新兴的产品，在浩瀚的快递行业宇宙空间上，涂抹出一幅崭新的画作。

"巨头"来袭

2008 年，北京奥运会的成功举办，不仅吸引了国际运动健儿，同样也吸引了国际快递巨头。而在中国快递行业市场竞争此起彼伏的空当儿，国际快递巨头的"莅临"又为哪般呢？

随着电商市场的有效开发，中国快递市场的业务量也逐年增加，特别是最近的连续 5 年，年均增长率高达 30% 以上，这个数字在全球快递行业增长速度中都是首屈一指的。

基于此背景，中国民营快递公司应市场所需迅速发展壮大，就连从不把民营快递公司放在眼里的 EMS，也在与国家邮政局成功"分体"之后，将提高服务和运输速度作为重中之重，重新摆正姿态，蓄势待发，预将过去丢失的市场份额重新抢回来。

连 EMS 这个初入行业竞争市场的"毛孩儿"，都听到了中国快递行业崛起的音符，在国际快递市场中叱咤风云的四巨头，又怎会放弃这样竞争的大好机会？

美国联合包裹、联邦快递等国际快递巨头纷纷高举竞争的旗帜，在北京的大街小巷铺天盖地地进行广告宣传。

其实，奥运会之际并不是国际快递首次关注中国快递市场，早在两年之前，德国敦豪就以 NO.1 的速度跻身中国快递市场，随后，荷兰天地快运（TNT，已被美国联合包裹收购）也将自己冠上"特许加盟"的头衔，在中国内地展开快递运输业务。次年，美国联合包裹在上海浦东国际机场设立国际航空转运中心，为自己打开了进军中国快递市场的大门。

然而，当国际快递巨头纷纷将业务延伸至中国市场时，中国还没有任何一项政策来限制外资快递公司的涉华业务，如此之大的"漏洞"，险些让中国快递市场的蛋糕彻底变了"口味儿"。

就在巨头们都将矛头瞄向中国的土地时，他们彼此之间的竞争也正趋于白热化。以上海为例，2007 年，美国联合包裹成立了国际转运中心；2012，德国敦豪成立了北亚运转中心；同年，联邦快递在上海浦东国际机场建设了全新的上海国际快件和货运中心。至此，除 TNT 之外的三大国际快递巨头，均在上海建立了自己的根据地。随后，三者从之前的布局争夺战，迅速上升到肉搏战。此时，真正能抑制巨头恶战并保护中国本土快递市场有序竞争的依据，就是"外资华内通行牌照"。

在"牌照"还未获准通行期间，中国快递公司及 EMS 是否应该同仇敌忾？

2008 年上半年，新《邮政法》还未出台，国际原油价格却飙升至 150 美元/桶，随之，中国境内原油价格也有所上调，快递行业的成本瞬间增加。

如果想在这样的风暴中顺利挺过，民营快递公司只能上调运输价格。可就在大家犹豫不决时，联邦快递甩出一个致命杀手锏——降价！降低中国内陆价格，一些线路的价格甚至比中国民营快递公司的价格还要低。毋庸置疑，它是在抢占中国快递市场份额！

其实，联邦快递早先在墨西哥和埃及就使用过这种降价手段，当价格占有绝对优势并轻而易举掠夺过来大量市场份额后，其下一个决定就是"坐地涨价"。那么，联邦快递在中国行此举，是否还能如在墨西哥和埃及那样如偿所愿？

国际巨头已占有中国国际快递市场超过八成的市场份额，可是，他们根本不会满足于"国际市场"这一块蛋糕，真正的垄断才刚刚开始。

《反垄断法》中的第十七条明确指出，没有正当理由，禁止低于成本价格出售商品。可是，这样的条款似乎对国际快递巨头垄断态势没有起到任何作用。中华人民共和国商务部产业损害调查局，在这紧急关口适时地推出了"物流行业产业损害预警机制"，该机制的启动对物流行业有一定约束作用，它有效地提升了中国物流产业的国际竞争力，切实保护了我国产业链合理运行的安全性。

面对国际快递巨头的袭击，中国民营快递业虽有些像"蚂蚁"对抗"大象"，但国人对"蚂蚁"仍倾注了无限的希望和信赖。而民营快递业也不负众望，其业务已经包揽内陆快递市场70%的市场份额，同城快件中，近九成的业务是民营快递公司承接的。正所谓"能者多劳"，但往往做得越多，出错的地方也就越多，很多不确定性的人为因素，往往会导致服务质量的变动。

2008年，针对快递服务的一项公众满意度调查报告中有数据显示，在公众对快递投诉事件中，66.2%来自于时效性差，延误快件正常到时；17.5%为损坏物件；12.8%为物件丢失。

可见，民营快递公司，若想击碎国际快递巨头的"垄断梦"，首先要做到自我不断完善才行。而国际快递巨头，无论是否有三头六臂，只要没有"中国牌照"，一切美梦都停留在脑海中。

德国敦豪曾为获取"中国牌照"走了一个捷径——与中外运集团合资，以获得中国国内快递市场的合法经营权。而联邦快递与美国联合包裹宁可多些麻烦，也要以独资身份落户中国快递市场之中，虽然这份迟到的殊荣在2012年获得，但丝毫没有影响他们的"斗志"。

巨头们紧锣密鼓地与一些民营快递公司洽谈收购事宜，虽然目前未获知哪家民营快递接受国际快递巨头"收编"的消息，但与顺丰这个中国民营快递大佬不同的是，"四通一达"极有可能被纳入国际快递巨头旗下，也许是其中的某一家，也许更多。当然，也有反对者表示，"'四通一达'不是想收购就能收购得了的"。

看来，大家都需努力，以让"一个想努力收购别人，另一个想努力不被收购"的局面变得"平衡"。

蝴蝶效应挫伤"四通一达"

蝴蝶效应，是指在初始条件下，动力系统中的极其微小的变化，都有可能引起整个动力系统的长时间巨大且连锁性的反应。直白点说，就是一个非常微小的"坏因素"，若任其发生、发展而不加以干预、调节或制止，就有可能带给社会极大的危害；同理，一个微小的"好因素"，倘若加以正确引导，待一段时间的积极努力之后，会产生震惊世界的效果。

而若把"蝴蝶效应"放在快递业，应如何解析呢？

面对国际快递巨头入华抢占国内快递市场份额这一现实，如果业内同胞们能积极应对，采取合理措施并不断完善自我，以此抵御外资快递的垄断，那么对中国快递行业而言，未尝不是一件"好事"。反之，若未能有效利用这次"机会"，显然，轻者市场份额骤减，重者则会被收购。

自 2012 年 9 月 6 日，联邦快递（中国）有限公司（即联邦快递）和优比速包裹运送（广东）有限公司（即美国联合包裹）被国家邮政局批准允许在我国国内经营快递运输业务起，国际快递巨头在华的"中国牌照"算是拿到一半了。所谓一半，是因为二者的"牌照"只能在中国部分城市使用，而非全国通用的"一卡通"。

联邦快递首批获准可在上海、广州、深圳、天津、杭州、大连、郑州、成都这8个城市开展快递业务；美国联合包裹的首批业务范围要比联邦快递少一些地区，它只能在上海、广州、深圳、天津及西安这5个城市推进快递运输。

相信有心人一定已经注意到了国家邮政局公布这条消息前面的"首批"两个字，既然是首批，那么至少还会有第二批……甚至更多的城市被允许可由外资快递巨头开展业务。而他们在华的快递业务范围，也将得到进一步完善，网络布局也会更加完整。不过，在随后联邦快递和美国联合包裹两家公司公布出来的业务范围数字上看，他们的业务远远超过"被允许"的那几个城市。

联邦快递公开消息称，其已覆盖中国200余城市的国际和国内快递服务，在58个城市设投递点；而全国至少31个城市拥有美国联合包裹的经营网点。无论联邦快递还是美国联合包裹，他们都"私自"扩张了自己被允许通行的范围，虽然国家邮政局对两家公司企图扩张势力范围的态势，曾通过延期批准的方式加以制止，但似乎没怎么起到效果。不管这两家公司是起初就有扩张的计划，还是在审批过程中才萌生出新想法，毕竟，他们第一步迈得有些大了。

作为国内快递中的高端服务商——EMS和顺丰，见此情形有些"按耐不住"了，他们一个是享有特殊照顾的"国家队"，一个坐着国内民营快递业的头把交椅，在面对外资快递"侵华"的事件上，自然采取了足以撼动整个快递市场节奏的行动。

EMS 开始大力扩大人才梯队建设，其在 58 同城、赶集网等有人才招聘版块的网站上，都刊发出大量招聘快递人员的用人消息，一些重要职位的薪酬待遇十分吸引人眼球，甚至比"四通一达"的同岗位薪酬翻了一倍多。

除"秘密"推行大量招人计划，EMS 在增值服务上也打出了诚信宣言——承诺在国内 56 个城市推行"今发明至"业务，若未能达到时效，运费全单免收。如此大手笔，似乎也唯有 EMS 这样的"皇族"才能做到了，不过，为确保这一"承诺"积极有效地开展，EMS 方面对收寄和签收环节进行了运单扫描存档的功能延伸，更加保证了配送业务的完美计划。

而顺丰呢？为力求在这种"攘外必先安内"的大环境之下塑造"新形象"，逐步放缓扩张网点速度的顺丰，此时此刻的确需要有所转型，"综合物流商"似乎是个不错的选择。

2012 年 5 月，"顺丰优选"作为继"顺丰 E 商圈"、"尊礼会"之后的又一电商力作，以高端电子商务平台的身份进入竞争日益激烈的电商市场环境中，经营进口食品和国产优质食品等 9 类，5000 余款产品。

3 个月后，以"慢速"著称的"四日件"的推行，又让顺丰在中低端快递市场赢得一部分市场份额。除此之外，顺丰方面另筹备建立 14 个仓库，意在仓储项目中涉足。而电商第三方支付环节及空运领域，也渗透了顺丰因子。顺丰虽玩得低调，但总还是流露出一些高姿态的端倪在其中。

EMS 和顺丰的动作都很迅速，甚至在危机还未暴露出来之际,就已经将危机扼杀在摇篮里了。相比之下,桐庐产业"四通一达",在面对外资快递"侵华"事件时,多少显得有些力不从心。

"四通一达"的产品定位一直停留在中低端市场上,在 EMS 和顺丰稳坐高端快递市场"龙椅"的背景之下,他们其实也想跻身高端,从而提高一部分高端快递市场占有率,这是人之常情。不过,国际快递巨头拿着"中国通行证"大肆扩张的现实,让"四通一达"想要进高端行列的梦想化为灰烬了。

而无论是 EMS、顺丰,还是国际快递巨头,三者在客户服务、员工素质、产品种类等诸多方面都远胜"四通一达"。本土产业尚可存在"抢夺"些许市场份额的可能,但国际巨头这边怕是无法撼动了。

虽然,联邦快递和美国联合包裹刚刚获得在中国部分城市的"通行证",但两家公司毕竟早些年就涉足了中国市场,且悄悄"无照驾驶"了几年。这几年里,他们不仅积累了中国快递市场的诸多信息,还获得了一小部分市场份额。这次其名正言顺地在中国市场大展拳脚,施展武艺,以其雄厚实力和领先技术,一马当先地冲到高端市场最前沿阵地,真可谓"一箭双雕":一支箭撼动了 EMS 和顺丰高端市场的宝座位置,另一支箭剥夺了"四通一达"伺机发展高端产业的计划和机会。

相比之下,受创最为严重的当属"四通一达"。各种力量的总和也敌不过国际快递巨头的一根手指。EMS 尚有国家邮政局这把"保护伞",顺丰本身拥有仅次于 EMS 的强大市场阵容,短时间内也不会受到打击,只有"四通一达"最危险。

看来,桐庐帮真的该再找一个活命的法子才行。

"菜鸟"不菜

2013年的"5·10"，是阿里巴巴10周岁生日，在这个重要的庆典上，马云宣布正式卸任阿里巴巴CEO。关于马云的这一惊世骇俗的决定，业界内外众说纷纭。直到18天之后，马云"变身"为"菜鸟"董事长，关于其卸任"阿里"的新闻才算有所减少。此时外界方才惊醒，原来马云有新的"要职"在身。

2013年5月28日，阿里、银泰、复星共同组建"菜鸟网络"，马云任董事长，银泰董事长沈国军出任CEO。

"'菜鸟网络'诞生的目的是为电商、物流和仓储等企业搭建平台，自身并没有做物流的打算"，CEO沈国军表示。马云之所以为新公司取名"菜鸟"，则是因为："中国无数的小卖家，所有在网上做电子商务的都是菜鸟。笨鸟先飞，飞了半天还是笨鸟，而菜鸟还有机会变成好鸟。"

可见，无论是沈国军还是马云，都对"菜鸟"寄予厚望。而我们更愿意相信，这个"菜鸟"彰显着马云巨大的"野心"，它在不久的将来也许就会变成一只展翅雄鹰。这些并不仅仅是猜测，从菜鸟网络公司跨界"投资"的事情上便可见端倪。

菜鸟网络公司的股权结构一直没有公布于众，但一些人士根据"猜测"公布后，"菜鸟"并未作出任何否认回应。网上公布的数据显示，浙江天猫占有43%的股份，银泰占有32%的股份，富春和复星分别占有10%的股份，"四通一达"的占有股份为1%，以上几家公司共为"菜鸟"投资48亿。

"菜鸟"其实"名不属实"，因为它有雄厚的资金背景，它是含着金钥匙出生的"富二代",而且一定会青出于蓝而胜于蓝。如果一定非要强调它只是一只"菜鸟"的话,那也是绝对的"富豪菜鸟"——它是一家每天300亿、每年10万亿的网络零售额支撑起来的绝对不含糊的智能骨干网络公司,目标是"让全中国任何一个地区做到24小时内送货必达"。

这个"目标"着实让中国快递行业捏了一把冷汗,莫非马云是想用"菜鸟"来跟快递公司抢市场?对此疑惑,马云一再强调,"菜鸟"只是提供一个平台,不建物流,更不会做物流业务。因此,根本不存在抢快递市场份额的问题。"我们不会抢快递公司的生意,阿里巴巴永远不会做快递,因为我们没有这个能力,我们相信中国有很多快递公司做快递可以做得比我们好",马云曾如此"宽慰"胆战心惊的快递公司。

虽然马云宽慰了快递公司,但身处快递竞争市场水深火热中的民营快递公司们,却不得不为自己的下一步从长计议。此时的中国快递市场,可谓外资巨头、EMS、顺丰"三足鼎立",无论从服务品质、产品种类、运输价格还是时效性上,"四通一达"均不占优势。就在顺丰、EMS纷纷推出"亲民价"后,"四通一达"连中低端市场的份额也在逐渐缩水。

互联网电商都纷纷开始建仓库,向快递迈近、向物流伸手了,顺丰也开始涉足电商并陆续建仓,还推出仓储配送服务。2010年,顺丰初涉电商,推出"顺丰E商圈",2011年拿到第三方支付"牌照",而后又随着顺丰优选的极速发展,开始加大投入,陆续在北京、上海、广州、深圳等全国14个主要业务往来城市圈地建仓库,所推出的仓储配送服务,目前全部与其旗下近5000个快递自营网点完成对接。

顺丰此举，很明显地是在与"四通一达"抢食电商快递市场，也正是"菜鸟"的出现，更刺激了顺丰加紧寻路。"四通一达"在此情况之下，也开始对仓储蠢蠢欲动了。

2012年的下半年，上海圆通"身先士卒"，他们在正常处理好揽收检包后，再将包裹信息上传至共享，快递员在获知包裹信息后的第一时间赶到并取走包裹，如果该快递运输车上到某近距离目的地（比如杭州）的快件满一车的话，快递员就不会再将这些包裹送到上海转运中心中转，而是直接送到该目的地（杭州）的中转站，这就省去了中间中转的环节，最主要的是，至少节约了6—8小时的时间和快件分拣的成本费用。

快递公司增加仓储配送服务，显然已经成为业内的一种趋势。据悉，快递主要客户——"淘宝"的仓储空间不足，一旦开展活动就会导致仓储瘫痪，而这种"瘫痪"在随后的淡季又会及时缓解，所以，建仓库，扩大仓储能力的办法是绝对行不通的；而且快递本身也会有淡旺季，旺季时，基础设施都会严重不足，而淡季又会导致更多的基础设施处于闲置状态。故而，无论是电商还是快递，都迫切需要有一个平衡这些因素利弊的第三方平台。

由此，快递向仓储试水，是有理可依、有利可图的。在国际快递四巨头的发展态势上观望，也能看到他们向上游供应链方向发展的动作。

当然，仓储并不是一个赚钱的工具，而众多快递公司之所以向它抛出橄榄枝，关键因素在于：仓储的配送服务环节是快递服务最好配合的捆绑模式。对于这样适于捆绑的组合产品，快递公司都持赞同意见。毕竟，这不仅是快递业发展的一种必然趋势，也是向上游延伸的恰当途径，更会给客户带来一体化便捷周到的优质服务以及更"实惠"的运输价格，同时亦能提高自身业务量。

快递，正在迅速地向仓储奔进，就像一股暗流，涌动中泛起阵阵涟漪。

如果说"菜鸟"建仓激活了"四通一达"等民营快递公司的"垂死"现状，那么，快递搞仓储配送这一增值服务，恰恰挫伤了原有的仓储主力军。

以京东、亚马逊等为主的电商平台，他们为了满足客户及自身发展的需求自建物流，当然，也会把用不完的仓库"施舍"给第三方，但快递仓储服务的推出，直接威胁到电商平台的仓储运作。同样大受牵连的还有发网、五洲这些专业第三方电商仓储企业，其业务量也是大幅缩水。因为快递公司的"仓储+配送"一条龙服务不仅快捷、方便，更会在终端支撑的间隙里完善更多的增值服务，也因此相应地挤压了第三方仓储企业的空间。

已经圈地的快递公司，正在紧锣密鼓地建设中，并且不断地扩大自己的版图。顺丰除了有14个仓库之外，还拥有19个物流仓，当然，一些加盟仓也涵盖在里面。别看他们建仓速度快，就以为他们只重速度，忽视品质，事实上，仓库的位置选择是大有考究的。

首先，要选择一个合适的、业务量大的城市作为仓储集散中心，比如华南、华东等区域；其次，在合适的区域内所建的仓库一定要离中转站近一些，这样货物交接过程的用时更短，结单时间也就可以相对晚一些。选址过程还一定要多方面考虑其他因素，诸如客户和供应商的分布情况、交通便利条件、土地基础和使用条件、自然条件及行政条件等。

与仓储相比较，快递的门槛更高，要求更严格，这也就表明了，如此高的门槛，快递业都迈进去了，那么快递再另做仓储，岂不更加得心应手？这些还都有待进一步的商榷，待快递公司盘踞主导地位之时，相信会更有说服力。

总之，马云的"菜鸟"给快递行业带来新的生机，更为"四通一达"输入了与顺丰、EMS，甚至与国际快递巨头相抗衡的"资本"。

得华东者得天下

华东地区，即所谓的华东，名义上涵盖着上海、江苏、浙江、安徽、福建、江西、山东和中国台湾等省市地区。其地理位置优越，自然环境得天独厚，物产资源丰富，且商品和生产市场尤为发达，工业类别也是最为齐全的，是堪称中国综合技术水平最高经济区的首选地区。

华东地区的轻工业、机械制造业、电子工业等产业在中国版图上最为厚重，交通运输仅仅用便利来形容远远不够，称其四通八达都不为过。富饶如此，美丽如华东，这里不仅吸引着国内外旅游爱好者、艺术家等，更成为创业者及商界精英青睐的摇篮。这正契合了那句话："得华东者得天下！"

桐庐向右，顺德向左。

在民营快递行业大军中，这两只队伍都瞄准了具有制高点性质的华东地区，在这一浪涛滚滚的区域间，展开了激烈的"厮杀"。只是，他们选择了不同的但却适合自己"战斗"的作战方案。桐庐帮"四通一达"选择了中低端快递市场，因为他们认为这是最符合中国人消费习惯的区间；而港资背景的王卫，却把顺丰定位在高端市场上。

一个向左一个向右，不同的方向，如果步伐一致了，也会以最快的时间圆满地画出一个周期的。可是，他们不仅方向不同，且步调不符，最后的结局也自然有所不同。在这场明争暗斗里，我们见证了顺丰是如何打败"四通一达"，继而又疯狂成长的奇迹。

王卫个性坚韧，曾经也是战斗在第一线，拼命奋斗的蚁族一员，背过包、带过水货，甚至连人也都一并"挟带"着往来。也许，正是有了一线挣扎过的经历，才让王卫从心底里理解一线员工的不易，将心比心，他对顺丰员工的信赖，得到了丰厚的利润回报。

上个世纪90年代初，约有8万多家香港制造业企业向中国大陆迈进，而其中将近70%的工厂或公司将目的地定在了广东珠江三角洲一带。这多少都要归功于邓小平同志的南巡。公司喜迁新址，都会在筹备前期和过程中产生大量的资料、信件等往来，王卫抓住这一先机，打响了顺丰激战民营快递市场的第一枪。

王卫的一个朋友曾经这样评价他："他是我认识的最有钱的工作狂，每天工作十五六个小时。"在顺丰创业之初，公司人员少，王卫自然跟着一起操劳，跑市场、找业务，宛如普通员工一般。

当时，有一个叫做砵兰街的街道，曾经很萧条，别说公司了，就连人都很少出入。但自从顺丰在这里忙忙碌碌之后，陆续也冒出了一些物流公司、娱乐场所等。王卫真有"本事"，他的热情点燃了整条街的繁荣。

在顺丰没有出现的时候，或者说顺丰的业务范围没有扩大到更多区域的时候，EMS 还算垄断了快递市场一段时日，但顺丰的出现，抢了 EMS 很多市场份额，而且王卫不惜以低于 EMS 近一半的利润来瓜分这块蛋糕。

王卫成就了顺丰，虽然顺丰还不是快递"第一人"，可王卫却用高于"第一人"的姿态悄悄地掌握市场先机，在所有民营快递都大肆扩张之际，王卫却将所有曾经撒出去的网又收了回来，虽然有些惊险亦有些波折，但他还是做到了。

从加盟到直营，王卫是铁了心地要玩到底的。

顺丰成立 10 年的光景，其"发小"宅急送 CEO 陈平，从北京南下广东"密会"王卫。虽是"发小"，可这确是两个"光腚娃娃"的第一次见面。

之所以称为"密会"，是因为顺丰当时的根据地在某个杂货铺的地下室，而王卫也与一线快递员们战斗在包裹分拣、派送中。明眼人都看不出王卫就是顺丰 CEO，也很难想到，这个当时业务不足宅急送三成的顺丰，今天能如此骄傲地矗立在民营快递业的风口浪尖。

虽然，2003 年的"非典"事件为顺丰带来了迅速发展的机遇，但王卫并不是那种以偶然当资本炫耀的虚华之人，他始终一步一个脚印地坚定往前走着。王卫还大胆地买了飞机，做起了航空快递业务，还别说，这大胆的做法真的让顺丰积累了丰厚的资本，更抢占了快递市场不少份额。这也让王卫认识到时效性与规模化结合在一起的超强力量。以此为依托，顺丰快刀斩麻，横扫华东，甚至全中国！当起了真正的民营快递之最。

电商一直是王卫的那碟"菜"，但"物"欲横流的当下，"顺丰现在做电商物流就是个死。顺丰现在不做电商物流，将来可能也是个死。"王卫曾在未公开的环境下如是说。也许王卫说这样的话，只是要给"四通一达"这样的竞争伙伴吃一颗"定心丸"罢了。不过，王卫初试电商的时候，当真遭到了一些波折，可再大的风浪，顺丰也同样挺过来了。

快递市场格局变化得太快了，就连马云都带着他的"菜鸟"飞进了物流，跻身于快递，顺丰接下来的每一步，看来都要走得更坚实才行。幸运的是，王卫恰好是一个每一步都走得很坚实的人。对于顺丰的未来，业内、业外都持乐观态度。像顺丰这样，敌得过外资快递巨头、争得过红字招牌的"国家队"EMS、抢得过同样坚韧不拔的桐庐帮"四通一达"的企业，在中国实在凤毛麟角。它就像是一只烟花，放在天空绝对美妙绝伦，然而握在手里又是灾难性的存在。唯有适时地燃火，迅速地脱手而出，才能绽放出最美的形态。

我们都清楚地看到，在这场民营快递市场激烈的角逐中，顺丰是最大的赢家。顺丰胜利了，时至今日，王卫也苦尽甘来。在顺丰发展史的前21年，这个企业用自己赚的钱疯狂地扩张，扩张到难以把控的时候又玩命地收网，即便贫困潦倒也不肯接受一点点的"嗟来之食"，但当富到流油时又"投怀送抱"接受馈赠。或许，这就是王卫的聪明之处吧，他总是这样出其不备地走着每一步，赢得是那么坦然。

华东是块宝地，王卫选择了这块宝地，顺丰在这里站稳了脚跟。这里的市场是顺丰的，相信"那里"的市场，有朝一日也会是顺丰的！

5
快递中的“慢姿态”

由外转内，暗殇顺丰自谋出路

　　顺丰一向以其速度“快”而著称，它的快在业内也是有口皆碑的。不过，顺丰在行业内的“动作”变化却不大，而且每一次都很轻，甚至鲜为人知，直至其“作为”取得“好成绩”后才会被大白于天下，并引来一番模仿和竞相追逐。

　　很多人都说，顺丰的风格“慢”，与它自身的定位“快”相冲突。殊不知，顺丰并不是“慢”姿态，而是它一直以来的低调作为，很多人对其都后知后觉，自然就觉得有些慢了。当然，顺丰并不想有意隐藏所有的举措，比如它“身份的转换”，王卫便一定要让所有人都尽快知道。

7 岁之后，王卫就一直是"香港人"。直到 2010 年，39 岁的王卫摒弃了香港身份，而重新获得深圳市民的"身份证"，与此同时，"外资"了 17 年的顺丰，摇身一变成了"内资公司"。就在很多民营内资企业都冲破了头想跻身"外资"行列之际，王卫却毅然决然地给自己和顺丰分别换了身份。

外资企业和内资企业在中国的"待遇"不可同日而语。外资企业，又称外商独资企业，指在中国境内，由中国法律约束下成立的外国国籍投资者承担全部资本的企业。这样的企业在中国境内是享有一定所得税优惠的。比如，一家内资企业和另一家外资企业，同样在中国经营。外资企业在盈利的那一年开始，前两年免收企业所得税，之后的第三年所应缴纳的企业所得税减半，此所谓"两免三减半"。显然，与正常缴纳企业所得税的内资企业相比，外资企业享有了太多优惠。

虽然外资企业与内资企业在税率设立上都是 33%（税率分为30%、24% 和 15% 三个档次，另外计算时还要加上 3% 的地方所得税，故而，最高企业所缴纳的所得税税率为 33%），但不同企业的名义税率与实际税负的差距却相当大，尤其是针对特殊区域的外资企业，企业所得税的税率可以优惠到 24%，甚至是 15%；而只有那些所获利润极其微小的内资企业才享有一定的税率优惠，这种优惠实行 27% 和 18% 两个档次。

可见，内资企业所获得的那一点点"优惠"远远不及外资企业所获的优惠大，怪不得那么多的内资企业愿意给自己找"外籍伴侣"、"外籍干爹"，原来也是有一定利益可图的。

可是，王卫与其他公司大相径庭的做法实在让人捉摸不透，既然外资企业在中国享有那么多实实在在的利益上的优惠，他为何要将顺丰的"外资"身份换成"内资"呢？而且为了让自己法人身份不变，竟一狠心给自己换了"身份"。虽说王卫本就是中国人，7 岁那年随着家人移民香港后才成为香港人的，但中国香港籍和中国大陆籍相比较，至少在中国内地应该还是有一些特殊待遇的吧，怎么说换就换了呢？

还别说，真就是因为这个"特殊待遇"才让王卫和顺丰一起换了"身份"的。

2009 年 4 月 24 日，经过长达 23 年修订期的《中华人民共和国邮政法》——即通常所说的"新邮政法"，终于在第十一届全国人民代表大会常务委员会第八次会议上获准于 10 月 1 日起实施。就是这个新《邮政法》，送给了王卫一个"特殊待遇"，让他不得已"变身"。

新《邮政法》中最大的手笔，当属给邮政普通服务穿上了法律意义的"护身符"，这样就确保在法律的作用下，让各个地区的邮政都将服务摆在经营的首要位置，杜绝了因不同地区重视程度不同而产生的不同服务效果和发展速度。这一点也体现出国家对中国邮政，尤其 EMS 业务上的服务质量充满期待。

在中国，与 EMS 竞争激烈的快递公司多种多样，无论是桐庐帮"四通一达"，还是民营快递"大佬"顺丰，抑或是联邦快递等国际快递"四大巨头"，他们的服务质量都远远超出 EMS。在快递这种特别注重服务质量的服务行业里，EMS 面临着极大的威胁与挑战。

新《邮政法》的实施，不仅给邮政自己套上了法律约束的"外衣"，同样对民营快递公司也附加了约束的筹码，这个"约束"，对顺丰而言可谓极其"残酷"。

新《邮政法》中承认民营快递公司的合法地位，但又严格、明确地规定了外商不得投资经营信件的国内快递业务。这个条款，不仅约束了国际快递巨头在中国境内的业务范围，更严重动摇了顺丰在高端市场的地位，因为国内信件快递业务在顺丰业务中占了很大比重。如果顺丰要继续合法经营国内信件的快递业务，就必须让由"外资"变更为"内资"。

所以，王卫不能再继续享受这个"外资"身份给他的"优惠"了。不过，尽管换了身份，但顺丰还是顺丰，它依然要将最好的服务提供给广大客户。对此，顺丰相关负责人曾对媒体表示："企业性质和身份转变之后，并没有其他方面引起相关的连锁反应，顺丰在为客户提供快递服务水平和质量方面更不会有任何变化。"而即便是"服务水平和质量"上有变化，也一定是朝好的方向提升。因为只有这样，顺丰才能确保品牌不倒，势力不灭。

顺丰成立以来，虽然经过多年的积累，它雄踞中国民营快递大佬之位，并且在近些年也发展了韩国、新加坡等国家的国际业务，但这些国际业务在顺丰的产业里还排不到队列前面。在顺丰业务总量里面，国内信件快递业务占有绝对大份额的比重，如果顺丰不放弃"外资"身份，就得放弃这个大比例的业务，这会令其营业额大幅缩减，也会为那些老客户带来诸多不便。

信件本身具有多重保密的性质，而顺丰一直以来的诚信经营积累了大量老客户。如果顺丰放弃这项业务，将会有大量的此项业务流向国内快递市场，势必造成国内快递公司之间激烈的竞争和市场掠夺。

从国家的立场来看，顺丰"换装"也理所当然。如果顺丰

"缩水"，不经营国内快递高端市场了，那么其他快递公司即便临阵磨枪也未必能马上胜任角色，对市场、服务都将造成不小的影响。另一方面，顺丰若换了"中国大陆籍"，对国家而言不也是多了一个赚钱的好企业吗？政府和公众又何乐而不为呢？

于是，顺丰和王卫的"变身"便顺理成章了。

只是，"由外转内"还是比较麻烦的，但王卫"变"意已决。从2010年9月28日，王卫在深圳注册的18家"顺丰"统一完成"企业类型"的工商变更上就不难看出，他做起事情来是绝对不含糊的，很多业内外人士之所以觉得王卫有时候的姿态"慢"了些，想来也源于他不愿意张扬的性格。而这次，王卫可是以尽可能快的节奏将这曲"变身"歌唱完。

"变身"不仅在程序上繁琐，而且还要付出一定的代价。

顺丰"由外转内"后，要将以前作为"外资"时候所享受的所有优惠，主要是税收方面少缴纳的那部分钱全部补缴回来，这又是不小的数目。除此之外，换了身份的王卫和顺丰，还将面临一些法律上的新约束——顺丰"国际化"的进程怕是徒增更多的荆棘。

王卫和顺丰的"变身"，并不是单一地将国内信件快递业务攥在自己手里不放，更不是王卫"投机行为"的表现。王卫一直低调行事，他将利益化搁浅在行业准则的末位，他认为做企业并不仅仅是为了赚钱。

时至今日，顺丰早已是年营业额超过200多亿的"钱袋子"了，若是王卫真的"投机"，那他为什么不把顺丰卖掉呢？要知道，那些国际快递巨头对顺丰虎视眈眈了好多年。而王卫不仅决然地回绝了他们收购的打算，更是每天十几个小时地工作在顺丰发展的轨迹上，这让他的朋友都觉得，这个"最有钱的工作狂"才是顺丰一线最可爱的人。

诚然，新《邮政法》的实施确实达到了"一箭三雕"的效果，不仅提升了自身服务的竞争力，也限制了外企快递业务在中国的势力范围，同时也"收编"了顺丰。不过，顺丰并没有因为"打击"而一蹶不振，顺丰和王卫一样坚强，一样聪明，不管多么困窘的境遇，都可以抽身而出。即便受了伤，也会尽快恢复，为自己的下一步路铺设更坚实的基石。

顺丰"收钱"为哪般？

2013 年 8 月 20 日，王卫用 25% 的股权换来了 4 个新伙伴，他们分别是：元禾控股、招商局集团、中信资本和古玉资本。有消息调侃说，一直宣称不融资、不上市的顺丰，如今却大手笔出让股权买了 4 个"干爹"，此"敛财"之举着实让快递行业内的相关人士唏嘘不已。

不管是王卫想通了，还是顺丰真的缺钱了，那个一直让我们叹为观止的王卫，想来一定开始了新的战略布局。

至 2013 年，顺丰旗下坐拥全国各地 5000 多个营业网点，150 多个一、二级中转场，更为富有的是，其拥有 32 架全货机和万余台运输车辆，自从顺丰优选正式上线后，顺丰又建立了 22 个仓库。这么庞大的阵营，每年为王卫创造 200 亿—300 亿元的营业额，而且这个数字还以 40% 的年增长率直线飙升中。虽然，顺丰刚刚涉足电商还没有开始盈利，在与其他快递公司竞争过程中也耗资巨大，但顺丰底子硬，这些支出还不能挖空顺丰的资本。

所以，顺丰不差钱，而这次融资是战略发展布局中必走的一步。

据悉，顺丰首次融来的将近百亿巨额资本，预计全部用于顺丰核心资源。王卫不仅要巩固顺丰信息系统、中转环节、航空枢纽、电商和仓储设施，更要将众多业务继续拓展。

顺丰作为民营快递行业的"领军人物"，目前正处于不断上升发展阶段，这就必然使之在发展过程所处的环境中投入大量的资本，其内在经营模式也同样需要大量的资金投入来维持。尤其日渐"升值"的人力成本，毕竟顺丰是行业内有名的"不亏待员工"的企业。同时，不吝啬引进最新、最尖端技术和设备的王卫，在高科技的投入上也是有增无减。在其他快递公司同样大肆扩张的当下，顺丰也在这方面持续跟进着，网络覆盖率的提升空间还很大，意味着资金缺口一样大。

顺丰也许很有钱，但顺丰花钱的速度和数量也是其他民营快递公司所无法比拟的。其实，早些年就有很多 PE 和 VC 向顺丰"示好"，但王卫始终不想过那种被股东束缚的生活，更不喜欢被任何资本左右其思想和作为。在谈及到 IPO 的话题时，王卫曾坦言："成为上市公司后，你的每一笔投入，都要向股东交代，说服他们这笔投入是有利可图的，是可以在短期内获得利润的，要有业绩出来，这个我恐怕做不到，我真的没有办法保证对未来的战略性投入可以有立竿见影的效果，更不能保证我不会失败，这也违背了我做企业的精神。"

关于融资，顺丰一直强调"有资本找顺丰洽谈"，这就将顺丰融资的概念更加公开化了。从这句话来分析，顺丰显然是"被融资"的，是 PE 看上了顺丰，主动掏钱与其合作。不管这样的猜测是否有实际意义，但不能不说，顺丰有被青睐的资格。

当然，除了顺丰首次融资之外，快递行业其他公司，也在快递市场激烈竞争的环境下，纷纷寻找得以庇佑的 PE 和 VC，通过他们投入的大量资本，在电商爆发的春天吸取一点点的雨露来扩张网点，进一步抢占市场份额。从快递行业纷纷为了战略布局而募集资金的现实上看，除了快递公司有大量资本需求之外，作为 PE 方，想必也有其自身不愿表露的姿态吧。

其实，风投资本与快递行业的"联姻"并不是"一见钟情"，它们也是经历了朝夕相处、彼此熟识之后才共同步入"红地毯"的，这种看似机缘巧合还要归功于日益泛滥的电商交易。

随着电商市场在中国的迅速膨胀，快递行业作为最大的受益者，已经渐渐被电商"俘虏"了，以"四通一达"为代表的中低端民营快递市场份额的一大半都是电商的"贡献"。基于此，各快递公司都希望能在不断壮大的电商市场份额中多多敛财，尤其是 2009 年新《邮政法》的颁布，更加确定了民营快递公司的法律地位。作为中国发展最快的行业之一，快递业的年产值以超过20%的发展速度，为中国经济做出了巨大的贡献。

然而，众多的快递公司却没有一家是上市企业，直到 2009 年9 月，一直对 IPO 情有独钟的 EMS 成立邮政速递有限公司之后，刺激了大量风投资本涌入快递行业，他们纷纷选择有朝一日能为自己"造福"的民营快递公司，而顺丰作为这些企业中的佼佼者，自然成为风投资本最垂涎的"好苗子"。

此时，顺丰一定不会在风口浪尖上再为自己添油加醋，更何况其一向低调行事，于是，王卫便第一时间澄清自己"不募集，不上市"的态度。

2010年，阿里、海航、IDG、联想纷纷表露出对快递企业的"爱意"，更是通过频繁的"交往"希望得以"有情人终成眷属"。3月，阿里参股星晨急便；5月，海航与天天快递喜结连理；次年，复星与韵达又传出佳音。

此番入股快递企业的风投公司，大张旗鼓地"娶"了"媳妇"后并没有获得立竿见影的效益，除了极少数几家快递公司尚且处于微弱的盈利中之外，绝大多数的快递公司还处于水深火热的"自救"状态下。对此，有PE经理表示："价格谈不拢是最大的阻碍之一。PE看好快递业的成长性，想在早期低价介入，以赚取最大的回报。但像'四通一达'这类快递企业，是靠加盟模式起家的。PE进入后，必然会要求公司治理规范化，短期内这些出身草莽的公司很难接受。"

虽然，这一"联姻"曾出现一段时间的"被搁浅"，但这样的僵局很快就打破了。在经济迅速发展的市场经济大环境下，没有谁会跟"钱"过不去。只是很多时候，没有做到彼此了解，而一旦大家熟识起来，"合体"便成为心照不宣的方向了。

2013年，新年钟声刚刚敲响，力鼎资本、彭康投资、凤凰资本便以2亿资本"迎娶"金峰快递；5月，红杉参股中通的同时，金石投资在"家长"中信证券的支持下也对中通展开了"追求"；8月，顺丰迎来4个新伙伴的加入……一时之间，民营快递企业又成为风投公司"下聘"的对象，只是这次，风投公司在"老婆人选"上颇下了一番功夫，柿子可以挑软的捏，鸡蛋一定要挑大的捡！

快递行业的竞争本已经十分激烈了，随着风投入股，竞争和风险还是并存的。所以，风投公司更愿意与顺丰、"四通一达"

这样的佼佼者"联姻"。作为民营快递公司，之所以愿意套上资本的束缚，最直接的因素就是缺钱，有了资本便可以继续扩展业务，更会提高上市的速度。

据悉，圆通、宅急送、中通、金峰等快递公司对上市运筹帷幄。中通早在 2011 年就已经在着手准备上市所需要的财务审计资料，以及上市尽职调查工作的开展；宅急送预计 2015 年之前也会成功上市。

对于快递公司而言，上市还是一块未曾被踏入任何脚步的土地，这块土地像宝藏一样吸引着众多快递公司，铸就他们的"淘金梦"。

民营快递公司，虽然快速发展容易，但盈利并不如意，"且行且募资"，成为他们最大的资金后盾。而"四通一达"这样的"草莽"之辈，想要跟顺丰、EMS 抗衡，就一定要脱胎换骨，至少在品牌服务上更上一层楼。但其加盟模式这一传统的经营弊端，相对束缚了其自身的发展速度，而并购和规范化管理，正是风投公司最擅长的经营手段，故而二者"联姻"便顺理成章了。

不过，顺丰还是很"奇葩"的，虽然不差钱，虽然直营得比较顺利，虽然不打算上市，但还是募资了，而且一募资，就是 4 位合伙人，更引人瞩目的是，这 4 位可都是"中国合伙人"！顺丰的前路，看来必定越走越宽。

顺丰的"红色靠山"

在顺丰还未募资的时候，就有声音说，王卫的"不融资，不上市"只是没有遇到想要遇到的 PE 或 VC，而且，顺丰只钟情于

"国字号"的 PE。这则消息，直到 2013 年 8 月 20 日顺丰公布融资事实的时候才得到"认证"。

顺丰只对外公布了三位股东：元禾控股、招商局集团、中信资本，对于比较隐秘的第四位"股东"古玉资本却几乎未有提及。据说，是因为古玉资本占有极其微小的股份，所以"不值得一提"。当然，也有另一种可能，就是古玉资本非"国字号"产业。

成立于 2011 年的公司制股权投资机构——古玉资本，是一家非常有实力的 PE 公司，短短 3 年间，就以新加坡、中国香港及中国大陆的北京、苏州、成都等地区为中心展开投资布局，所涉猎的公司范围更是囊括了移动互联网、通讯技术、文化产业等多板块中的领军企业，如：和顺环保、汉科环境、成都基金、都市联盟、蜗牛网、顺为基金、盛科网络、旭创科技、拉卡拉以及最新悄然合作的顺丰等公司。

古玉资本以并购的方式在香港建立了跨境投资平台，使之完全具备了美元和人民币双向跨境投资的能力，通过将所获得的股权和资产整合成的产业链再回馈给股东的方式，使财富以平方甚至立方的增长量滚雪球般地暴增着。古玉资本和顺丰一样低调，甚至业内很少有人了解它，只知道它是顺丰的融资顾问。

当融资顾问都能将顺丰收入囊中，虽融资额度小，但不得不承认古玉资本有其厉害之处！当然，比古玉资本更得顺丰心意的还要数那三家"国字号"。

自从新《邮政法》实施以来，王卫就"怕"了，不仅"改了名换了姓"，而且在斟酌融资情况时，也打消了对外资产业和金融资本青睐的念头，选择"国字号"是顺丰情理之中的决定，或许这就是顺丰一定要选择"国字号"，并且对"小四"古玉资本

"冷落"的直接原因吧。

虽然很多非"国字号"也对顺丰有所表示，但顺丰雄厚的资本往往令他们望而却步。元禾控股、招商局集团、中信资本这三家国资背景风投机构实力雄厚，可就算如此"实力派"，也得三家联合才能吃得下顺丰25%的股份。80多个亿可不是小数目，如果依据"单笔投资不超过资金额20%"来分析，想要一口把顺丰这个"大胖子"吃下的投资机构，其资产至少得过百亿，这岂是一般市场运作的PE敢面对的？

王卫选择这三家"国字号"的另一个原因是，这三家企业所涉及的产业范围与顺丰并无冲突。谨慎务实的王卫一向不喜欢被任何枷锁束缚，包括控制力和主导意识。也就是说，三家"国字号"虽然入股了，但决定权还是在王卫这里。这三家国资背景的PE其实还真的很有"背景"。

被誉为"中国民族企业百年历程缩影"的招商局集团，是中国民族工商业的先驱，至今已有140余年的历史，拥有超过4000亿元的资产，其主要业务分布于香港、东南亚和内地等新兴市场，包括交通运输、金融投资、房地产开发等领域。这个被中央直接管理的国有重要骨干企业，所投资的路线一度成为其他PE公司发展的方向。

中信资本两大股东——泰富和国际金融，分别掌控中信资本50%的股份。与招商局所涉猎区域不同的是，中信资本以金融业为主且主攻中国市场，依托对中国资本市场的资深了解，能够准确把握投资产品及服务的高效优质，在国有投资企业中占有举足轻重的地位。

相比两大国有企业的阵容，元禾资本的名声似乎逊色了许多，但只要一提到元禾资本的"前身"——苏州创投，恐怕就无人不知、无人不晓了。

2012年11月17日，苏州创投正式更名为元禾资本，这是一家业务上覆盖股权投资、债券融资和股权投资服务三大领域，管理数百亿资金规模的国有投资控股集团，所投资的企业中已有28家企业上市或过会，当然，顺丰是一个坚决不上市的"异类"。

成功引入"国资"后，顺丰彻底摆脱了以往单一资本的历史。首次开闸引入的80亿战略投资，不仅对顺丰基础设施建设提供了资金保障，同样解决了顺丰股权结构单一、企业国际化欠缺的问题，以三家"国字号"夯实的管理经验的渗入，顺丰一定会更加完善企业管理制度，顺利实现现代多元化的发展战略。

当国际快递巨头逐渐渗入到中国快递市场，并争取得到"国内通行证"的时候，在国进民退的大经济环境下，力求自身多元化发展的顺丰，最希望得到的其实并不是融资，而是真正意义上的"红色靠山"。王卫摒弃自己固有"不融资"的立场，除了被认定为"找靠山"之外，还一度被市场定义为"为IPO铺路"。当然，顺丰并不认同这样的观点。

的确，在顺丰牵手的三家国资企业中，没有哪家在协议中有逼着顺丰上市的条条框框。或许，这三家企业都对顺丰了如指掌，这样的企业，即便不给它施加赚钱的压力，它也会自行努力赚钱的。这对于顺丰来说，可是极大的肯定！王卫在面对媒体时也曾表示：上市最大的好处无非就是圈钱，即便顺丰战略布局中的确需要大量的资金铺垫，但顺丰不会为了钱而上市。

无论顺丰"染红"是为了圈钱、找靠山还是为IPO铺路，作为民营快递企业的领跑者，攀上"国字号"的高枝还是"幸福"

的。中国民营快递的路走得顺利与否,完全取决于政府的决心。民营企业真正在意的并不是政府给了多少优惠,毕竟很多小问题企业都能自行解决,他们最希望政府给予的还是大环境下发展方向的支持。

跳出"电商包围圈"

顺丰融资,被定义为缺钱、找"国字号"当靠山、为IPO铺路,此番说辞还未散尽,并无直接关联的又一个声音喊了出来——顺丰融资,是为了跳出马云设置的"电商包围圈"。

能够在2009年的经济危机中幸存下来的民营快递公司,其实还不足以称之为"幸存下来";而能够在当下电商百舸争流之际仍不被淘汰出局,并不断延伸自己业务范围的快递公司,才称得上是真正的"幸运儿"。

淘宝的出现,带给"四通一达"新的生命契机。华东地区的主要业务来源均出自淘宝的慷慨解囊,但这又导致了"四通一达"对淘宝的过分依赖。这种情况之下,如果淘宝对"四通一达"勒紧了腰带的话,对"四通一达"就会是一个致命的枷锁。这种情况下,马云嗅到了不一样的"铜臭味儿"——菜鸟诞生了。

菜鸟坚持称自己不做物流,不做快递,只是提供第三方的平台,为所有商家"谋福利",也正是菜鸟网络的直言不讳和真情表露,让民营快递对它恋恋不舍、情有独钟。虽然"四通一达"仅投入1%的股份,但对于菜鸟而言却意义非凡。马云诚邀快递入股,本质目的就是想给菜鸟打上"物流"的旗号,以便更好地与政府谈判，甚至物流圈地计划的实施都不在话下。

王卫不想被马云"利用"，所以对马云避而不见。况且，对淘宝件不"感冒"的顺丰，相对而言更注重商务件。在电商大势所趋的当下，王卫也认识到一味地规避不是办法，只有不断向上，立于局外，清晰地看待市场，看待自己和竞争伙伴，才能跳出电商的包围圈。

包裹，无法离开物流而单独存在，但物流除了包裹，却还有其他更多的业务范畴。比如快递之外的零担物流，就是很有前景的产业。零担物流，即为一个货物单位的运单"名下"的货物重量或容积没有"装满"一辆车。零担物流能达到 7000 亿业务空间，之外的综合物流服务，又是一个上万亿的市场，这样的供应链管理所带来的价值是无法用数字估量的。

王卫很早就看到了这个无法估量价值的物流产业。2012 年开始，王卫以武汉为基地开始买车、招人，组建自己的陆运队伍。除此之外，顺丰试水电商，虽然未曾带来令人满意的利润，但至少这块蛋糕中有顺丰的一小块。而且，王卫手脚并用，将一部分供应链服务延伸至海外的服装生意中。另外，又大大小小地建立了 22 个仓库，推出仓储物流服务。

顺丰在国内的资本俨然不是其他快递公司所能比拟的，但顺丰巨大的运营成本，也着实让王卫很难透过气来。员工工资需要钱、设备更新需要钱、拓展市场更需要钱，很快，王卫陷入了两难境地——要么主动走进马云的"电商包围圈"，自降身份地揽收那些费用低得可怜的淘宝件；要么坚持自己一直以来的中高端定位，持续向上发展，向国际快递巨头 UPS 一样，不局限于包裹和票据业务，向"综合物流服务商"的身份靠近，通过不断提高的供应链管理能力，逐步踏上世界的舞台。

如果王卫向马云低头，就意味着顺丰将加入行业中的"价格战"，而这场战争，顺丰并无必胜的把握。虽然直营对顺丰而言是竞争的优势，但低端市场上，加盟快递公司的灵活性、布局广泛性并不比顺丰差。以人为本的顺丰，多年来积攒下来"人力资本"，在"烧钱"的空运领域并不能解决足够的温饱问题。所以，王卫选择第二条路，这也是他一直以来的追求。

如此，对于王卫的"快递试水电商"也就不难求解了。王卫此举，恐怕就是要更真实、全面地了解电商，从而服务于电商。只是，试水的领域有点多，不知道王卫是否都钻研透了。不过，至少可以证明的是，对于马云 3000 亿砸金蛋砸出来的"菜鸟"，王卫是不屑一顾的，因为他要走的是 UPS 的路。

2001 年，UPS 并购了 Mail Boxes etc。此后逐渐开始零售业的拓展服务。Mail Boxes etc（直译为"邮件箱"，是美国的一家大型连锁公司）拥有数千家终端，包括印刷、冲洗、复印等多项业务，被收购之后，该公司徒增了包裹和快递业务。

顺丰与便利店合作的"点子"，应该就是来自于 UPS 的动作。顺丰首先通过与网点布局合理且范围广的便利店合作推出增值服务，之后开始成立"顺丰牌"便利店。这是一个大环境下的正确决定，因为内资快递不断兴起，外资快递又直言入侵的"内忧外患"环境下，若想突破固有产品，增加新利润点的话，整合快递和连锁便利店就凸显出光芒了。

诚然，顺丰便利店与 UPS 旗下的便利店，无论运营机制还是企业制度上都相差甚远，顺丰的便利店还有很大的提升空间，其在北京成立的便利店一度被叫停，也就是在内资建设流程中，还有很多固有化的问题有待解决。

中国的市场经济运营机制，目前还处于"进步"阶段，在各行各业都微盈利的资本环境之下，顺丰要想给自己的竞争力"加码"，就需要不断地推陈出新，再在所有的创新环节里"去其糟粕，取其精华"，实现利益最大化。

顺丰生在中国、长在中国，如果一定要给自己定一个"洋"榜样，UPS的确是最好的人选。不过现在的顺丰，还要在多元化进程中加快速度才行。

当产业遭遇资本

2013年，被快递行业称为"业内资本年"，因为在这一年里，"快递融资"的消息频繁爆出，不仅几家小的快递公司寻找自己的PE和VC，就连"四通一达"、EMS等快递行业的佼佼者，也纷纷对PE的"橄榄枝"投怀送抱。最震撼的消息当属同年8月20日，顺丰接受融资了，而且，一下就接受了4个PE的注资。这仅仅是巧合吗？还是众多快递公司蓄意已久的"资本战争"已经爆发了？

1月，城市100快递把自己连同欠下的550万债务一并以2200万作价卖给了快捷快递；优速快递将8%的股权以1000万的价值让给了一家私人公司；中通快递广东省加盟商吴传荣，以1.6亿的价格买下快捷速递90%的股权，从此与中通"恩断义绝"；汇通快递的董事长徐建荣也紧随吴传荣之后，耗资3000万执掌江、浙、沪、皖地区的能达快递业务，占能达快递15%的股份。

2月，全峰快递以2亿元价格将50%股份卖给力鼎资本、鹏康投资和凤凰资本。

3月，中通快递出让10%股权给红杉资本和金石资金，从中获利5亿元。

5月，元智捷诚加盟能达速递，以完成能达速递全国性网络布局的大势，这个一度在山东地区活跃的快递公司，成为能达速递的第4位股东；全日通快递在联想增益注资1.6亿后，也正式更名为增益快递，菜鸟网络也在多名股东的注资下成立了。

8月，一向不容被约束的顺丰又一下子请来了4个股东……

至此，2013年的前8个月，几乎轮番上演快递融资、PE入股快递的角色，而十场好戏又映射出了什么现象呢？

中国社会正处于经济发展阶段，在快递物流供应市场上往往出现供不应求的现状，这就让资本市场寻到了赚钱的渠道，一些风投公司便纷纷涌到这个市场空缺中来"淘金"。

中国市场拥有8000多家外资、国有、民营企业，这些企业仅在2013年的1—7月间就为规模较大的快递服务市场带来近46亿件业务量，同比增长六成以上，同时带来的还有约750亿元的业务收入，同比增长约四成。如此迅速增长的态势，很容易就吸引了"资本"的眼球，预计除了快递这个劳动、技术密集型行业之外，再不会有别的行业能以60%的业务量增长速度在中国经济市场环境下驰骋了。快递行业正在一步一步向"资本密集"靠拢，这种资本与产业相结合的战略趋势显得势在必行。

虽然，快递市场资本缺口大，但也不是每一个缺口都能被轻易跻身进入的，就算成功注资的PE、VC也要时刻怀有亏空的心理准备。中国快递行业已形成基本稳定的格局，"新人"一般都是携带着巨额"嫁妆"进门的，以后的贫穷富贵也都要共同承担。而且"新人"也只能以注资的形式进入快递市场，换了谁又能一下子拿出几十个亿甚至上百亿来成立新的快递公司呢？就算打下了一下片新的疆土，在品牌建设与网点布局上，想必也是举步维艰的。

如此，一旦资本与快递"结合"了，那么只能一荣俱荣，一损俱损。

快递迫切寻求资本保护，除了缺钱和进一步拓展业务范围及保障基础设施建设之外，更大的因素就是，曾经以电商为主要业务渠道的快递业就要"饿死"了，因为电商都在为自己的发展谋生路——建仓、提供仓储运输增值服务、组建自己的快递运营梯队。而电商的"活路"就是快递的"死路"，所以，快递业也纷纷推出仓储服务。

目前，京东商城、凡客诚品、1号店都拿到了快递牌照，并且大量注资快递物流的建设。仅京东商城一家电商，就预计在5年内投入200亿资金保障其全国性物流系统的建设与使用。伴随着电商向快递市场的大量涌入，国际快递巨头也拥有了"中国牌照"，快递市场再也不是顺丰、EMS和"四通一达"和谐竞争的年代了，面对高手如云的竞争环境，快递公司不能再走"寻常路"，产业与资本相结合的多元化发展就是一个大趋势。

那么，成功引入资本的快递公司，又该如何将产业与资本相结合呢？

EMS曾表示，募集的资金主要用来建设速递物流中心，购买飞机、车辆等运输工具，补充运营资金等短板。顺丰则会将引入的巨额资金继续巩固、拓展其核心资源，并着重用于电商、航空枢纽、信息系统及物流仓储的建设。

对于快递与资本的结合，"局外人"却有着不同的见解。

快递物流资讯网首席咨询顾问徐勇认为："快递大多数为家族企业发家，一直奉行单一股本，其管理架构也偏向于家族式管理，但这显然不符合现代企业制度规范。因此融资所带来的深层次变化是，借着融资改革快递企业股权和管理制度。"

中国快递协会会长达瓦认为："快递行业经过多年的发展，供需矛盾和管理质量已经迫切要求企业转型升级。企业需要将投资人与经营者进行分析，组建行业的职业经理人，另外也需要训练有素的工人队伍。此外，快递行业还需要以高新技术武装其网络体系，形成劳动力、技术和资金流三重结合的行业。资本将会助推快递行业走上优质优价的路径，以往拼价格的方式导致利润率过低，企业必须走规模上等级、服务上规范的良性循环之路。因此，在资本的助推下，快递行业的聚合程度会更加紧密，会出现3—4个特大快递企业，7—8家比较大的快递企业，以及各地方有几十家小型快递企业的格局。"

如此看来，产业与资本的"和亲"势在必行，这种结合方式，更会让快递行业造出时势所需的英雄。

引资不为上市，顺丰刮"逆风"

在引资与上市问题上，顺丰一直强调"顺丰引资与上市无关"。一向坚持"不融资、不上市"的王卫已经打破了自己多年来设定的两条"家法"之一，难道就不会再打破第二条吗？而顺丰方面所强调的"此次"融资与上市无关，似乎也在心照不宣地告诉业内外人士，这次融资不上市，并不代表下次融资不上市。

细看与顺丰牵手的那几家"国字号"，其投资的公司多半都上市或者过会了，虽然在他们与顺丰签订的协议中并没有谈及IPO的话题，而股东们也没有直言逼迫顺丰现在就上市，但并不代表在随后的发展和竞争中，"国字号"一直默许顺丰一意孤行的"不上市"行径，毕竟现在说了算的除了王卫，还有4个股东。

无论是哪一个国家的风险投资公司，"国字号"的抑或是民营的，他们都是将自身掌管的资金以有效的方式投入到目标企业中，这些目标企业都具有一定高科技项目或产品，之后风投公司再通过目标企业的上市或者被收购，从中获得资本回报。也就是说，风投公司的目的就是让钱生钱，或者低价买入再高价卖出，以便从中获利。

当然，不赚钱的风投公司也是有的，就像很多新兴高科技企业，虽然其项目或产品得到风投公司的认可，但随着风投公司资金的注入，企业并没有在短期内回报应有的利润，甚至长时间以来也未曾谋利，更不用说上市"赚钱"了。所以，现在的风投公司并不只做单一地"掏钱"这么简单的一件事，他们还要在管理经验、企业运营等诸多方面"监督"所投资的企业。

而顺丰此番引资，无论"醉翁之意"在何处，都值得我们用发展的眼光审时度势地分析。

首先，顺丰身处快递行业，有着其自身特有的投资特点，包括周期长、回报慢，甚至需要长时间可持续性的投资。这似乎也印证了众股东不逼迫顺丰着急上市的原因——本就是一个长线回报的行业，着急也没有用。现在的电商发展迅速，顺丰此番融资不仅要持续巩固B2B的市场份额，还要拓展其在B2C市场的占有率。

其次，民营快递公司多为家族式企业，就像桐庐帮的"四通一达"，很多都是"血亲"。这就迫切需要民营快递公司建立起现代企业管理制度及运营机制，并不断优化产业结构，从而实现健康、有序的可持续发展。

选择资本与产业的结合，将股权开放给股东是优化结构的一个捷径，但是否可上市并不是股东可以单方面决定的，要依托企业发展的规划，尤其企业是否足够强大、是否可接受上市所带来的一系列问题。往往战略性的投资是无法界定上市与否及上市时间的，这一点，相信顺丰的那几家"国字号"PE也心知肚明。

再次，据顺丰方面表示，此次融资主要是为了加强基础设施的建设，而投资基础设施建设的一大特点就是投资周期长，投资效果也不会立竿见影，需要随着不断地发展和进步才能凸显所投资的良好效果。

此外，包括顺丰在内的多家民营快递公司，在2013年的前8个月就有多达10家企业被"招安"，这使得资本市场看好快递行业的势头显而易见地被展露出来。像顺丰这样的快递市场的领军人物，就自然是业界的"香饽饽"了。

最后，由于电商跨界快递、快递再跨界电商这样"奇葩"事件的频频出现，也明确地指出了"软硬结合"的必要性。比如，只专注于做包裹运输的快递公司，很可能在电商拥有自己的物流之后就"饿死"他乡，甚至在这场血雨腥风的战场上"尸骨无存"。

可见，顺丰首次融资更健康、更有序，这种健康和有序为民营快递的引资阵容树立了标杆。

早在中国民营快递企业刚刚起步阶段，顺丰就为了"生存"而不断扩大业务范围，加盟模式在这个时候显得炙手可热，同业也迅速映射出较好的利润回报。然而，很多民营快递公司被眼前的短小利益蒙蔽了发展性的眼睛。凡事有利必有弊，加盟模式在快速产生利益的同时也出现了管理混乱、服务质量参差不齐、产品定位不统一等问题，甚至有的小公司为了增加业务收入，除了自己快递包裹外，还顺带着将其他快递公司的包裹一并"捎"过来。

而中国的快递公司，除了"国家队"EMS、顺丰和宅急送之外，其他的包括"四通一达"在内的快递公司均采用这种加盟模式。这种模式将这些民营快递公司推向了无序竞争环境下的激烈"价格战"中。这样的战争就意味着谁挺得住，谁就处于"不死"的境地，而一旦哪家挺不住了想提价，则死得惨烈。

所以，为了"苟活"，大家都瞄向了"融资"，一旦拥有了资本用于建设性的战略调整，就可以早日上市，因此，"融资上市"成为这些公司的当务之急。

上市的好处是显而易见的。

当公司发展到一定的阶段，需要投入更多的资金用于继续发展壮大，这时候，"上市"就是最好的"吸金"方式。公司将一部分股份定价后抛到市场上，就会产生交易所得。如果运作得当，资金就会如滚雪球一样越来越多。除此之外，股权与大众分摊又将一定的风险稀释了，股东的资产流动性相应地也增加了，同时，也不再需要银行的放贷，对公司品牌知名度的提升也是有百利无一害的。

不过，上市也存在一定的弊端，诸如会暴露给大众更多的私密空间，每一段时间的发展情况都要与股东分享，甚至还会有可能被恶意控股。这或许就是王卫不愿上市的原因吧。

　　顺丰一旦上市了，其一直以来神秘低调的信息就会为大众所知，所有财务指标和战略规划也不得不透明化，在当前仍处于"内忧外患"的快递市场里，顺丰上市会抑制其发展的速度和规模。对此，顺丰当家人王卫也坦言，上市会对发展不利，也违背他做企业的精神。上市后，企业就变成一个赚钱的机器，每天股价的变动都牵动着企业的神经，对企业管理层的管理是不利的。

　　上市是一把双刃剑，王卫看得到实实在在的利益，可更在乎背后隐藏着的"洪水猛兽"。

6

试水电商

顺丰 E 商圈，且行且谨慎

近些年来，电子商务在中国以迅雷不及掩耳之势发展起来，人们越来越习惯了这种不需要面对面交流就可以成功获取天南地北，甚至国际市场上的商品的方式，这种新型的商业运作模式让电商赚鼓了腰包，同时也为快递行业带来巨大的业务供应需求。随着电商派件在快递公司业务占比的不断加大，这种新型的商业运作模式引起了一些快递公司的垂涎。

在激烈角逐的电商市场，当属天猫、京东、苏宁易购、亚马逊、国美系（库巴、国美）、当当、易迅、1号店、凡客、唯品会排名前十位的电商最为"吸金"。但就是这样特别"红火"的领域，也一样走过"饥寒交迫"的年代。

1999 年，被称为"中国电商史上最充满机遇性的年代"，正是因为美国 MIT 媒体实验室的主席和共同创办人尼葛洛庞帝来到了中国，这个数字化的布道者将电商画成了一个金灿灿的蛋糕，才让刚刚起步的中国电商看到了希望。"我预计到 2000 年，电子商务市场是个 1 万亿美元的市场，这个数目比人们估计数目多 5 倍。"尼葛洛庞帝坚定地站在肥沃的中国互联网土地上如是说。

1999 年 5 月 18 日，"8848"作为中国第一家在线销售图书的 B2C 网站正式上线运营，4 个月后由该网站策划的一次"生存网络模拟测试"，让更多人体验到了网购的"味道"。也是在这一年的春天，马云开始了他颠覆世界的电商奇才际遇——阿里巴巴在杭州诞生了。

阿里巴巴被誉为"东方的智慧+西方的运作＝全球的大市场"，马云成功的脚步来得很快，也引起了美国硅谷和互联网风险投资者的注意，很快，第一笔 500 万美元的注资进账了。

"阿里"在零收入的情况下，却以品牌日增值百万人民币的"熊市"创造了中国电商的神话。随后，邵亦波与他的哈佛校友创办了中国第一个 C2C 网站——"易趣网"。1999 年 6 月，由 4 位旅游爱好者共同创办的"携程网"问世，这个网站可以提供机票、酒店等网上预订服务。同年 11 月，中国第一家网上书店"当当网"出炉。

没有人细算过哪一年才是中国电商之路开启的元年，但毋庸置疑，1999 年具有划时代的意义。这一年，更多"羽翼丰满"的人秉承着积极的信念，期待着不久的将来，具有真正价值的中国电商市场的形成与发展，而他们这些"电商第一人"也将率先触及到成功带来的骄傲。

2000 年 5 月，"卓越网"成立；12 月，"阿里"二次引资 2000 万美元。电商们的激情迅速被点燃，但互联网不仅需要激情，更需要理性！急速膨胀下的电商，在波峰与波谷之间艰难徘徊着，对于他们而言，从现在至成为电商帝国的过程中，一定会经历刻骨铭心的磨砺，不管市场如何乾坤颠倒，电商都要坚守自己的商业模式，才有可能在未来的路上前途光明。

时至今日，有些电商在前行的道路上跌倒之后便偃旗息鼓了，而另一些资本和能力相对雄厚的电商，则重新缔造着电商神话。淘宝网就是强中之强的企业。

2003 年成立的淘宝网是中国最大、最受欢迎的网购零售平台，5 亿注册用户、每天超过 6000 万的固定访问，超过 8 亿件的在线商品每分钟就会售出近 5 万件。庞大的数据让淘宝网从单一的 C2C 网站迅速蜕变成团购、分销、拍卖及"老菜系"C2C 等多种商业模式集合而成的综合性零售商圈，并已经在国际舞台上小有名气。

如果说马云是"电商之父"，那么"淘宝网"就是马云最具潜力的"孩子"。一直以来，淘宝领衔着中国电商一路驰骋，这份荣耀一度让王卫"虎视眈眈"。

2010 年 3 月，顺丰 E 商圈在广东省工信局完成备案，8 月正式上线运营，以出售商务礼品、母婴用品、茶叶、数码等产品为主。在王卫给 E 商圈做足了准备之后，举国欢庆的中秋佳节来临了，这是顺丰 E 商圈接的第一笔"大单"。这个节日里，很多人在 E 商圈购买了月饼，顺丰及时地将这些月饼送到消费者手中，这种"精品+时效"的铁腕服务，让越来越多的电商老主顾领略到不一样的中秋味道。

只是，这种快递涉水电商的举措并不被业内外所看好。他们大多认为，快递公司之所以跨界经营，主要是快递利润率越来越低，而同时期的电商利润率却直线飙升。或许，快递可以将这种尝试"玩"上一阵，但绝对不是长远之策。而且，初涉电商的快递公司本身与在商海乘风破浪多年的电商大佬们相比显得很不专业，初期的少量产品与薄弱的营销能力、匮乏的市场运作手段又封锁了他们一定的发展空间和市场范围。

不能不说，初涉电商的快递公司的确在运营中风险重重，但从有关人士的评价来看，多少还是掺杂了一些"个人意见"。想来，"电商大佬"们闻听此事一定有所警觉，这种来自于跨界的威胁给这个市场带来了新一轮的较量。

早在 2009 年年初，大雪封了快递的运输之路，积压已久的快件便堆满了仓库，很多货物由"快件"变成了"慢件"，到后来不得已又变成了"停件"或"退件"。以淘宝为主的一大批电商平台交易产品几乎全盘停滞。此时坚守在"价格战"的民营快递公司纷纷提价，以确保日渐膨胀的人力和运输成本不影响快递公司的生存。

在一些快递公司看来，这是一次提价的好机会，错过这次机会恐怕很难再找到能让所有快递运输业都"共鸣"的时机了。也就是这次"提价"风波，让电商极度恐慌：如果妥协，接受快递在非常时期的提价，势必损害电商的利益；如果放弃快递运输的途径，电商恐怕会死得更惨。这种对快递行业的过分依赖，让"淘宝们"不得不为自己另谋生路。

淘宝网身先士卒，从 2009 年这次"暴雪危机"之后，开始着手注资快递业。而"既然自己不能马上驾驭快递行业，至少要马上在快递蛋糕上摸一把奶油才行"的想法油然而生，于是有了淘宝创立百世物流、入资星晨急便、间接控股汇通快递，甚至包括2013年"菜鸟"拉"四通一达"下水等一系列"电商涉足快递"的做法，这着实让业界瞠目结舌。

这就难怪快递要进军电商了，人家电商都开始抢占快递市场，快递再无动于衷，岂不是坐以待毙？但市场就是这样，总有着无限循环的竞争舞台，无论任何行业都在不断追求多元化的发展，至少在一个领域倒下了，还有在另一个领域中继续奋进的机会。就像快递涉足电商，俨然成为"淘宝们"强大的隐患。

理论上，快递牢牢地遏制住电商的咽喉，"手无寸铁"的电商如果不千方百计地"拉拢"快递，那么自己就等同于没有了后路；同样，电商又掌握着快递近乎所有的"财富"，一旦脱离了电商，至少以"四通一达"为首的中低端民营快递公司会濒临破产。就在二者再不能"相濡以沫"的时候，"占有"彼此成了新的战略趋势。

只是，电商之路遥远又荆棘，顺丰E商圈此番下海凶险颇多，不知一直低调、谨慎的顺丰能否逢凶化险，乘长风破万里浪？

快递跨界之"劫"

顺丰E商圈，如一枚炸弹般将整个"销声匿迹"的快递行业震得惊天动地。当所有人都将目光凝聚到顺丰和它的E商圈上时，似乎还有一些注意力放在了其他快递公司的"动作"上。的确，顺丰都按耐不住，不再低调了，其他快递公司还能如此"息事宁人"吗？

当然不会。其实，除了顺丰涉足电商平台之外，其他快递公司也前前后后向着电子商务方向徐徐前进了。

2000年，新世纪的钟声敲开了中国的"电商之窗"，也敲开了中国邮政的电商之路的大门。当时，还未完成政企分割的中国邮政推出了一款自己的网络平台——183电子商务网。但那时邮政市场业务并不纯熟，其内部运作也不给力，导致含着"金钥匙"出生的183电子商务网，一出生就"夭折"了。事实上，我们现在看到的邮政网上营业厅，就是前期的183电子商务网，一个没有发展起来的网站倒成了邮政的网上营业厅。说起来似乎有些嘲讽的味道，可"国家队"毕竟是"国家队"，虽然很多方面不如民营快递公司完善和积极，但国家是不会亏待中国邮政的。

2012年10月，中国邮政与李嘉诚旗下的TOM集团牵手，推出一个主要销售品牌服饰、箱包鞋帽、个人护理、居家生活、食品保健等的高端线上网购和线下零售于一体的独特创新购物服务平台。

2000年，在香港创业板上市的TOM集团主要从事互联网、出版、户外传媒和电视娱乐等4大业务，其旗下的"易趣网"一直以来不温不火，直到TOM找到了中国邮政，两家实力派选手强强联合推出了"邮乐网"。

邮乐网是"富有"的，首先51%股权持有者中国邮政，其历史悠久，网络覆盖范围广泛，近乎于完美的物流系统和代收货款的一体化平台，为邮乐网铺设了坚实的"地基"；而拥有邮乐网49%股权的TOM集团多年经营，已在电商领域积累了丰富的经验。随着邮乐网业务的发展，还将在未来数年内投入不超过 2 亿元人民币负责网站推广，同时提供技术、运营等资源。

与传统 B2C 不同的是，邮乐网可提供多种订购服务，如"线上"的互联网、手机下单；"线下"的目录直邮销售、网点和 11185 呼叫中心下单，除此之外还可提供主动上门服务和客户经理等方式订购，以形成多渠道、全方位、集线上线下于一体的立体营销网络。

2010 年 10 月，宅急送的"E 购宅急送"上线运营，虽然宅急送方面一直强调，这个新产品旨在为宅急送提供增值服务，并非传统意义上的网上商城，但快递"恋上"电商的故事在业内其实早已"家喻户晓"，无需隐瞒。

2011 年 4 月，中铁快运推出了"快运商城"，主营各地驰名商标"名、特、优"商品、地方特产等优质商品。

2012 年，申通的"爱买网超"上线运营，这个靠 3500 万巨资打造出来的门户网站，产品定位和运营模式与 1 号店类似，主要经营食品和日化类商品，百货和小家电为辅，商品规模基本相当于一座大型实体超市。

从快递涉足电商这件事情上不难看出，注重时效性的快递公司，在布局电商之路的时间上也是紧随其后，一家接着一家，但毕竟快递对电商的推广和运营不够专业，他们的网站流量及客单量与专业电商相比还是逊色很多的。如此一来，也就决定了初涉电商的快递公司的"电商之路"仅是方兴未艾，尚处于起步阶段。他们所要做的，不仅仅是将商品剥下包裹的皮囊，放在网上销售这么简单，库存、物流、供应链及运营管理等诸多方面，都要向这些"快递电商"下"战帖"。

虽然，涉足电商的快递公司并不期待着电商能为其带来多少利润，而是在"大浪淘沙"之下自救的一种手段罢了，但他们可以通过电商的形式，进一步梳理物流流程和运营管理以获得经验。只是，这种良好的心态并未被业界看好，快递跨界电商的做法可能并不如人所愿。

因为，电商经过多年的经营，无论财力还是人力上都耗费了巨大的"资本"，拥有今天的成就也是经过日积月累的，如果快递公司仅在很短的时间内涉足尝试，就能够获取不俗成绩的话，那么电商们这份艰辛换来的成果岂不是一文不值了？很多成功是不可能复制的，就像时光倒流，换了身份和经历，但结局仍然不同的"穿越剧"一样。

目前，中国范围内的电商格局已经相对稳定，面对突如其来的"快递涉足"，可能会引起一时间的"兴风作浪"，但大环境下的市场是很难撼动的，天猫、京东、亚马逊等电商领域的领军人物所占的大比例市场份额，不可能轻而易举被剥夺。简单点说，快递公司想要"虎口夺食"也不是那么轻松的事。

除此之外，紧随快递公司进入"价格战"之后，中国电商们也处在"价格战"的水深火热之中。烧钱、圈地等"自救"方式在短时间内还是会取得很大成效的。因此，快递做电商，不论推广还是市场，都要投入大量的资金，经济上的压力自然不容小觑。

快递物流在仓储和配送环节占有得天独厚的优势，电商在销售和推广方面也是佼佼者，快递和电商在本领域内都是"专家"，一旦跨界，都面临着巨大的挑战。

E 商圈 "加码"，解决 "最后一公里"

完成长途跋涉的最后一段距离叫做 "最后一公里"，旨在给人希望和积极促进，所以，也常被引申为 "一件事情完成到最后的关键时刻"，往往，"最后的关键时刻" 基本都艰难无比。

在通信行业，"最后一公里" 用来比喻通信公司在小区铺设好线路到小区入户之间的那段距离；在农副产品方面，比喻农民种植或养殖后的产品经过 "加工" 到达百姓餐桌的那段距离……而在快递行业，"最后一公里" 通常指包裹经过出仓、运输的过程，最后通过快递员送到客户手里的这段距离。

2011 年 9 月 9 日，上海成功举办了 "中小企业电子商务应用普及工程" 活动，与这个由中国电子商务协会举办的 "工程" 同时期面世的还有顺丰 E 商圈，它也是中国第一个电子商务分销平台。

简单地说，中国电商分销平台就是为分销商提供一个通过分销产品获利的电商网站，即网上商城。在这个平台上，分销商提供产品，客户在平台上选购商品并在平台上交易，分销商获得利润。这样一个平台，不仅为消费者排解了对商品品牌、质量、价格及信誉度的 "不放心"，还可以让与之合作的运营者，也就是分销商获得巨额销售利润，其实现了一站式登陆，全网选购，在线支付等全套服务环节。

顺丰 E 商圈作为国内第一个中国电商分销平台，在提供的服务上倾向于本地化，作为其区域性的合作伙伴，都是中国传统品牌的商家，品牌知名度好、信誉高且多年经营积累了一定的忠实客户群，这样更会促进电商分销获得满意的利润。E 商圈在商业模式规划上突出"企业独立电商平台+第三方网点+网络分销"三点三线、缺一不可的商业运作模式。

在几何图形中，最坚固的结构莫过于等边三角形了，而顺丰 E 商圈的商业模式，恰好将 3 个关键制高点点点相连，构成"快递+电商"的最坚固的商业运营模式。这样的商业模式，一方面为传统企业建立自身平台快速地提供了相对完善的指导和帮助，为企业的商铺和分销渠道缩短了奋斗的距离；另一方面，对于广大网店群体而言，平台也为其提供了相对品质更高、信誉更好的商品货源。

"中小企业电子商务应用普及工程"的承办方，上海柏恩公司的总经理孙景岐先生介绍："对于传统企业做 B2C 来说，选择入住淘宝商城等第三方平台是一个不错的短期解决方案，但对于企业电子商务的长远战略发展而言，建设独立的垂直 B2C 平台将是最为核心的转型方向，策略上可以选择以发展网上渠道分销作为突破口，构建自己的电子商务生态圈。'E 商圈'模式不仅仅在帮助传统企业快速建立电子商务的分销资源，降低企业投入电子商务成本方面有独到之处，更重要的是，将柏恩多年来为近千家企业提供运营推广服务的经验和积累导入区域的合作伙伴，协助伙伴构建本地化的服务优势，真正为传统企业提供从电子商务的规划、平台建设、内容建设、运营推广、分销、仓储、物流、支付等全程化的电子商务应用服务，从根本上解决传统企业电子商务的最后一公里的问题。"

孙景岐先生对顺丰 E 商圈给予厚望和极佳的肯定。他也相信，中国电商分销平台的强大优势，正是吸引顺丰以及更多快递物流追寻的多元化进程突破口。

作为这个平台的合作商家，只要投入少量资金就可以拥有一套属于自己域名的分销商城，而其他诸如服务器提供、技术支持和系统升级等服务，则全部由平台提供；而且，与平台合作的商家根本无需考虑进货、销售、发货、售后等一系列繁琐的服务环节，只要经营好、推广好自己的网站，就一切 OK。对于合作商而言，这的确是最为省心的创业平台了；在运作网站的性质上，该平台也是巧妙、灵活的。合作商不用每天"坐班"，专兼职经营均可，毕竟就创业本身来说，总要给自己找一个最舒服的方式；除此之外，中国电商市场大、前景广，足够大的发展空间定不会让合作商"吃亏"。作为分销商，经营网站的时间越长、积累的客户资源就越多，自己的网站价值就越高，财富也就像滚雪球一样越来越丰厚。

同时，在未来的电商领域，其发展势头不会局限于某一个平台，资源、信息及与产业链合作商之间的"整合之道"才是发展方向。

电商作为目前及未来的零售渠道最重要的选择，它自身也具备多元化的特点，也就是说，这个选择是"多项的单选题"。比如淘宝、京东、当当网这样的第三方电子商务平台；比如李宁、百丽等品牌自建的独立的 B2C 平台，而想要在电商市场分得一杯羹的人，在选择的时候是一定要谨小慎微的。

基于此，一些企业家认为，"加盟"第三方电商平台是省时、省力、省心的运营模式，但"省心"的同时，在这样相对更主流的第三方平台上运营自己的项目，恐怕对产品价格和客户资料都没有发言权，这个选择或许在短期内对创业者来说是便捷的，但从长远来看，发展却相对滞后。如果选择自己搭建的平台，那么在知名度、流量、收益等切身利益方面却又要面临极大的挑战。

因此，有一个声音告诉我们，"快递的'最后一公里'或成为企业发展的一大瓶颈"！

从网购评价来看，除了消费者对商品及客服服务的评价之外，还有对快递物流的评价。故而在网购的整个环节之中，快递的"最后一公里"至关重要。可就是这最重要的"一公里"，目前却有着解决不完的问题。

首先，如果快递员多次将包裹送到消费者的收件目的地，而消费者又恰巧多次没有成功收件，且没有第三方代收快递点的情况下，那么快递员在该次物件送上门的服务中就会额外收取增值服务费，简单地理解就是"跑腿费"；其次，即使有第三方代收快递的"小店"，如果出现包裹损坏或内物丢失的话，也是很难说清楚的。因为这样的事情也频繁发生，快递员是在代收确认的情况下完成最后工作的，而电商也是在出仓时严格审核过的，这在"最后一公里"发生的蹊跷事情，应该由谁来"买单"呢？

除此之外，还有很多问题是网民们时常遇到的。比如，由于地理位置"偏僻"导致快递员不能将包裹投递上门，比如由于物业、便利店等代收快递件的网点的疏忽导致的延误收件等，都在潜移默化地制约着"最后一公里"各项指标的达成。当然，我们始终相信，顺丰E商圈的诞生，会有效地解决上述问题的发生，或者说将"大事化小，小事化了"。这是业界内外对顺丰E商圈最大的肯定和希望，它将有望带动整个社会的科技进步。

传统行业的"圈地运动"

随着顺丰"E商圈"的推出，到"顺丰宝"的上线，再到物流仓储的建设，王卫成功地将顺丰从一个单纯的快递公司带到了一个"快递→电商→支付→物流"的一站式服务平台。

有业内人士分析，其实王卫早就有将顺丰"多元化"的战略部署，只是他一直以来都很低调和谨慎，所以，当电商跨界物流逐渐成为一种趋势的时候，王卫的战略历程才被世人有所察觉。顺丰之所以走的每一步都很稳妥，离不开王卫这个领导人的核心作用。

除了以顺丰、EMS、"四通一达"领衔的快递行业开始纷纷向电商进军之外，还有一些传统行业也在不知不觉中被互联网左右着。他们之所以被互联网所影响，都要"归功"于互联网独有的特性：首先，互联网将企业的信息透明化、对称化；其次，将大量数据整合，让资源得到最大化的利用。

这样的特性，既为互联网带来丰厚利润和逐渐扩大的稳定客户群体，也为合作用户带来前所未有的不菲成绩。与其说这些企业"喂饱"了互联网，莫不如说，互联网"改写"了这些传统行业。

互联网的存在意义，并不是因它自身创新了多少事物，而是对一些由来已久的传统行业再次"深加工"，最大地挖掘出该行业的潜力以进行发展和创造，用互联网的思维模式去影响和提升企业的竞争意识。

这些被互联网改写的传统行业，包括新闻业、出版业、影视业、广告业、制造业、零售批发业、餐饮娱乐业、通信业、金融与保险行业、医疗业、教育业，以及我们最为关注的物流行业。

在新闻领域，随着互联网滋生出来的自媒体，以其透明、真实的话语权，捍卫了以"人"为根本的客观事实，将"话语权"从原来的权威机构解放出来，到有人格魅力的个人对他人进行传播；出版行业遇到互联网，怕是将他们原本就很"微薄"的利润变得更加微薄了，随着电子书的频频出炉，人们也在逐渐与时俱进地变更着自己的阅读习惯；影视行业也是越来越多地"依赖"着互联网，无论是影视节目的评选，还是推广和票房的赚取，都离不开网络强大的舆论力量和透明化传播的魔力。而其他的诸如制造业、零售批发业、餐饮娱乐旅游业，以及政府管制的领域，如医疗、教育与金融保险行业，也都在互联网的有效作用下得到创新和发展。

时代是与时俱进的，传统行业也需要不断地革新，而互联网的存在恰恰加速了他们的发展速度。当然，最值得关注的当属快递物流行业了。被电商"撬动"的物流行业可谓生意越发地兴隆，尤其是那些以电商为最大客源的民营快递公司，倘若电商有一丁点的风吹草动，都会影响快递行业的决策和发展方向。就像电商逐步进军物流，就让快递"不得已"涉足电商领域。

像快递物流这样的传统行业，正在潜移默化地被"互联网思维"着，那么，这个近些年来越来越流行的高频词汇——"互联网思维"，到底"神"到了哪儿呢？

雷军学会了互联网思维，因此有了小米、红米，或许以后还会长出各种不同营养的"粗粮"来；郝畅学会了互联网思维，于是拥有了不超过10家店面，市值却高达1亿元的"黄太吉煎饼"

……当下，互联网思维不仅仅是传统行业革新的工具，还早已演变成为行业先进生产力的缔造者。

就在此种互联网思维的"控制"之下，作为传统行业，无论快递物流，还是传媒影视，抑或是电子房地产等，这庞大的梯队如何能利用好"互联网"进行营销、创新，将自己的品牌成功塑造呢？

这就要求那些已经"触电"的、正在"触电"的、即将要"触电"的企业家们，认识到自己将要涉足的互联网领域的特性，以及自身的特点如何能顺利过渡到电商领域。这就好比作为传统的企业，第一面对的是客户本身，所以，"顾客至上"的企业宗旨不可或缺地影响着企业经营渠道和方式，但当企业拓展到电商业务时，在新的经济领域，企业或商家只需对产品负责，加强服务就可以了，所以，在互联网帝国，用户就是上帝！

互联网的用户是互联网财富的缔造者，用户越多，创造的财富就越多，因此，互联网的重中之重不是如何创收，而是如何增加用户量。如果以庞大的用户群体作为互联网营运的基础，那么每个用户只要支付少量的付费率，就可以为互联网带来足够量的收入，从而带来利润。

然而，互联网思维并不能成为"再世华佗"，也不能成为包治百病的"雪域灵芝"，它只能是"导师"，一旦它成为包治百病的"万能良方"，相信这个思维模式以及互联网平台都将失去存在的意义。因为，"无所不能"的下一站就是"无所能"。不过，在浩瀚无边的互联网平台上，目前的企业家们还仅仅是站在水边踏浪的孩童，所以，"微波荡漾"的试水企业家们，短时间内还不会造成太大的风浪。至少，快递物流企业距离"造成"波浪还有一段距离，而缩短这段距离一方面要承担一定的风险，另一方面还要解决一系列早已存在的弊端。

首先，创业多年，历经磨难的快递行业领头人在面对"涉足电商"这个二次创业时候，一定不会忘记当初艰难创业的一步一步。因此，他们创业史上停留的奋斗过程会阻碍其对互联网日新月异发展的认识高度，因此，与电商"联盟"的快递企业接受考验的时刻到了。

其次，初涉电商的快递行业，花在网络上的"心思"很少，他们很难迅速地从地面上升到空中渠道，而他们缺少互联网专业营销团队的缺憾和企业家本身对互联网意识的薄弱也是致命的。

再者，稳扎稳打地走好每一步是正确的，也是谨慎的，但如果"太稳当"了，很可能就跟不上电商发展的节奏，就会将二者距离越拉越远。"地面作业"总是会比"空中任务"简单一些，所以，电商涉足物流，与快递涉水电商相比较，快递显得有些"单薄"了。

作为引领传统行业驰骋电商的互联网平台，他们的"本质"在于创造，而非迎合。将别人想不到的事做了，而且做得趁早又精准，这样的思维模式才有足够的把握"改写"传统行业。

在这场互勉的战役中，快递等传统行业若紧随互联网之后，不断创新，与时俱进，那么，未来的平台之上，最好的结果就是双赢，即互联网依托传统行业赚取更多财富，传统行业在互联网的积极引导下始终立于不败之地。

7

顺丰"触网生财"，第三方支付"挂牌营业"

"顺丰宝"挂牌"营业"

随着 2010 年 8 月顺丰 E 商圈的低调运行，顺丰自建的第三方支付平台"顺丰宝"也随之浮出水面。到 2011 年 12 月，拥有第三方支付牌照的顺丰，就此开始向电子商务和支付平台"滴水穿石"，但这些都还只是王卫的"障眼法"，他真正的目标是向着"现金流、信息流和物流"三流相结合成一体的更大的信息交易平台冲刺。

没有人会怀疑王卫的野心和魄力，这个与马云、刘强东并驾齐驱的风云人物，在未来物流与快递产业结合下，俨然成为三足鼎立的"预演"。相比阿里巴巴和京东，顺丰显得越发低调和谨慎，它就是这样，在所有人无所察觉之际猛然一击，让业内迅速燃起硝烟。

作为国内最先进的第三方支付平台之一的顺丰宝，旨在为互联网用户在交易过程中提供一个安全、优质、高效的支付环境。与目前中国第三方支付平台排行榜上领先的支付平台不同的是，顺丰宝是"跨界"的产物，绝非电商或金融业的"子民"。

顺丰宝的支付业务，属于深圳市秦海网络科技服务有限公司，该公司99%的股权为王卫所有，顺丰宝的支付"牌照"有效期为2011年12月12日至2016年12月21日，这意味着，未来至少5年内，顺丰的第三方支付平台都会在法律保护下"自然生长"。当然，也不可避免地要与其他第三方支付平台进行激烈的角逐。

细数中国第三方支付平台排行榜上名列前茅的几个平台，大多为电商或金融行业旗下的"产业"。在"电子产业"泛滥的年代，人们已越来越习惯网上购物、贸易及其他的一系列活动，这就为支付空间带来巨大的商机，于是，网上支付平台应运而生，并且迅速得到用户的一致好评，甚至让用户逐渐产生自然性依赖。那么，第三方支付平台到底为何神物？它又是怎样迅速膨胀起来的呢？

第三方支付平台，顾名思义，就是一个提供交易的平台！这个平台的提供者要求有一定知名度、信誉度和一定实力的第三方独立机构，且这个独立机构与产品所在国家或国外的各大银行都有签约。签约后，第三方机构与银行之间就产生了某种形式上的数据交换和信息确认，从而使得第三方机构可实现在消费者与各个银行，以及最终的收款人或商家之间建立起一个安全、高效的支付流程。

有过网购经历的人都了解，第三方支付平台的交易流程为：买方在网上商城选购商品，通过第三方平台提供的账户进行付款，第三方支付平台在收到货款之后会通知商品卖家已经收款可以发货，接下来，买家可通过商城提供的快递单号查询自己商品的"一路征程"，并在收到商品之后"确认收货"，第三方支付平台在得到"确认收货"的消息后再把货款转给卖家账户。

这么来看，第三方支付平台类似于"中介"，一只手牵着卖家，另一只手牵着买家。在整个交易的过程中，货款一直"保存"于第三方网上支付平台这个"保险柜"里，所以，买家不用担心付款后卖家因其他原因不发货，就算不发货，买家也不会有金钱上的损耗，因为卖家并没有收到货款；而卖家更不必担心货发出去了收不到货款。这样，第三方支付平台"公立性"的存在就具有一定的价值和可依赖性。

在第三方支付平台这个大市场环境下，阿里巴巴的"支付宝"执掌着行业半壁江山，50%的市场份额让支付宝享受"尊贵"的同时，也获得了一定的利润回报。除了支付宝之外，占有26%市场份额的财付通、银联、快钱、易宝、环迅 IPS、网银在线、首信易支付等第三方支付平台，都在自己的"一亩三分地"上发挥着举足轻重的作用。

随着这些第三方网上支付平台的范围扩大，B2C 网购、订机票火车票、信用卡还款、网上理财支付、家庭电费水费等支付，都可以通过第三方支付平台来实现。

阿里巴巴的"支付宝"和腾讯的"财付通"是利用率最高的两大"平台"，它们都是依托自由网上商城"淘宝网"和"当当网"而发展起来的综合性支付平台，从首屈一指的市场占有率上就可知道，二者俨然成为第三方网上支付平台的行业主力军了。而其他的如快钱、易宝支付、环迅支付等独立第三方机构，虽然没有自营网站作为强大的后盾支持，但其自身的特色产品和优质服务，也是竞争机制中的强有力优势。

ChinaPay 在这个竞争环境下显得尤为特别，因为它是中国银联旗下的网上支付平台，有了"国字号"这个护身符，ChinaPay 这个品牌似乎像镀了金一样值钱。

如此，顺丰宝"单枪匹马"地杀入第三方支付战场上，除了和阿里巴巴、腾讯一样，有着自己的网上商城——顺丰 E 商圈作为坚强后盾之外，还将以什么特别优势参与竞争呢？

其实，顺丰涉足电商，推出 E 商圈，再到实现顺丰宝这个第三方支付平台进行网上交易活动，王卫作为依托快递起家，并且在行业地位上居高不下的领军人物，是没指望电商和"平台"能带来多大盈利的，至少短时间内没有这样的奢望。不过，业内对王卫的关注还是"多维"的。

在业内人士看来，王卫这两次大动作（顺丰 E 商圈和顺丰宝的全线跨界经营）也许意味着顺丰在未来的时间里，会逐步细分市场，进行多元化整合营销。那么，"触电"和"加速触电"似乎还仅仅才开始而已。因为，在王卫的战略布局中，顺丰在电商领域的试水很有可能在"顺丰宝"的投入使用后发生转移。

顺丰的大量客户多集中在线下实体商业用户中，而线上的商业用户占比较小，当然，也可能是因为快递经由二十几年的积累，早已超越了它本身存在的价值范围，而顺丰 E 商圈毕竟上线时间短，业务范围小、用户少是很自然的事情，但都不能掩盖顺丰另一个"预谋"——把传统商户的支付环节也转到顺丰宝上，从而实现支付一体化。如果真如所言这般，那么未来顺丰旗下的所有产业，包括快递、物流、电商、便利店等多产业的支付方式，都将整合到自己的支付平台——"顺丰宝"上。

难道，王卫也玩起了"垄断"？而且先从顺丰内部开始？不管是垄断也好，还是自谋生路也罢，王卫带着顺丰"涉水"电商，算是越"涉"越深了。作为中国民营快递行业领先者，顺丰被称之为"中国之联邦快递"，而从顺丰的一次次布局中看，又走着UPS的路线，不难想象，王卫的战略思想体现出，他不仅仅是趟一趟电商的水这么简单。他在面对媒体时也这样表态："目前的物流业在高速成长而又细分的关键时期。现金流、信息流和物流将是每个企业都想走的方向，顺丰在物流业做大之后，还将在电子商务和金融业务上开疆辟土。"

顺丰总是在出人意料的情况下低调地大手笔运作着，而它又比大家所能想象的程度走的更宽、更远。然而，电商、物流乃至第三方支付平台显然是不同业态的同一产业链并存，电商又是极其"烧钱"的行当，资金与人才都是制约"三流"计划的瓶颈。看来，顺丰要想"顺风"，还要付出更多的努力才行。

崩塌的统一"大平台"

2009年，对于快递行业而言是一个不算太平的年份，油价上涨、物价上涨、人工费上涨，就连气候也不"作美"，几场暴雪封了快递们的"门路"。于是，各快递公司纷纷提出涨价，像是事先约定好了一样，且以"四通一达"为主的民营快递公司，也开始谋划更大的一盘棋局——构建统一"大平台"。

2009 年 11 月 25 日,快递协会牵头,"私会"淘宝相关负责人,希望快递公司可以同淘宝协同发展。其实所谓的"协同",就是希望彼此能牵手建立起一个可以统一支付的大平台。关于这个平台的管理和结算,则可以由快递协会或电商协会着手负责。不过,这些还只是快递们的"单相思",淘宝是否情愿还未可知。

据快递协会方面的负责人表示,之所以有这样的大想法,主要是电商卖家自助选择快递公司,而快递公司为了得到"一杯羹",可能会相互压价,导致快递公司之间的运费定价和快递方式都达不到统一,这样会让快递市场越来越浑浊,更不利于快递行业的多元化发展。而对淘宝用户那些来自全国各地的忠实买家来说,也得不到相应的权益保障。

对于快递们的"大张旗鼓",淘宝显得很低调,一句"不清楚此事"便将自己顺理成章地置身事外了。不过有理由相信,只要是能提高快递公司的服务质量,能在时效上更上一层楼,快递公司的"邀请",淘宝会很乐意接受,并且二者均表示,已经很频繁地沟通关于"提升服务质量"方面的事情了。但快递的运费价格确实是淘宝无权干涉的,至少淘宝方很自觉地知道,价格取向完全取决于市场的调节。

其实,当越来越多的网民选择电商购物的时候,来自于网购的快递包裹已经成为快递公司市场份额的一大半,这个比例在个别规模相对小一点的中低端快递公司甚至达到了 90%。虽然电商带动了快递的迅速发展,而快递的存在又保障了电商的基本客户群体的服务,但无论是快递公司,还是电商平台,抑或是买家、卖家之间,并没有因此而"举案齐眉"。

快递公司们认为,卖家过分低于成本的压价已经威胁到快递公司的生存，而淘宝商们也在谴责快递公司的一些不道德、恶意拆卸包裹件等事件，甚至快递的不稳定服务质量和联盟式分散布局，也使得物流运输效率越发低下，这同样制约了网购的和谐发展。

11月21日，韵达提出涨价；11月23日，圆通、申通也分别决定涨价；11月24日，中通也表露出打算涨价的意思，至此，"四通一达"中的四位都一致达成了"涨价同盟"。可是，民营快递公司不是一直处于"价格战"的恶斗中吗？而且民间都流传着"谁先涨价谁先死，谁不涨价谁等死"的说法。在国际快递巨头等"外来人"的逐渐入侵时期，民营快递公司的涨价似乎有点自相残杀的味道，会不会导致市场份额向"外来人"倾斜呢？

对此疑问，"涨价同盟"认为，中国民营快递公司的快递运费涨价势在必行！因为，淘宝商家对于快递公司的报价都是往对折价上砍，也就是说，正常报价的运费是15元，淘宝卖家却压价到7.5元，甚至更低。同时，随着运输货量的急剧增多，快递公司不但不能在运费中赚得利润，甚至还要额外支付大量的补充人员的人工费。韵达作为第一个涨价的"同盟者"，表示如果不涨价，韵达就无法继续生存下去，而若因涨价损失一定的市场份额也是没办法的事情，总不能做赔钱的买卖吧？

那么，对于这次涨价风波，是否影响到淘宝商家们的生存法则了呢？

个别商家表示，并没有因为快递公司的运费涨价而过多地影响卖家利润，因为他们会将多加上来的运费价格打入商品价格中去，让买家来承担这部分费用；而作为网购的消费者们，一部分因为商品价格的上调在可买可不买的时候更多选择了不买，对于必须买的商品则不会介意多出来的几块钱,如果运费实在高得吓人,聪明的买家则会像"拼车"一样"拼单",大家一起买,将高额的运费平均分到每个人头上,这算下来就不会那么贵了。

这未尝不是一个好办法,可是,这并不是一个长久之计。

如果说,因为暴雪等自然条件的限制,快递包裹量增加40%便导致了快递物流行业的大瘫痪,那么必须靠涨价来"复活"的快递行业,其基础设施方面是不是过于薄弱了呢?作为一年四季都不停歇的快递行业,是必须要对气候等不定因素做出不同预案的。

靠涨价来谋生路的快递公司,自然远远不及顺丰这样以员工利益、消费者利益为重的快递大佬。顺丰的"巴枪",就是行业内最先引进的高精尖设备,王卫先于众多民营公司的 CEO 率先与国际"接轨"了。但是,如果"统一大平台"真的建成,对顺丰宝而言却不是什么好事情,这也影响了王卫的"三流"计划。不过,让顺丰大为放心的是,这个"大平台"是"雷声大雨点小",甚至有点不了了之的苗头。不仅如此,"涨价联盟"也不得已解体了。

据悉,韵达、圆通、中通、申通等快递公司宣布涨价的消息公布不足一天,那些跟着"四通一达"一起涨价的几家小快递公司就纷纷承受不住"断粮"的危险窘境了,开始向卖家妥协,并表示不会针对淘宝的用户而提价,实际价格更不会超出平台上的"名誉价格"。这样的承诺,是否意味淘宝获胜了呢?

至少我们看到,"涨价联盟"已经开始各走各路了,建立统一支付平台的想法也仅仅停留在"想一想"的阶段上。在各家打着各家不同"小算盘"的时候,很多问题彰显得越发清晰,"统一"也就很难达成了。

随着其他小公司纷纷退出"涨价联盟"，"四通一达"等涨价倡议者也开始对涨价风波自圆其说，他们纷纷表态，此番涨价其实就是提高了报价而已，对于承诺给淘宝卖家的最高限价不会改变。中通快递郑重发表声明称："近期关于我司涨价的消息令各位淘宝卖家产生发货顾虑，故我司现郑重告知各位淘宝卖家：我司与淘宝的合作一切正常，针对淘宝卖家的快递价格依然不会高于此前在淘宝网上公布的物流定价，敬请各位淘宝卖家放心。"

除此之外，其他公司也纷纷发表声明，表明不会让价格问题影响与淘宝之间的和谐共处关系。这样一来，快递涨价的矛头就从所有客户的范围调转至除电商卖家之外的其他客户身上了。因为，每一家快递公司在拿到淘宝"通行证"的时候，要做一个"最高限价"的承诺，以保证给淘宝卖家的运费不会超出承诺的价格，并且根据卖家不同的发货量再给予一定的优惠，唯有如此，快递公司才能成为淘宝的"推荐物流"。所以，快递公司在这一"最高限价"承诺的背后，其实承担了很大的被压价的悲痛，可又不能公然地"叫苦连天"，就连利用此次天时、地利、人和的机会"涨价"也成为了泡影。

自此，"联盟"和"涨价"也就名存实亡了，因为除了顺丰之外的其他民营快递公司的大部分客户都来自于淘宝等电商平台，除此之外的很小一部分客户，即便涨价了又能保证有多少利润呢？

涨价不成，以申通为首的快递公司开始琢磨着如何杜绝淘宝卖家狂吃快递公司之间的竞争差价，于是提出与淘宝共建一个统一支付平台的构想，针对不同快递公司提供的不同服务，将设定不同的资费额度,将快递公司的服务"明码标价",让买家自行选择。然后,买家再通过直接支付的形式将货款打给快递公司。这样,快递服务和商品一样可供选择,这样的支付方式跟 UPS 相差无几。

这样的构思,也曾经让广大买家高瞻远瞩一番,但淘宝认为,过于理想化的构思是很难在现实中实施的,细节上也会出现很多意想不到的问题。至此,"建立统一支付大平台"的构想被瓦解,以淘宝为主顾的中低端快递公司,看来真的该想想如何依托良性竞争发展自己了。这么一场"闹剧",想必顺丰和 EMS 都看在眼里,笑在心里。既然建立统一支付平台不可行,"四通一达"是否想过"学习"顺丰,建立自己的第三方支付平台呢?

"三雄"相争,顺丰"加码"

随着阿里巴巴开始大手笔兴建物流,快递们便开始思量着如何将"触电"玩得更刺激。

"四通一达"的中通显得很谨慎,在一轮接一轮的竞争中学会了冷静思考,在没有更精准的把握时,选择静观其变,故而其对快递"触电"暂无太大动作。

申通倒是信心满满,首批投入 200 亿构建市场网,而这只是个开始。申通 CEO 奚春阳表示,申通会逐步构建自己的电子商务公司,未来的方向是 B2C。

与两位同道中人采取完全不同策略的另一个桐庐快递——圆通,则已经与全国工商联进行了电商合作,即"全联网",这是一个将电商与快递无缝对接的 B2B2C 平台,保证了服务质量的同时也确保了产品的质量，这样的一条龙服务流程，相对而言是比较完善的。与此同时，韵达快递则表示，会在建立"立体仓库"的基础上构建电子商城，之后再开发韵达独立拥有的第三方支付平台。

不仅民营快递纷纷着手建立第三方支付平台的工作，就连淘宝最强劲的对手京东，也在顺丰拿到第三方支付牌照"顺丰宝"之后的一年内，彻底摒弃了支付宝。

2012年10月，运营了一年之久的银联在线成为京东的"囊中之物"。京东收购银联在线的消息一经披露，京东间接获得第三方支付牌照的举措便正式宣布其彻底脱离了支付宝，未来的时间里会布局自己独立的支付平台。

即使没有顺丰和"四通一达"建独立第三方支付平台的事件出现，以淘宝和京东为首的电商之间的"资本战争"，也会在行业内擦出激烈的竞争火花。

京东在拥有了自己的支付平台后，便可以将用户信息及其体验了解得一览无余，有了用户作为资本，就是竞争最好的筹码。因为，京东之意并不局限于拥有自己独立的支付平台，它一直潜心打造一个"大平台"，这次收购银联在线，只是战略布局中的一小步。这一小步满足了京东对业务发展所需，也提高了京东商城的物流、卖家、买家三者之间的资金流转问题。这种电商资源的整合，让业内一度认为，京东在为上市做铺垫。

明眼人都看得出来，王卫、马云、刘强东三人的"物流+电商+第三方支付平台"的战略思想，已经开始大面积同化，俨然成为这个领域里独立的"三国"，他们已经是行业里的鳌头了。显然，彼此之间的竞争不再是"吃得饱"，而是"吃得好"。无论是支付工具，还是物流，抑或电商平台，都是三人激战的武器罢了。

让王卫"触电"的初衷，还要从 2010 年顺丰和 EMS 的包裹总量约 400 万单/天说起，而那时的淘宝，将这个数字轻而易举地就翻了一番——每天 800 万单的包裹量，再以每年 300% 递增的速度迅速发展着，这让王卫不得不为顺丰的下一步好好谋划。此时的问题是，做电商物流是个死，可若不做，将来可能还是死。王卫毅然决然地做起了电商。

马云做物流，也是他多年来战略布局的结果。阿里巴巴会建立起一个全国性质的物流中央处理系统，一旦此计划成功实现，阿里巴巴在这个大领域里就是"大脑"级别的存在。随即再做"推荐配送"、提供除银行保险以外的第三方服务，那么，视"淘宝件"如命的中低端民营快递公司，除了被"收编"就没有第二条活路可言。只是，让马云没有想到的是，他的劲敌王卫和刘强东的"作为"，让其大计严重受阻。

马云毕竟不似王卫那般低调，刘强东对他的战略构想了如指掌。为了争夺"电商保卫战"的话语权，刘强东开始了他的"物流反攻战"——将融资的资金大部分都用在了物流体系的建设及其技术研发项目上。

有所谓英雄所见略同，"战国三雄"也不例外，他们的最新战略布局不约而同地一致——"三流合一"。只是，在当下"流量经济"浪潮中，王卫、马云、刘强东三人谁也输不起。于是，王卫开始对顺丰宝进行"深加工"。

王卫深深地知道，只要把握好客户资源，不管什么样的战争都不会输，或者说不会输得太惨。于是，顺丰团队开始潜心研究，如何才能让消费者体验到不同于其他对手的独特之处。

顺丰的现有客户群，大多认准了顺丰多年以来良好的信誉以及高质量的服务和超高时效，其内部完善的流程和国内领先的技术设备也是消费者所认可的，但这些已经成为"过去进行时"，王卫要的可不是这些"过时"的创新。于是，"移动支付"这个概念性的词汇在王卫的大脑中闪现出来。

所谓移动支付，即是在一个运营平台上，依托于移动、网络、信息处理等高精尖技术，把安全、高效、高质的金融服务带给企业和个人。就像我们现在的智能手机具备的支付功能一样，让支付随时随地、无所不能地进行。顺丰，就想借助移动支付的这股"顺风"，再次将业务扩展、延伸。

顺丰这个移动支付很合时宜地出现，不仅完善了自己，也同样成为行业内流行的先驱。

移动支付平台内容涉猎广泛，转账、查询、代缴等多项业务囊括了几乎所有客户所需的金融服务产品和功能。同时，通过与ATM和POS机等自助设备的联手，在几乎没什么成本的情况下就占据了商圈这棵"摇钱树"。

此外，手机移动支付功能让顺丰和顾客之间更紧密地联系在一起，将"顾客都是对的"诠释得更有意义，也更深刻，这种个性化的服务模式，也是顺丰广大雇主最为满意的。

除了顺丰和顾客的有效互动交流之外，移动支付平台完美再现了产销之间的高效沟通，是银行和客户之间有效的桥梁和纽带。

拥有这么多独特的优势，看来，顺丰移动支付平台的开发，势必会为顺丰的发展壮大保驾护航！

支付域名的"保护伞"

2014 年 3 月，顺丰的一条招聘信息引起业界一片哗然。快递本就是人员流动量较大的行业，按理说，发布招聘信息是再正常不过的事情。只是，这条信息却不是以往招聘的岗位，而是为"顺银金融"招贤纳士。

据某地招聘该职位的网站显示，岗位目标和岗位职责大致为：负责地区性顺银金融业务，全面制定顺银金融业务组工作计划，沟通并协调地区各项落地事宜，确保信贷、支付、电商等工作的顺利进行。

顺丰涉足金融的势头是显而易见的，作为单纯的第三方支付工具"顺丰宝"，显然已经不能满足王卫的"胃口"了。如果顺丰成功在金融领域杀出一条血路来，那么顺丰的"三流合一"会加快实现的步伐。

其实，顺丰进军互联网金融领域，自身还是极有优势的。

首先，广东省是一个民营经济发达的地区，在这个地区，不仅赚钱机会多，而且金融政策也较其他地区更好一些。而顺丰，就是在这一带发家的，其土生土长的"根"一旦汲取到雨露，一定会迅速成长起来。顺丰在物流，尤其是冷链物流上做得非常不错，无论是电商、黄金、奢侈品还是生鲜的配送，客户最先最优的选择只有顺丰，即使苏宁、易讯、京东这些自建物流的电商和企业，都难以与之比拟。这也就为顺丰进入金融领域增加了实打实的筹码和助力。

顺银金融此次招聘，与王卫以往的低调举措略有不同，他很

"高调"地将人才职能和岗位要求写得很明细，就是希望更多有能力之人毛遂自荐，顺丰这样的企业，是不会埋没任何一个人才的。

王卫也不会担心竞争伙伴的深度窥探，因为，进军金融领域的战略构想早在几年前就开始了，甚至一部分顺银项目在 2011 年就有所启动。

所以说，顺银金融并不是王卫低调、秘密筹划的顺丰业务板块。而 2011 年所启动的顺银项目，作为"顺银支付"事业部的内部架构单元之一，隶属于王卫控股 99% 的深圳市泰海网络科技服务有限公司，该公司同样是顺丰的成员企业。

成功组建的顺银金融，将会致力于用户与电商方面的结算、代收货款等专业增值服务，将现有物流业务与物流系统实现全无缝对接。虽然，顺丰总部并没有对外公布顺银金融的进一步战略规划，但从以上的信息中，我们不难看出，顺丰此次进军金融领域，为客户提供金融增值服务的做法是一目了然的。

当顺丰宝获得第三方支付牌照时，大家只知道顺丰拥有了自己独立的第三方支付系统，并不知道它在国内电商领域如何扫清障碍与"三雄"匹敌。因此，即便此次顺丰拿下金融领域的支付牌照，旁人也依然不清楚顺银金融在支付业务中的江湖地位。这自然很符合王卫低调又谨慎的作风。

事实上，我们可以将顺银金融进行"逆推"。国家有规定，凡是从事和开展金融类增值服务的企业，必须拥有商业保理、小额贷款、基金支付等牌照，这些与金融业务密切相关的牌照的获得，将进一步实现企业在金融领域业务的开展。所以，顺丰获得的这个牌照，是进行金融支付环节的一个"马前炮"。

在中国电商领域，布局互联网金融业务的商家有很多，阿里巴巴、京东、苏宁等行业领先者纷纷拿到金融"牌照"。最能体现出他们对金融领域"虎视眈眈"的，还是阿里巴巴。阿里不仅通过支付宝"稳定"了客户的货款，还在小微金融领域做起贷款业务，更与天弘基金强强联手，推出互联网理财产品——余额宝。

电商将互联网金融做得"顺风顺水"，这个自然要依赖于互联网。移动通信等方面的技术得以实现的资金融通、支付、信息中介的新兴金融模式，是中国传统金融行业与"前卫"的互联网精神有效结合的产物。它不同于银行与银行之间的非直接性融资，也不同于资本市场的直接融资，就像一个新兴起的事物，总会让人眼前一亮。这个"光点"，照亮了互联网行业，同样也照亮了"快递王"王卫。

与阿里巴巴、京东等互联网金融不同的是，王卫给顺银金融规划的发展蓝图是：更接近供应链端，这就让客户在计算方面可以有更大的想象空间了。

对于顺丰的供应链，目前初具规模的有服饰、手机等类别，除此之外，顺丰还提供仓储配送、支持代收和垫付货款、逾期退费等多种增值服务个性化方案，将"金融"诠释得有声有色。

国家领导人李克强总理在介绍 2014 年政府重点工作时，特别提出："将促进互联网金融健康发展，完善金融监管协调机制，让金融成为一池活水，更好地浇灌小微企业、'三农'等实体经济之树。"

王卫是否会给顺丰再加上"互联网金融"这块筹码，我们目前还无从得知，但国家若是也在积极扶持"互联网金融"这个板块，相信顺丰以及更多的民营快递公司都会相继加入这支大军中。毕竟，互联网金融凭借其特有的经营模式创造着更高的价值，甚至已经严重冲击了商业银行的传统业务，并逐步开始替代。

不能不说，这种以第三方支付平台和人人贷、网络信贷机构为代表的互联网金融模式，已经成为人们追求时尚潮流的一种新趋势。这样的趋势，主要体现在移动支付替代传统支付、人人贷替代传统存贷、众筹融资替代传统证券等业务方面。

首先，移动支付的发展速度之快，是一定要归功于电子产品的极速更新换代。随着手机、平板电脑等移动通讯设备使用率越来越高，人们网购意识的加强，也就刺激了移动支付超过网点、ATM 等固定支付。

其次，微小企业的迅速崛起也刺激了人人贷取缔传统贷款的趋势。因为一些中小微企业融资得不到正规金融机构的"施舍"，所以社会上一些愿意把自己闲置不用的钱拿出来"钱生钱"的个人，便会通过信贷机构的牵线搭桥，与微小企业的企业家产生合作。这种又不同于民间意义上的"高利贷"，一切都有信贷机构的担保作为基础，因此也倍受欢迎。

再者，近几年受国外热门的创业融资方向"众筹融资"的影响，传统证券业务也大幅缩水。这种通过汇集大众的资金、能力、渠道等"资本"而为微小企业、个人的活动或事项提供多方援助的形式，因为更具人性化而被广泛接受。

在中国，"众筹融资"还不是很"热门"，但互联网金融业务的市场份额不断"吞噬"传统金融业务的趋势还是不言而喻的。顺丰提前"亮相"顺银金融，也是多了一层对其自身支付平台域名的"保护膜"，顺丰宝虽然"未曾谋面"，但顺丰的"一鸣惊人"还是大家有目共睹的。

顺丰 "反 *7-11*" 开店

快递+便利店，顺丰的新 "菜式"

提到便利店，在我们大脑中首先闪现的是 "7-11" 这个符号，作为国际上对便利店的通用称呼，7-11 这个 "全天候" 零售行业符号已经遍布美国、日本、加拿大、澳大利亚、中国大陆、中国台湾、新加坡、菲律宾等多个国家和地区。其品牌在1927 年于美国创立之初，业务还仅仅为牛奶、鸡蛋和冷饮等项目，历经 20 个年头的发展之后，不仅业务范围扩大了，且营业时间也改为早 7 点至晚 11 点，于是便有了 "7-11"。

7-11 在各个国家的出现都是以特许经商为蓝本的模式，"我们来到中国的主要目的，是进行特许经营而不是开直营店"，北京地区 7-11 负责人曾表示，"7-11 的特许经营主要面向个人投资者。公司希望以特许加盟的方式和中国的投资者合作，利用中国本土的制造工厂、物流体系、设施设备，实现公司和投资者的共同发展。"当 7-11 在中国范围内，或以直营或以特许加盟形式布局的时候，国内一家新兴的便利店出现了，它的出现盖过了国人对 7-11 的认识，甚至以"反 7-11"而存在——它就是"顺丰便利店"。

2012 年，位于东莞市南城区的一家顺丰便利店开始挂牌营业。自此，顺丰"抛弃"了合作伙伴 7-11，开始自己单干了。

业界甚至有声音表示，顺丰于 2011 年 9 月与深圳地区 7-11 合作开设代办点的举措，完全是为自己布网开店学经验。那个时候，顺丰与 7-11 合作，顺丰的顾客就可以在 7-11 寄件。此举既方便于客户寄件时间的灵活安排，又整合了人力、降低了成本，作为合作方的 7-11 也可以在不费时、不费力的情况下增加盈利，可谓是一举三得。只是，顺丰绝对不会为了这个"一举三得"得到的眼前利益而忘记自己的初衷。

于是，就在快递行业缅怀陈平的"星晨急便"被阿里巴巴改名换姓了的时候，王卫以深圳——这个顺丰的"老家"为中心，开始布网开店。王卫特意为顺丰便利店设计了统一的 LOGO，很明显是想令其有别于其他便利店。

便利店以居民区为"中心地理位置"来经营百姓所需的即时性商品，中心价值体现即为"便利"。多采取自选式的百姓购物习惯，经营规模相对较小，利用有限的空间实现最大、最便利的零售行业。

目前在中国的众多便利店中，以世界级便利店鼻祖 7-11 为首，其次为快客便利店、美宜佳、全家 FamilyMart、上好便利店、好德便利、苏果超市、喜士多、罗森 lawson 等多家"便利"机构。便利店有异于大型超市，与精品店也有所区别，便利店多以"小"为特点，更贴近百姓的生活。在超市发展相对成熟的时候，便利店从中分化出来，作为零售业的便利店，以超市为榜样，"复制"了很多成功的经营管理经验和高效的销售途径。

顺丰的便利店同样具备传统意义上便利店的优势和特点，除了以居民区为开店首选之外，还经营着便利店应该经营的即时性小商品。不同于普通便利店的是，顺丰便利店在收银台处增加了一个专门用于称量快件重量的电子秤，除此之外，快递包裹不可或缺的收订单据也会整齐地摆放在收银台处。

顺丰便利店的营业员在为社区居民销售即时性商品的同时，也为百姓直接提供收寄快件的业务。如此，客户可以带着所寄物品到便利店进行邮寄，还可以到店里取通过顺丰邮寄过来的包裹。如果居民不方便将货品带到便利店来邮寄的话，只要一个电话，营业员就会亲自上门取包裹为客户邮寄或者派送。这一增值服务为顺丰又赢得了一部分市场份额。

可是，以"快递"为经营项目的顺丰，此番开店能有多少胜算呢？对此，顺丰曾表示，顺丰开便利店没有什么经验之谈，也是"摸着石头过河"而已。那么，顺丰这种"新鲜"的尝试又为了什么呢？

尽管顺丰便利店的存在，表面上是经营即时性小商品，同时接收和派送快件，但业内普遍认为，王卫涉足零售业显然蕴藏着更大的野心。工商部门在给顺丰"允许"的经营范围里，已经明确写出了批发日用品、床上用品、电器、设计制作、发布代理国内各类广告、票务销售代理……而零售仅仅是顺丰便利店众多经营范围中的一个服务内容。作为便利店的直接投资方——东莞市顺丰商业有限公司，早在顺丰与 7-11 合作的时候就已经拿到了便利店的牌照，无论是与便利店合作，还是自己开便利店，顺丰"跨界"实体零售业的趋势是毋庸置疑的了。

陈平的"激进"，令其在 2012 年将"星晨急便"拱手让了出去，快递公司也因此谨慎地布局，甚至不敢轻易投资，这种担心不无道理。让人吃惊的是，王卫此时却大胆"跨界"零售业，一向被业界认为"只做小件快递"的顺丰，这次"不务正业"地跨界，会成功走下去吗？

"开便利店不是跨界经营，只是我们围绕核心主业增设的一项辅助服务。"顺丰公司一位负责人表示，顺丰的主营业务仍然是快递，开便利店也是为了更好地做好快递服务。

顺丰的规划是，每一个从事快递收寄业务的营业网点，理论上都要覆盖一家便利店。对此，业内人士认为，便利店可以增加顺丰的收入、分摊单一快递网点的运营成本、区别并提高与其他快递公司的增值服务，如此有利于品牌认知度提高的"好渠道"，顺丰不无加快便利店布局的战略步骤。而顺丰自身强大的优势，也让其"跨界"便利店更显畅通无阻。

全面的网点布局、成熟的物流体系、强大的仓储能力、良好的客户关系、完善的配送服务……顺丰不会满足于以上这些优势，它是冲着连锁的现代便利店品牌来的，自然不会拘泥于眼前的成绩，就像顺丰开便利店的目的"不是为了开店而开店"一样。而且，从开店的初期规模上看，顺丰便利店更像是加油站提供的便利服务，似乎没有投入重金打造便利店经营模式。

自从王卫成功 "收权" 之后，顺丰就一直走着直营的道路，此次开店也会本着直营的方针，这在人员管理、售后服务、物流仓储、网点布局、品牌推广运营成本等诸多环节上就会有更高的要求。对此，有专家建议，还是走加盟路线更有利于快递 "跨界" 便利店的成功，但顺丰决定了的 "直营" 又怎会轻易改变呢？

入侵零售业

2011 年，深圳地区的 7-11 便利店里开始陆续挂上了顺丰 "授权代办点" 的牌子，这个全球最大的便利店与中国本土最强的民营快递公司强强联合起来，是新的战略布局，还是利益所趋？

自 2007 年开始，广州的 7-11 第一次与快递合作，它的合作者就是 "国字号" 快递品牌 EMS，当时的服务项目包括全天候收寄同城特快专递、国内特快专递、国际特快专递，所有范围内的特快专递只包括文件类服务，而不包括包裹件。直到 2011 年，顺丰作为第一家与 7-11 便利店合作的民营快递公司出现之前，国内除了 EMS 之外，没有任何一家快递公司跟便利店 "套上关系"。

有别于 EMS 与 7-11 合作项目的是，顺丰此次与 7-11 "牵手" 以包裹为主。如果说，4 年前是 EMS 通过涉足便利店的方式抢占顺丰的 "文件" 市场份额，那么本次顺丰与 7-11 联盟之举就大有 "反击" 之势了。

不仅如此，顺丰对 "便利店" 业务还增设了很多优惠环节，比如与顺丰标准快件的资费标准相比，便利店的同城件和省内件的首重优惠了 2 元钱，省外航空件的首重也优惠了 3—7 元钱不等，续重也会有所优惠。便利店"全天候"的特性，为顺丰提供了无缝隙不间断的快递收寄服务，更方便满足客户的不同需求，还能降低运营成本，达到利润共享。

有了与 7-11 合作的基础，顺丰开自己的便利店就更加游刃有余了。只是，外界看不懂这个民营快递巨头要打造一个什么样的商业帝国。虽然，在顺丰总部坐落的深圳地区，已经有二十几家"顺丰便利店"挂牌营业了，但顺丰并未计划在全国范围内大举进军零售行业，与此相矛盾的是，顺丰商业有限公司却计划着在全国开设 1000 家便利店。

顺丰不想让太多圈内圈外人注目自己的大事记，所以才低调地潜入零售行业，同时，对于外界对"顺丰便利店"的诸多疑问，顺丰单方面表示，顺丰便利店是"反 7-11"而存在的。

"7-11"的第一定位，是便利店国际符号，其次才是与快递公司合作开展收寄快件的服务，也就是说，开便利店的同时顺带着收发快件；而顺丰则不同，它是正儿八经的中国民营快递行业中的快递巨头，中心思想是做快递，就连开便利店也是加大快递服务的筹码。这就是顺丰原则上的"反 7-11"经营模式。

在日本和中国台湾地区，不少人在下班之后也会有突然要邮寄文件或其他物品的需要，这个时候，快递公司和邮政部门也都下班了，但便利店一般都是 24 小时全天候的，于是，便利店快递服务就有了温润的土壤，得以快速、成熟地发展起来。而在与"7-11"合作期间，顺丰至少要被分走 8% 的利润，这就间接决定了顺丰要甩了"7-11"自己单干！

对于开店，顺丰多次表示，真实的想法是"为方便客户寄件和取件"，对其"解释"，业界则有不同观点，他们认为，顺丰开店是"项庄舞剑，意在沛公"。此处"沛公"包含多个方面。首先，顺丰便利店在收发快件时还经营了即时性小商品，分化了一部分快递运营成本；其次，便利店作为零售行业，其未来发展趋势一直呈乐观之态，是人们生活不可或缺的。

顺丰近几年似乎都在忙着"跨界"、"试水"、"触电"，谋求多元化的发展。其实，顺丰并不是不负责任地一味"尝试"着，每一次"尝试"之前都有多年的"酝酿"，只是没人告知外界罢了。

王卫的潜台词"尝试"，其实是真正意义上的"志在必得"。

顺丰做快递绝对是一把好手，但若是带着这份物流优势而跨界零售业，可就存在一定的风险性了。

在顺丰开便利店之前，深圳速达物流公司已尝试推出了"万店通"品牌便利店，后通过加盟方式也没有多么有利的数字鼓励它的发展。从2002年到2014年，12年的光景也就只加盟了200多家便利店，之后便很难再有所突破了。中国邮政与美国地平线集团联合创立的百全超市，在豫、鲁、赣三省的十几个村镇发展的也不算理想。这两个实例对顺丰便利店而言可谓"一盆冷水浇在头顶上"。

顺丰开店的消息还没"散热"，一条"顺丰关闭了北京通州的零售业务"的消息又一次引起业内的关注。大家不禁猜测，顺丰是怎么了？为解媒体和所有关心顺丰人士的疑惑，顺丰相关负责人表示，顺丰从始至终只专注于快递业务，从未开展过便利店服务项目，更不会成为"7-11"。顺丰是在告诉我们，它并没有开店，大家口中所谓的便利店业务只是在快递中转站（大家所知道的新开设的多家便利店）中简单出售一些饮品和零食，旨在为客户提供方便，增加客户对顺丰的满意度和信赖感。

这样的解释也不无道理，顺丰的确没有对便利店进行大规模的商品引进，就像顺丰相关负责人说的那样，好比是加油站提供的一些增长便利服务。而通州地区一些"中转站点"终止零售服务也是事实，顺丰方面表示，该地区用户更注重的是快递服务，零售需求不是很大，所以顺丰依据市场需求暂时做出了市场调整，暂停零售业务，快递服务不变，中转站点也还在。

从顺丰对外界公布的信息可以看出，顺丰经营理念始终是以快递业务为核心，围绕市场需求不断"顺应民意"，没有成为"7－11"的可能性。顺风这样的表态是明智的，因为，一家成功的便利店，其成功因素很多，如店面选址、市场调研、洞悉消费者需求、商品配置选购等都是不容忽视的。作为快递或物流公司，在进军零售业后一定会面临着诸多困难和风险。

便利店与快递"联盟"是可行的，但快递自建便利店，要有能够承担长时间亏损的负债压力；承担人才稀缺的现状；意识到新兴事物对传统结构的局限与认识粗浅；承担市场波动所带来的不可预计的悲壮；承担经营亏损带来的一切成本压力……总之，开店容易守店难，顺丰此番"反7－11"建店之举风险诸多。如何成功"跨界"，我们期待顺丰能带给我们更醒目的答案。

顺丰跨界经营，豪赌 VS 机遇

几乎所有商人都有一个"嗜赌"情结，王卫是一个商人，自然也避免不了被这个情结 "暗殇"；但他同时又是一个绝顶聪明的商人，即便是赌，也要把握好 "天时、地利、人和"。就拿这次顺丰开便利店的事件来看，王卫随便一 "试"，就推陈出新地规划出一版现代商业帝国的蓝图。

不管这次顺丰开店是顺应王卫的战略布局，还是激烈竞争环境下不得已的背水一战。都有一大票人 "排队" 等着看结果。而作为这场大戏的 "总导演" 王卫和 "领衔主演" 顺丰，均对这次豪赌信心满满。

让 "SF" 标识的便利店走进居民区，王卫的第一步选择很准确——与客户近距离接触，更便于提供增值服务。将零售小商品和快递服务捆绑式经营，顺丰便利店虽然还只是在 "尝试" 中，也许流程和运营过程中还有很多不完善，但顺丰的整合营销还是为消费者带来了更多的选择。

有鲜花和掌声，也就避免不了有质疑声。顺丰一直以来都是民营快递的巨头，即便初试电商和第三方支付平台，也可以很容易被接受，因为在这些方面，顺丰还不是第一个吃螃蟹的人。即便与便利店合作增加快递服务这样的 "联盟" 也是有前车之鉴的，但顺丰自己开便利店——一个专注于快递的行业大跨度地迈向零售行业的做法，似乎一时间 "闪瞎" 了不少人的眼睛。

国际快递巨头联邦快递和 UPS 在这方面曾有过先例，但中国的快递行业毕竟与国际巨头还有很大一段距离，无论人力、物力、财力还是管理经验等诸多方面，还都不能与之相提并论。顺丰一直被业界尊为 "中国的联邦快递"，但其开便利店的举动还是让人为其捏了一把汗。零售业同行对这个新兴的竞争对手并不看好，所谓隔行如隔山，王卫这次的步伐是不是迈得有些大了？

当然，了解王卫和顺丰的人，大多还是对顺丰开店抱有很大希望的。而快递做零售也不全是弊端，很多有力因素也会助顺丰打好这场"快捷之战"。

首先，做快递的最终竞争在于"最后一公里"，顺丰在便利店里收、寄快件不仅满足和方便了客户"家门口"服务的要求，也相应减少了因运输和派送带来的人为不利因素。

其次，便利店的增设也是布局扩张的一种表现，市场竞争都是拿数字说话的，谁占据了最优的运营模式、最广的覆盖范围、最多的客户资源，谁就是最后的赢家。

最后，便利店的开设也弥补了快递行业"阴衰阳盛"的窘境，便利店的服务相对而言更适合女性，而快递派送则多以男性居多。不是有那么一句话吗，叫"男女搭配，干活不累"，说的应该就是如此性别协调的黄金比例吧。

顺丰便利店是快递和零售两个行业的创新商业经营模式，对于发展零售业的两大关键性因素——标准化和专业配送服务，顺丰都具备，且经验丰富。开便利店拓宽了顺丰快递圈子的范围，也带来了新的利润增长点。作为同时期竞争的"四通一达"，目前还没有顺丰这样的胆识和魄力进行大刀阔斧的多元化经营。

当然，跨界经营带来机遇的同时也伴随着一定的风险，既然要"赌"，就一定要分出个胜负才行。如果揭下顺丰"战略创新"这层保护膜，王卫可就算是"徒手"恶战赌局了。在顺丰便利店还处于"实验"的状态下，便利店是很难创造利润的，要不然，通州的那几家店面就不会被"叫停"，所以，还要依靠快递的盈利来弥补这部分短缺。顺丰方面"始终专注于快递业务服务，开便利店也是为了更好地做好快递服务"的中心思想是很重要的主线。只要这条主线不变，顺丰就不会输，至少王卫的每次谨慎决策和低调试水，顺丰不会赔了。

便利店的运营机制与快递还是有很大区别的，显然，顺丰在商品零售经验和客户服务上还有很大提升空间。从最近几年的《中国连锁零售企业经营状况分析报告》中可以看出，中国连锁零售企业的经营模式和高速发展已经成为中国经济中的一个重要部分，百强零售企业的总销售额更是从2001年的1620亿元上升到2011年的16500亿元，10年翻了10倍。但与此同时，迅速的扩张也加剧了零售业销售增长的乏力，甚至负增长。加之各种成本的大幅上涨使得企业利润空间严重受压，如果不是有强大的连锁机构做后盾，一些相对较小的企业恐怕早就支撑不下去了。

在此背景之下，顺丰的跨界开店确实有风险。"便利店"似乎已经进入饱和状态，顺丰能为自己寻觅到一席之地吗？

顺丰刚刚涉足便利店，短期内还看不出运营的效果，我们自然不能盲目地推断其成功与否，但从一些类似的经营案例上来看，似乎可以找到一些共性。比如，与便利店有过合作经验的宅急送，仅2008年就建立了3000多个合作网点，大多为社区、商场或学校。宅急送会将利润分成给合作点，但由于布局面积太大，速度太快，宅急送后期的管理明显有些力不从心，慢慢地也就将这种合作缩减了，后来只保留了类似这样的合作点300个，合作方也集中于超市和学校方面。

对于顺丰的跨界开店，宅急送的副总裁熊大海表示："虽然隔行如隔山，但这话也并非绝对。顺丰走的是精品路线，只要把握好拓展的速度，在管理上做足文章，顺丰的尝试或许能为快递行业未来的发展注入新的动力。"

对此，金融消费分析师廉波则有不同见解："零售业是繁琐且薄利的行业，从供应商资源到管理十分复杂，便利店竞争极为激烈，即便是专业经营便利店行业的公司现在都背负很大压力，更别说毫无零售经验的顺丰。首先货源从何而来？其次，生鲜和食品的配送管理是繁杂的，顺丰缺乏这方面人才。再次是选址竞争，目前好德和可的共有2300多家门店，全家、罗森各有300多家，即便是后入市场的7-11在上海也有100家店，选址圈地十分激烈，顺丰要在全国立足谈何容易？"

王卫自然知道零售业很难涉足，那他到底为何如此坚定地迈出这一步呢？或许正如顺丰对外界的公开表态那样，顺丰开店也是为了更好地做好快递的配套增值服务，抑或许，这是王卫多元战略布局中的一小步而已。

纵观全局，顺丰开店的优势还是大于劣势的，虽然有一定的风险在其中，也有更大的挑战等着顺丰"接招"，但我们更相信，逢"赌"必赢的王卫，一定会利用好这次史无前例的大好"机遇"，将顺丰做得更好。

转型不是需要，是必要

上个世纪90年代以前的中国，零售业的市场一直呈现"百货商店"独领风骚的局面。直到实现了对外开放，商超、便利店、专卖店等零售业态，才在消费者不断变化的需求和日益加剧的零售市场竞争下应运而生，并得以迅速发展壮大起来。尤其以便利店覆盖面广、布局速度快最为明显，其成为更加贴近百姓生活的"新鲜血液"。

此时的王卫已经带着顺丰开始了跨界经营，且目标瞄准了百姓生活的"新鲜血液"——便利店。此举业内评论褒贬不一，有人说顺丰打算造就商业帝国，也有人说开便利店是顺丰战略布局中的一步棋子，还有人说顺丰开店是形势所迫，不得已而为之，而顺丰自己又表态：开店是为了更好地完善快递的"最后一公里"……众说纷纭的跨界风波，到底哪个才是顺丰跨界背后的真正秘密？

如果说顺丰为了扩大市场布局范围，抓牢高端市场份额的同时再向中低端的市场份额延伸出去，那么，顺丰大可再多开设一些快递经营网点，为什么会选择开便利店呢？跨界存在诸多风险不说，或许很长一段时间，便利店都是看不到效益的，难道王卫要的就是花钱玩刺激吗？答案当然是否定的，王卫是十分谨慎之人，不管什么样的选择都有其战略意义。

经营便利店，最重要的就是拥有完善的物流配送，顺丰专注于快递多年，自然在这一点上占据得天独厚的优势。故此，外界多认为这也是王卫选择开店的一个因素。只是，零售业的物流配送与快递业的物流又存在一定的差异。

快递物流基本上都是大仓到小仓，多为包裹运输，流动性又强，如果不是特殊的情况是很少出现爆仓、囤积等事件的。便利店与之不同的是，其需要相对更大的仓库，因为采购的货物会很多，小仓完全满足不了大量货物存放的需求。因而，顺丰现有的仓储物流未必能满足得了顺丰便利店和快递的双重需要。

除此之外，零售业的最大优势是"细水长流"的现金流，通过现金流的汇总整合投放到其他行业周转使用。不过，这显然不是顺丰现在走的路线，因为顺丰便利店还没有达到盈利，甚至个别的店面被迫叫停也是因为"赔不起"。纵观国内、国际多家品牌零售业、便利店，大多为加盟式运营，顺丰估计是不会选择加盟的，之前快递经历那么艰难的收权历史，而且，王卫连与便利店合作都不看好那损失的百分之几的利润，直营，恐怕是王卫产业链中不可磨灭的准则。

但直营又是一个"资金无底洞"，需要不断投入大量的人力、物力、房租等。如果再考虑到不断扩张的战略布局，恐怕这些资金又要成百倍，甚至成更多倍数地递增。这些王卫都是非常清楚的，或许他也不想走弯路、浪费钱财，想来，自营便利店也属情非得已。

据悉，顺丰一直以来很希望能与便利店开展良好的合作供应关系，但中国的便利店与国外的便利店在很多经营模式上有区别，最大的不同就是：中国便利店大多为加盟模式。

众所周知，一旦涉及到"加盟"，那么至少就有两个或两个以上"说了算"的人，这样在运营过程中就会有分歧的出现。这种企业间非一对一的合作给顺丰带来诸多不便，就好比王卫一个人与好几个人建立一种合作关系，大家做一件事，遇事需要沟通，流程上很麻烦。

虽说，也存在被"瓜分"盈利的因素，但既然合作，人家也不会白帮忙，所以，顺丰选择甩开膀子单干零售，绝不单单因为钱少赚了这一件事，更大的秘密还是王卫的直营不能与中国零售业的加盟模式"共舞"。原因很简单，王卫要将顺丰打造成中国的联邦快递，那么"掌控连锁服务终端"就是至关重要的一个环节，"加盟模式"是万万不可行的。

关于掌控连锁服务终端，联邦快递和 UPS 都曾重磅出资涉足过。

早在 2001 年，UPS 就并购了以零售货运、邮政、商业服务中心著称的特许经营公司 Mail Boxes etc。此后便开始涉足零售业。到 2003 年的时候，美国已经拥有 3000 多家印有 "The UPS Store" 标识并同时提供快递业务的 Mail Boxes etc。如此便捷的 Store，在美国当地享有经营、提供邮政、商业等服务项目的特权。2004 年 12 月，UPS 实现在中国全资运营，独资"单飞" 1 年之后，UPS 中国又在 2006 年开始涉足零售领域，通过建网、办物流、设置零售点及店中店模式进一步掌控连锁服务的终端环节。

无独有偶，美国联邦快递也通过并购的方式涉足零售业。2003 年 12 月 30 日，联邦快递耗资 24 亿美元买下美国文印业巨头金考（Kinko's）公司。当时的联邦快递每年营业额超过 220 亿美元，这个致力于全球性运输、电商和供应链管理的控股公司为何"看好"拥有 1200 家连锁店面的印务公司呢？

据悉，金考公司在海外业务也延伸到日本、荷兰、中国等 10 个国家，主要为零售顾客和中小企业做文印、装订、电话会议、电子文件制作等服务。这些服务内容恰恰从战略布局上贴切了联邦快递的服务需求。二者的结合不仅给联邦快递带来金考公司多年来积攒下的众多固定零售客人，还扩大了联邦快递的产品数量。他们的结合，也代表着一个行业的崭新的发展趋势。

表面上看，联邦快递和金考公司是运输和文印的结合，但实质上，却是"速度与零售"的强强联手，这不仅仅是联邦快递的战略发展目标，同样是整个国际快递行业的延伸趋势。在这样的趋势下，顺丰率先做起了"中国第一"，即国内第一家开便利店进行多元快递服务的民营快递公司。

现在的便利店，越来越多地成为百姓的"便民小超市"，顺丰如果不指望着便利店赚钱，那么就一定期待着它的"便利"为其增加更多的客源。不过，从长远的发展来看，顺丰所选的这个路子还不适宜其他中低端民营快递公司效仿，至少直营的便利店不适合他们。值得一提的是，中国的快递公司到时可以建一个统一的"便利之店"，该店的经营权可交给快递协会来做，主要承接各个快递公司的快件收寄服务。

其实，无论是顺丰的跨界，还是其他企业的转型，抑或是多行业的联盟合作等运营模式，在开展的过程中都会有鲜花掌声，也有反对意见。这是时代发展所必然经历的一段历程，只要"创新"不脱离实际、不冒进，这个战略构想就值得尝试和效仿。

对于服务行业而言，最大的资本就是强大的业务范围和为数众多的稳定客户群。当顺丰将快递便利店开到百姓家门口时，谁能否认，带给传统便利店威胁的同时，没有给整个服务行业的发展带来刺激和影射作用呢？只要对消费者而言是积极的，是真正便利的，那么顺丰这个店开得就很有意义，更是这个领域未来发展格局中的最佳试金石。

铩羽而归，顺丰折戟沉沙

顺丰在最开始做便利店的时候，曾"低调"地喊出豪言壮志——欲在中国建立至少 1000 家顺丰自营便利店，但雄心勃勃的壮语似乎刚刚发出声响就戛然而止了。

2011 年开始尝试"快递+便利店"经营模式的顺丰，好像并没有汲取到美国、日本，乃至中国台湾地区较成功模式的经验。

北京通州区那几家店面的 "关门大吉"，以及深圳顺丰 "老巢"
那里的二十几家自开始建立，几年来都 "羞涩" 得不肯增长的店
面，让业界不得不认为，顺丰跨界零售业失败了。

一开始，我们可以说顺丰开店之初还处于尝试和摸索之中，
也可以为从不盈利的便利店找一些快递 "营生" 来查缺补漏，可
三四年过去了，顺丰便利店是不是也太 "低调" 了？

到底是这种 "快递+便利店" 的经营模式不适合中国的市场
经济，还是顺丰操作环节出现纰漏而止步不前？不管是哪一种原
因，顺丰这次 "涉足" 零售业，算是把自己陷进去了。

顺丰很聪明，它不确定自己在零售业是否能吃得开，所以坚
持说自己不是在经营零售，而是以快递配送服务为中心，更好地
服务客户。这样一来，如果顺丰便利店经营顺利，则顺丰又可以
缔造一个 "不鸣则已，一鸣惊人" 的神话；倘若经营不善，也好
堂而皇之地撇清谣言和批判，持续地 "出淤泥而不染"。

从与7-11合作，到国际快递巨头的先进经营模式，顺丰不
可能一点都没有学到如何 "跨界"，虽然很多 "成功" 是无法复
制的，但顺丰若连这一点都 "学" 不明白的话，又怎会成为中国
民营快递的大佬？又怎会被国人尊为 "中国的联邦快递"？只能
说，顺丰在社会化物流方面还有很大的提升空间。

联邦快递在收购金考公司后，完全不需要自己去操心打理，
因为金考公司拥有美国数码快印市场八成以上的份额，其门店遍
布美国各个社区。联邦快递唯一要做的，就是将快递所需的各种
单据 "陈列" 到金考公司的各个门店里，其余的所有经营、渠道
等工作，全部由专业的 "联邦金考人" 来做。

而顺丰还没有壮大到可以吞并哪个零售业公司，如果坚持自

已开直营便利店，顺丰的确缺少很多专业的人才，且要付出比联邦快递多很多倍的努力，加之社会化物流不强这块短板，致使顺丰便利店真的难以立足中国琳琅满目的零售业市场。

跨界经营并不是顺丰的"专利"，世界各个国家都有跨界经营的先例，有成功也有失败。"成功"的因素只有一个，但"失败"的原因却千姿百态，不同的行业，不同的领域，不同的跨界形态，都上演了无数个版本的"阿Q正传"。如果拿中国和美国这两个国家的电子商务和物流行业做分析，我们会看到一个有趣的特征。

美国是先有成熟的物流之后再有的网购电商产业，电商完全依附着物流强大的优势而并存和发展的。但在中国，这个结构恰恰相反。

虽然中国的电子商务盛行没几年，可纵观各物流快递公司，有几家不是靠着淘宝等电商产业而过活呢？被动之态简直势不可挡。也正因如此，中国至今没有可与美国社会化物流相提并论的社区门店体系，更没有强大的、业务范围广泛的零售企业等着"被收购"，所以，顺丰只得自营便利店了。

顺丰是非常注重客户服务体验的，如果与品牌不同且布局分散的零售企业合作，很难保证顺丰的终端服务能否统一地达到客户至上的满意度，更不能确保客户能否得到最优的客户体验，砸自己品牌的事，王卫是坚决不会干的。那么，又想有高度，又想要宽度的顺丰等物流产业，是否可以通过跨界零售业而觅得一条成功的捷径呢？答案不绝对，但成功操作起来的确难上加难，顺丰这样的民营大佬都招架不住的跨界风险，谁人又能一骑绝尘呢？

当现有经营模式遇困而自营便利店本身又具备一定优势的局面下，顺丰开店虽然有点 "赶鸭子上架" 的态势，但也比较顺理成章。只是，顺丰并没有预料到开便利店如此 "烧钱"，不但不能实现收支平衡，反而入不敷出了。

零售业的复杂环境和激烈的行业竞争，让顺丰不得不放弃在这条路上挣扎。别说 "建1000家自营便利店" 的愿望了，就连深圳 "老巢" 最开始建立的那二十几家便利店，历经几年的折腾，也没有做到增加店面的数量，而且，早没有了当初的那份热忱和激情。

顺丰的 "一失足"，也铸成了整个中国快递行业的 "千古恨"，一时之间，大家都谈 "跨界" 色变。不过，另一层面也揭示出，目前中国快递行业的形势还不够严峻，竞争也不算激烈，所以，快递公司们对 "最后一公里" 的终端配送也没有达到一定的重视程度。

对比欧美等发达国家的 "终端快递环节"，中国参差不齐的物业和校园传达室，抢夺了绝对丰足的快递零售门店的生意，而在发达国家却鲜有专职物业公司，如果有收寄快件的需求，就只能到就近的邮政存储点。故而，不同的市场也就决定了不同的发展渠道和战略方向，顺丰视国际快递巨头为自己的发展方向，却不能走与快递巨头一样的路线。虽然我们还没有找到一条符合中国快递行业发展的终端服务成功经验，但顺丰这个不完全算为失败的案例，却也能为国人总结出一些看点。

顺丰自营便利店的梦想破灭了，幸好与合适的连锁便利店合作经营的方针政策还在。在电子商务领域持续高速发展的今天，随着包裹件数量的增加，快递公司是需要更多、更贴近百姓生活圈子的有利位置作为快递经营网点的。而这些有利的"贵人"，多为各居民区的物业或居住环境周边的便利店。

物业公司并没有代办收寄快件的责任和义务，即便他们的存在价值就是为了保证居民更好的生活环境，可他们直面的是居民，而不是单纯的"快递客户"，所以，物业才不愿趟进这条浑水之中呢。剩下的，就是小区周围的各个便利小店了，瞬间，这些比物业创造的价值更多、比物业更得民心的小店，成了快递公司竞相追逐的宠儿。

顺丰涉足不同领域的步伐并不是间隔性的，而是"紧随其后"或者"同步而行"。虽然我们惋惜"顺丰开店"的失败，但我们同样对王卫的下一个战略布局充满信心。

离百姓更近一些，顺丰，你准备好了吗？

O2O 的行业魅力

顺丰的"新路"

online to offline，即所谓的O2O，中文释义为"联机到脱机"，指将线下的商务与互联网有效结合在一起，使网络成为线下服务业态的有利平台。

当下的中国市场，除了阿里巴巴、美团、苏宁等这些"老品牌"的电商有能力驾驭 O2O 平台之外，最能将 O2O 价值体现得淋漓尽致的还要属社区服务了。因此，标榜社区服务的"O2O"商业革命即将开战，刚巧，王卫也看好这场蓄势待发的革命。这一次，顺丰又会给我们带来什么样的意外惊喜呢？

O2O 作为从电商团购业务中衍生出来的一个分支服务模式，

更注重本地特色经营，更"急顾客所需，思顾客所想"。就目前的发展态势来看，相对主流的电商O2O都将业务延伸到城市中央商业区，这里不仅拥有大量的客户群，同样也有大量的商家，而想做成出色的大平台，最起码的客流量基础是很关键的。炙手可热的O2O市场已经不仅仅局限于餐饮、娱乐等传统的本地消费，更多的行业都将目光聚焦到了这个新兴淘金的领域。中国不缺少商家，更不缺少消费者，如果说缺少什么的话，可能就只是缺少一些这样的平台吧。

就目前来看，CBD商业区太过"抢手"，且已经被规模相对更大的电商占据了一定的市场份额，有进攻该领域的商家恐怕也是有孔难入。况且，这种更高端的锁定不适合所有的行业，比如说快递零售业。

所谓消费者，就是进行消费的个人或企业，因此，只要有人就有服务的对象，换言之，就有利润可取。

O2O平台突出的地域特点告诉我们，人员流动量大的区域都是可以选择注资的地方，比如社区——这个与每个人都息息相关的居家场所。社区属于物流配送最小的一个单位，也就是说，能最大化实现"最后一公里"的超值服务体验，因此，社区非常具有平台的价值性，也最有可能成为O2O平台的切入点。

当O2O的商业区已经被电商巨头们瓜分得所剩无几时，这个平台的生活区，即以社区为主要活动场所的市场环境则脱颖而出。当O2O商业区已经进入白热化状态时，O2O生活服务区却能给创业者们提供更多的市场机会。

目前，已经在这一领域大展拳脚的主要包括三大行业：物业、互联网社区及O2O创业者。社区服务O2O可提供多种业务模式，如社区广告、社区电商、社区论坛、物业服务、社区便利店等，而物业增值服务和社区便利店又为快递的"最后一公里"提供了商机。

有这样一种观点认为，在电商肆虐竞争的市场环境之下，能够活下来且还有竞争能力的实体购物场所只有两种，一种是大型商场或超市，也就是 O2O 服务商业区；另一种就是 O2O 社区服务。那么，成为未来最具有竞争意义的平台——社区 O2O，依靠什么而立于不败之地呢？

首先，O2O 社区服务针对的目标群体都是居住在社区的居民，对于这样的消费群体的服务，主要是满足他们的日常所需。对于创业者而言，投资风险相对较小，客户群体相对稳定，提供服务的回报价值也就更高。这个区域人流集中、人数固定，可提供的商业服务是百姓日常所需的各种增值服务，如便利店、果蔬店、农贸市场、家政服务中心、药店、餐饮、汽修、美容美发、媒体等。

其次，O2O 社区服务半径相对较小，也就是说，可服务的人群数量基本不会有太大的变化。这时，社区周边居住环境、人群消费能力等都是 O2O 社区服务的关键性决定因素，当然可参考的因素也有很多，比如周边的房价、周边配套设施包含内容等。

成功经营 O2O 社区服务的企业，也都是选择了恰当的位置做对了恰当的事。高端的社区除了日常所需的 O2O 社区服务之外，还会引进一些相对增值的服务，比如健身会所、西餐厅、医院等。当然，这个领域还需要平衡、协调地发展，需要依据实际消费需求而酌情调整和改变，以适应良性竞争。

再次，O2O 社区服务职能定位相对稳定，它在满足社区消费群体日常需求的同时，再将延伸服务传递给消费者，将人性化、个性化服务体现得更为完善。它不同于O2O商业区的"高端、大气、上档次"，但O2O社区却有着自己独特的"低调、奢华、有内涵"。人们在居住环境范围内的消费多具有便利性和日常性的特征，这样的特征，直接决定了O2O社区服务的性质和形式，也是便利店和生鲜超市等零售业态热衷于此的原因。

由此可知，O2O社区服务是非常有前景的一个新兴产业，且随着社会的进步，人们消费指数的提高，这个产业的发展速度和消费比重都会快速提升，因而，如何把社区、商业、物业、O2O相结合在一起进行有效的商业运作，是当下创业者们需要仔细思考的问题。

O2O，就像一个幸运的音符一样，随着春风飘进了中国的市场经济浪潮中，它是一个时代里不可能遏制或逆转的因子，它最大的使命，就是将电商九成以上的市场份额"占为己有"。而电商，或跟电商有关联的产业，想要活得下去就不得不千方百计地向O2O靠近。

O2O的理念由来已久，而且至今都发挥着其举足轻重的作用。有资料显示，美国线上消费与线下消费比例约为0.8∶9.2，而中国这个比例更加悬殊，为0.3∶9.7。假设一个美国人年薪40000美元，那么他在网络上的消费仅仅为1000美元。其余的39/40如果没有存进银行，就全部消费在线下活动上了。

之所以说O2O不是新鲜词汇，是因为在中国电商的发展历程中，O2O是历史较为悠久的商业模式，如创立于1999年的携程网就是悠久历史中的一个优秀代表。这个优秀的代表曾一度让"全美证券商协会自动报价系统"，即纳斯达克先认识了中国的

O2O，后来才知道中国还有电商。携程网于 2003 年在美国纳斯达克上市。

携程网诠释了最为标准的 O2O 构架——分为线上、线下两部分，线上部分提供指南参考及吃喝玩乐的众多信息，线下部分针对会员提供酒店、机票、度假等预定服务，这一特征代表了中国原始 O2O 关于订票服务的成熟应用。

时过境迁，中国不可再走老路，而新市场环境下，哪些有形资产会成为 O2O 的潜力股呢？细数 O2O 的特点——线上整合信息流、资金流，线下进行物流和商业活动等，由此可知以物流、信息流和资金流为主要组成部分的行业，将实现最有效的 O2O 社区服务模式，而这三个部分又恰恰与王卫的"三流合一"不谋而合。

只是，王卫曾经在"跨界"零售业的时候"受过伤"，虽然 O2O 的优势体现在创造有意义的价值，而这个价值也会成为快递行业发展道路上不可或缺的一环，但王卫又会怎样看待 O2O，怎样为顺丰做出新的抉择呢？

顺丰再试零售业

顺丰开便利店"惨淡"的余音还未落幕，王卫便再次盯上了 O2O。这次，顺丰牵头 O2O 便利店是否会成功突围，再一次成为行业内关注的焦点话题。

2013 年 11 月 26 日，世界排名第一的零售企业巨头沃尔玛宣布，47 岁的董明伦接任 63 岁的麦道克，任公司总裁兼首席执行官。随后沃尔玛中国高层人员也进行了调整。就在所有人都观望着沃尔玛在中国是如何加大投资扩张之际，这个国际零售巨头却公然宣布关闭中国部分省市经营不理想的大卖场，仅 2014 年，就计划关掉至少 25 家大型卖场。

沃尔玛的这一举动着实令外界愕然，毕竟业绩不好，可以加强管理、加大营销，为什么一定要关掉店面？这与董明伦上任时"承诺"的"投资中国，要多少钱就给多少钱"的说辞大相径庭。

就在行业内都不得其解的时候，沃尔玛又做出了一个新动作——关掉业绩不良的大型卖场的同时，将在全球，也包括中国在内的国家和地区开设小型业态新门店，且数量上至少比"关门大吉"的那些大卖场多上一倍。

沃尔玛在国际零售业态市场上都是举足轻重的"人物"，这次大换血之后的大减大增，无不影响着整个世界零售业市场的变化。可见，零售业都已经增速放缓了，且更倾心于便利店，相信小小的"便利店"逆势上升是势不可挡的。之前"跨界"经营便利店无功而返的顺丰，也在零售巨头的"风向标"带动下盯上了 O2O，甚至放出消息称，拟定在全国范围内开设至少 30000 家 O2O 连锁便利体验店。看来，在摸清了零售业脉络，并看出其发展之势之后，王卫准备大展拳脚了。

中国民营快递巨头顺丰"跨界"便利店，早就过了第一次"尝鲜"的瘾。早在 2012 年，顺丰就在"根据地"深圳及首都北京等地纷纷开起了标有"SF"LOGO 的顺丰便利店。那个时候顺丰的高调开店并不被业内看好，事实上顺丰开店的目的并不是为了经营便利店而盈利，其真正目的是依托便利店而增设"便民网店"，从而扫清快递行业的"最后一公里"障碍。但顺丰便利店的经营并不理想，后来甚至关闭了通州等区域的便利店，有的便利店虽然还没有关闭，但也只做快递服务，零售小商品已经全部搁置了。

此次顺丰整装待发地二次进军便利店，是在向业内宣布，顺丰始终没有放弃"快递+便利店"的战略经营模式。也许"一战"时，顺丰还没有经验，没有完全准备妥当，或者说没有把全部心思放在便利店经营上面，但"二战"之下的顺丰一定是胸有成竹、重整旗鼓参战的。2013 年的下半年数据显示，中国零售业中，销售额增长最快的就是便利店，王卫一定是也看到了这块蛋糕上隐约留给自己的那一部分"甜蜜"，才卷土重来的。

当然，为 O2O 带来好运的自然是不断革新需求的消费者，在这一点上，大型卖场很难达成与消费者需求的与时俱进。而便利店则不同，其以"小"为本，怎么转型都如游鱼在水里一般自由呼吸。

2013 年年底，顺丰与苏果联手，在南京地区的 400 家苏果便利店推进快递寄件、收件自提业务，仅最初的半个月就接单 2000 以上，这份快递增值服务的推出，也为苏果便利店增色不少。

在苏果看来，"对实体超市来说，越接近消费者对其自身发展越有益处。特大购物中心能满足消费者的储物需求，而小型门店除了能帮助消费者完成临时的购物计划，还能提供各种增值服务。"比如苏果，"携带"着鲜食、现磨咖啡以及快递等增值服务进驻高档写字楼的时候，就已经得到众多白领人士的青睐。

而作为便利店本身，应该把握好电商对自己的"庇护"，在相对安全的模式下追寻适时的新发展。当电商平台上陈列出丰富的商品时，便利店再将自己良好的配送能力与其达成线上、线下的最优融合，最终实现线上下单线下取货，一条龙流程在 O2O 全部解决了。

而顺丰之前与7-11的合作不理想的根本就在于，7-11布局以一线城市为中心，二、三线城市基本都是当地本土便利店掌控，这样一来，如果顺丰采取与这些便利店联盟的形式开发"快递+便利店"业务，就很难做到统一的服务标准，如果服务做得不够好，为客户带来的增值服务也就失去了本应有的意义。

所以，顺丰放弃了与连锁便利店的合作而自营便利店，但结局并不圆满。不过顺丰认识到了自己的短板，"快递+便利店"固然是可行的战略，但中间缺少了线上、线下最优融合的这一关键性环节，故而顺丰加快了"触电"的步伐。

当"尊礼会"、"顺丰优选"等电商平台的"业绩"递增之际，就迎来了顺丰"再涉"零售业的大好时机。顺丰选择了O2O社区式服务自营便利店，这个产业可不仅是零售业中的一个业态这么简单。

顺丰说到做到，自2014年3月起，便开始着手为30000家O2O连锁便利店打基础，从店面选址、装修，再到招商，就连名字，顺丰也草拟好了一个"初稿"——叫"嘿店"。

在王卫的战略布局中，无论是之前与加盟连锁便利店的合作，还是后来自营失败的便利店，抑或是现如今与便利店合作快递代售点业务，这些都是为顺丰"电商O2O社区式服务"铺路。作为快递产业涉足零售业态，只有当其快件达到一定的基数，其"快递+便利店"的战略优势才能得以显现，否则，之前的一切努力都将毫无意义。

这次，我们似乎看清了王卫此时向着O2O"冲刺"的真正含义——待社区电商服务发展一段时间，相对稳定和被接受之后，社区便利店的快递业务才会对消费者产生真正增值的意义。如此，我们是否也可以这样理解，顺丰之前的多次"试水"，都是给行业摆出一个"引子"，无论顺丰做得是否成功，都给其他竞争伙伴带来新的商机，然后大家一起运作，整个市场才会良性发展，最终成熟起来后，顺丰再大展身手。倘若事实果真如此，那么王卫的眼界似乎都不止"高瞻远瞩"可以形容得了。

试想，要是在大家铺路的环节上出现了失败的局面，那么顺丰不仅不费吹灰之力就"铲除"了竞争对手，而且也给自己的下一步战略刷新了一次失败的界面。这就像我们在尝试一件新事物的时候，如果开始都是顺利的，那么到后来遇到一丁点儿困难都觉得很难克服；相反，如果很多弊端在最初就暴露出来，接下来的运作之中，即会很容易摸索出一条适合自己走的路，不至于从始至终都双眼漆黑。

2014 年，对电商而言是大爆发的元年，这一年里，电商要加快物流和零售的跨界步伐，零售业要朝着线上、线下有机融合方向推进，快递行业在稳定电商的同时更要突出 O2O 的战略布局，总之，大环境为 O2O 提供了巨大的商机，而 O2O 也成为商人们角逐的更大目标。

顺丰的"快递+便利店"，虽然在国内还未曾见成效，但在国际上却是相对成熟的模式，即便如此，一些业内人士依然对顺丰二次跨界零售业而担心，此次虽有 O2O 为依托，可重重的困难依旧存在。不过，顺丰岂能被小小的困境所围剿？王卫，终会在"二战"零售业的过程中，带给业界不一样的震撼。

电商落地，快递加码

O2O 的行业魅力不仅吸引着零售业态的伙伴们，还对包括顺丰在内的快递业、以京东为首的电商业和零售国际巨头 7-11 在内的多领域企业极具杀伤力，他们都计划建立便利店 O2O。那么，小小的便利店为何会有如此魅力，让各领域的"大佬"都迫不及待地触及它、拥有它、利用它来发展壮大自己的企业？

究其最主要的原因，想必是便利店目前在国内迅速发展之势，这种快速的发展相比同领域的超市、百货、商超、卖场等，要更快、更精准、更有魅力。

据悉，顺丰已经启动 O2O 战略。新一代顺丰便利店包含物流服务、广告、预售、销售、试穿等多项增值服务，第一批启动的 300 家店面，年中达到 1500 家，年底突破 4000 家，不久的将来会超越 30000 家。这还仅仅是顺丰战略布局上的数字规划，而这足以震撼整个快递行业了。

外界对顺丰的 O2O 战略有褒有贬，但这是行业的发展趋势，即便领航者不是顺丰，也会是其他企业。

2014 年 3 月，北京、上海、广州等 15 个城市的万余家便利店开始了与京东的 O2O 战略合作，京东也开始瞄准 O2O，并向此领域进军了，京东预计在 2014 年年底之前，将该战略延伸至全国所有省会城市及其地级市。京东的布局速度并不慢于顺丰，4 个月前，其对 O2O 战略还仅停留在构思这一环节上。短短 4 个月的时间，它就快马加鞭，一骑绝尘了。

2013 年年底的一次零售峰会上，京东的物流总监候毅曾介绍他的 O2O 战略思路：未来会在与其合作的便利店门口摆放宣传资料，宣传资料上印有京东的二维码，让传统零售市场上的老主顾也都成为京东的消费者。

当时，候毅的想法遭到一些零售便利店的怀疑，这些便利店的老板不愿意将自己的客户"转让"给京东，毕竟谁愿意干赔钱的买卖呢？不过，京东却暴露出了其野蛮的扩张之态。不久之后，京东 CEO 刘强东的一席话让业界一片哗然，他说："线下所有的店都可以跟京东合作，但京东考虑到他们的能力和水平，只是选择合作。"

是京东太骄傲，还是这个电商巨头早就胸有成竹？曾经与京东 O2O 合作 1 年的"好邻居"便利店，不也与其"和平分手"了吗？可见，电商落地不是一件简单的事情。

京东的夸夸其谈是不是显得有些做作了？此前与好邻居便利店合作的时候，京东会把自己的商品放在好邻居，然后京东的消费者在支付之后直接到好邻居取货，此举在增加好邻居客流量的同时，更带动了好邻居的利润和销售，看起来这是很好的营销手段，但实际操作起来却又是困难重重。

首先，好邻居便利店的布局若不是在京东消费者活动范围圈子内，消费者是很不愿意"这里消费那里取货"的，这远远不及快递的时效性。

其次，就算京东将自己的货品放在了好邻居那里，但中间货品输入输出及配送环节又由谁来做呢？好邻居对店物流，京东对人服务，二者的此番合作并没有给任何一家带来预想的利润，反而增加了更多的繁琐事项。最后的"和平分手"，想来也算是最好的结局了。

因此，这次京东连同自己物流系统与线下门店的 O2O 战略之行，怕是依然困难重重，至少一些业内人士并不看好京东的 O2O 战略。

一个小小的便利店真的能颠覆京东的 O2O 战略奇想？对于外界的疑惑和不认同，京东物流总监候毅这样解释："将便利店变成大卖场，我们通过互联网将它改造之后，是在跟大卖场竞争，不是跟互联网竞争，所以品类比大卖场多，价格也比大卖场便宜。大卖场所不能做到的是，我全部送到你家，这个我们可以做到。最后，我们还能做到随时随地到门店享受售后服务，也就是退货服务。"

而便利店之所以能让京东这样的"大佬"另眼相看，就在于它发展速度快，能够随着消费群体的消费习惯而轻易转换，比商超、卖场等大型零售业态更贴心，自身功能的升级和深化更有意义，更能协助各行业实现 O2O 战略的最终达成，所以才能顺理成章地成为大家眼中的"香饽饽"。

京东做 O2O，有一个强有力的优势是顺丰不具备的，那就是电商平台！

京东虽然没有淘宝的市场份额多，但不是第一也是第二的它，同样拥有完善的电商运作平台，这与快递起家的顺丰相比的确是强大的优势，如果同时布局 O2O，从线上的优势上看，顺丰就被它抛在身后了。

顺丰自然知道自己的战略弊端，取长补短一向是顺丰跨界的有利筹码，对于顺丰线下实体店面如何运作线上的互联网功能，其有自己的布局规划——线下引流。

据悉，顺丰线下引流工作也在如火如荼地进行中，除了在

O2O 便利店进行商品展示之外，还增设了各种体验环节，比如数码产品、电玩产品的专项体验区的增设；比如等候或完成购物需求的消费者，可在"嘿店"里打游戏等增值体验服务。这就像一些运动超市，会在自营的店面里陈列出运动器材的体验服务，如棒球、乒乓球、羽毛球、健身器材等。

在 O2O 的战略布局中，线下实体最有效的手段就是利用好电商，既做好和电商的错位，又做好对电商的替代，这才能真正实现最优的线上、线下融合。

有电商人士认为，未来的零售市场上会有一半的企业退出或转行，而这样的变革性行为，电商不是始作俑者，而是一些传统零售业借助电商改革不当引起的"自焚"现象。所以，线上和线下如果融合不当的话，就是相对立的两个因子，本质上的冲突会更加明显地表现出来。

这就要求正在进行 O2O 布局的行业，一定要理性转型，科学"跨界"，切莫因为眼前利益而忽略自身本质性因素。面对现如今的京东布局线下，顺丰反攻线上，这两种 O2O 不同的战略走向的未来又会如何？

对此，相关分析认为，无论是京东线下还是顺丰线上，两种 O2O 战略模式都不易，因为与便利店合作的困难大家都心知肚明。

京东方面在太原已经找到了合作伙伴——唐久便利店，而在其他城市的战略合作者目前还没有明确，这需要有一个共赢的蓝图展现出来，才能有足够的吸引因素。就像当初京东暴露其战略构想时的质疑声音——"便利店将自己的用户群体拱手相送给京东，而京东又能回报给便利店什么样的利益"。另一方面，作为消费者，是否接受"线上定，线下取"的流程方式也是一个棘手的问题。

　　作为快递专家的顺丰，有着大量的数据和客户作为"本金"，但没有多少零售经验的它，在运营管理的实战上又有多少胜券还是个未知数。客户不是商品，他们有太多的主观能动性来决定商家的任何一种营销手段，归根结底，做O2O实际上就是在经营客户。无论是京东还是顺丰，也无论是快递还是电商，谁摆平了客户，谁就赢得了最终的胜利。

10

加速涉水

顺丰 "尊礼会"

电子商务平台真是一块诱人的蛋糕，从近些年来的中国网络购物交易额来看，庞大的交易数字和迅速的同比增长率带动了经济的发展，引领了时代的变迁，更彰显出消费者革新的购物习惯。

2008 年，中国网络购物交易额 1281 亿元；2009 年翻了一番，增至 2484 亿；2010 年同比增长 75.3%，达到 4610 亿；到了 2012 年，这个数字已过万亿；2013 年，交易额高达 1.85 万亿，同比增长 39.4%，虽然较 2012 年的增长率 66.2% 有些增长放缓的趋势，但庞大的交易数字着实牵动着太多行业的 "触电" 情结。

2010 年，顺丰推出主打"健康生活网上购物"的"顺丰 E 商圈"，首次涉足电商领域。虽然顺丰 E 商圈仅在中国香港地区运营，但这并不影响这个民营快递大佬"触电"爱好的进一步加深。有了第一次的"触电"，王卫感觉很好，于是 2012 年二次"触电"，推出顺丰新品"尊礼会"。这是隶属于顺丰旗下的一个专供中高端商务人士的专业礼品电商平台，对于客户采取严格又彰显尊贵的"会员邀请制"，届时，消费者可以通过顺丰线下实体便利店体验礼品，决定购买的时候可以在"尊礼会"平台上选择商品，通过顺丰自营的第三方支付平台"顺丰宝"进行网上支付，继而再由顺丰的快递将礼品送到消费者手上。

这一流程十分完善，全套线上、线下一条龙服务，可这种近乎完美，不禁让业内人士感叹，这还是顺丰吗？顺丰还做快递吗？

没错，这就是顺丰，它依然是民营快递的巨头。在王卫的战略布局中，无论是电商，还是第三方支付平台，抑或是线下自营便利店，这些都是为快递服务增值的"配套产品"。在电子商务席卷整个国际金融的宏观条件下，快递若只做快递的话，那么结局必定是死路一条。走多元化战略路线，是顺丰继续走下去的唯一后续力。

对于顺丰尊礼会的"出炉"，中国快递咨询网首席顾问徐勇认为，尊礼会与传统意义上的电商平台不同："顺丰速运的电商平台，实际上还是为其快递主业配套服务，通过电商促进快递业务收入进一步增长。"不过，也有不同观点指出，顺丰在天猫、京东、当当、苏宁易购等行业巨头们于电商领域肆虐竞争的时候，"潜行进攻"风险很大。不仅盈利效果不敢期望，就连原有的快递业务都很有可能会因精力的"分身"而有所缩水。

顺丰此时推出"尊礼会",既无实力参与电商巨头的争霸战，也无精力分身快递业务，可见，"尊礼会"作为二次触电的筹码，最直接的目的就是做品牌，做一个以礼品电商平台为主的品牌。对于刚刚开始"跨界"的顺丰而言，其实，只要在众多巨头中间有一小小的市场份额就好。就像人体的骨骼一样，骨骼健康还愁不长肉吗？只要电商的平台之上有顺丰的空间，这个空间的范围就有扩大的可能性。

如果说，顺丰"一触电"是尝试着找感觉，那么此次"二触电"，为何会将项目定位为礼品，且是高中端的会员制呢？这与礼品电子商务未来的发展态势有直接关系。

在电商 B2C 的世界里，卓越亚马逊与当当网最先开战，接着京东开始与新起之秀角逐高低，然后中粮我买与苏宁易购也开始不安生地转移渠道，一直到顺丰快递的传奇跨界"二触电"。这一系列争先恐后的或扩张，或外延，都实实在在地将电商的光芒凸显无余。礼品电商的 B2C，会同行业内众多竞争伙伴一样得以发展，也许在不计其数的电商平台上，礼品电商还是屈指可数，但随着电商的如火如荼之势，礼品电商也要逐步完善自己的发展战略。

各行各业都冲着电商泡沫狂奔，期待早些"洗掉"自身的霉运，依附电商快进的步伐也能增效获利。的确，电商的存在已经打乱了行业渠道的结构与格局，礼品行业也不可幸免地被卷入"触电"的队列中。只是，电商在改造传统礼品行业之时，更多的是满足其增值需求，而不是让本就竞争激烈的对手再相互厮杀，最后弄得整个礼品行业都血雨腥风。礼品电商的脱颖而出，就是要让那些想买某种礼品却不得的消费者能通过互联网得偿所愿。

无论是电商模式还是传统模式，二者都是时代发展下的必然经商途径，无论什么时候，适时存在的模式都不可能轻易地消亡，就像电商的出现，并不会断送传统渠道的未来，也如电子书的盛行并不会磨灭了人们读纸质书籍的习惯一样，所以，电商不是终结者，只是为世界提供了更多的可能罢了。

电商这个大平台，有的时候也很像大卖场或大型农贸市场，当打折、促销、优惠等敏感词汇蹦出来的时候，人们更多的是蜂拥而上，此时便将品质、服务、性价比等商品的衍生价值远远抛在脑后。故此，电商平台也不是健全、完善的，也需要相关部门的严格审核与监管，以确保奢侈品、精品、高端、中端、亲民档等所有商家在同一个舞台之上越舞越美。

也许，这就是顺丰"尊礼会"定位为中高端礼品会员邀请制的关键因素。一出手便精准定位，倘若未来真的出现市场混乱的局面，也好明哲保身，安全退出或低调换位。谨慎，一向是王卫的习惯，不同时期的不同战略，打的不是自己，而是如何在竞争日益激烈的市场环境中，最漂亮地打上一仗。

谈及礼品电商，其真正被"刮目相看"还要追溯到 2011 年。那个时候，世界经济在欧元区低迷状态影响下也显得不容乐观，中国经济自然也受到了些许波及。不过，此时的中国礼品市场却呈现出一派生机盎然的景象。

2011 年，中国礼品需求总额高达 8000 亿元，占据当年国民生产总值 47 万亿元的近 2%。也就是说，如果一个人月薪 3500 元的话，那么他在礼品购买实际行为上会花销 70 元/月，可见，中国人的礼品消费观念还是很强的。

关于中国式礼品消费观，《中国经济周刊》曾对这 8000 亿元的礼品需求总额进行了个体与团体分类的合理分解剖析。以 2011 年为例，中国个体年礼品需求约 5055 亿元，团体年礼品需求 2629 亿元，合计总额近 8000 亿元。值得注意的是，在这庞大的数据中，商务礼品和福利礼品的需求超过 1900 亿元，占中国礼品需求总额的 1/4。

那么，8000 亿元的礼品需求中，又有多少是通过互联网进行支付的呢？据悉，电子商务在礼品市场所占的比重正在逐渐提升。有资料显示，2011 年，在北京、上海、广州等一线城市，六成以上的电商用户选择在电商平台上选购礼品。

一边是中高端礼品所占比重之大，一边是礼品电商的迅速增长，真实的数据在向我们透露一个重要的信息：礼品电商不仅仅是传统礼品行业的终极法宝，同样也是电商经济环境下正在崛起的新兴领域。顺丰一眼瞄准的大蛋糕，原来具有如此大的前景，可想而知，王卫的洞察之心是多么严谨而精准。

电商总是超前地反映出行业的最新面貌，其比传统行业以更快的步伐，越来越多地满足着消费者个性化的购买习惯和消费需求。现在的礼品电商，已经坚固地把握住消费者的购买心理，互联网平台上琳琅满目的礼品，往往不需要电商用户繁琐地寻找，推荐、体验、分类、搜索、网评等多种途径都在向消费者展现个人所需。而未来的线下与线上活动的最优融合，也将使得礼品电商越走越稳，因为，包括奢侈品、中高端礼品在内的礼品电商，未来的"落地"项目势在必行。

高端礼品消费者的高学历、高收入、高定位、高身份的特殊性征，预示了该项目在电商市场未来之路上的不同寻常，传统模式即便成功复制，也未见得会有多大的正面效果。而顺延着电商、快递、零售业都看好的"O2O战略"步伐走下去，相信也是中高端礼品电商最理想的发展路线。因为，只有B2C与O2O的有效融合，才能增大升级后的礼品电商市场的价值，礼品电商不落地，消费者就无从谈起体验和售前满意，在消费者的购物环节中缺少了体验的环节，势必会带来更多售后问题——服务的"最后一公里"很难实现最大的价值化。

在电商平台的眼里，中高端礼品实体店更多的重心放在礼品展示环节，当客源达到一定基数并逐渐转换成二次消费或多次消费后，这个重心才会向服务的"最后一公里"转移。不过，B2C与O2O的融合，会本质上解决服务"最后一公里"的一切问题。

商品的最高价值，体现在顾客需求层面上，再高端的商品，若无人问津，也毫无存在的价值。今天，顺丰推出了礼品电商尊礼会，王卫是否也将尊礼会的下一战略布局设想完善了呢？毋庸置疑，王卫不是习惯复制他人成功的人，所以"尊礼会"一定会给我们带来意想不到的惊喜。

定位精准，前景堪忧

"有实力的企业做网站，没实力的企业开网店"，一时之间，电商市场上迎来了各行各业的跨界试水。

电商是一块"淘金"宝地，但随着大量企业的奋力涌入，似乎显得有些摇摇欲坠了，毕竟蛋糕再大，抢食的人多了也会造成食物匮乏。不过，王卫似乎从不担心，即便第一次涉水电商的"顺丰E商圈"不温不火，可丝毫不影响第二次触电——"尊礼会"。低调的顺丰，在这场"二战"中很有势在必得的架势，这似乎源自本身对其精准的定位充满信心。只是，电商注定是一个不太平的舞台，有人欢喜有人忧愁，不知顺丰此行是否"顺风"？

顺丰在这场"二战"中算得上是有一定实力的商家了，无论是"E 商圈"还是"尊礼会"，也无论是销售有机蔬菜等食品，还是经营工艺摆件、保健品、茶烟酒、非物质文化遗产等高端礼品，顺丰都将自己定位成"电商网站"，而非小打小闹的"开网店"。

所谓的电商网站，实际上就是企业或个人通过互联网搭建起来的一个大平台，在此平台之上依托电商的基础设施进行有效的信息流通，这更像是一个交互窗口，以从事电子商务经营的有效途径和手段为主。电商网站分类众多，包括基本型、宣传型、客户型、综合型；行业型、企业型、政府型、组织型；流通型、生产型；垂直型、水平型、专门型、公司型；按照业务范畴和运作方式，还分为非交易型、半交易型和全交易型电商网站。电商网站是进行电商活动最基本的途径，更是电商系统中最重要的组成部分，它是互联网上的门户网站，是与市场进行信息交换和与外界进行资源交换整合的大平台。

电商网站的类型多种多样，而不同的电商网站所服务的客户群体也不尽相同，所以电商经营模式也存在差异。我们所熟知的电子商务模式，主要有 B2B、B2C、C2C 等。

除了这三种我们较为熟知的电商模式之外，还有 C2B、M2C、I2C 等电商模式。

众电商网站多采取垂直细分的推广方式，可将自身的服务内容深加工、细雕琢，丰富多彩地呈现给消费者，给消费者提供一个相对自由的随心所欲的购买环境。

与建立电商网站并存的另一种涉电途径为开网店。网店，是借助第三方平台提供给消费者一个可以在互联网上浏览商品的线上商店，并可以通过在线支付进行交易的全流程网上商店。与线下实体商店相比较，网店既方便快捷，又避免了选址、装修、耗材等必要又伤神的过程。只要买卖双方达成一致，便可以支付完成交易，最后再通过物流将商品配送到消费者手里。

故而，很多初步试水电商的企业会先选择开网店，在积累一定的客户和运营经验后再建立自己的电子商务网站，这是一般小企业都会采取的一种战略步骤。顺丰虽然也是尝试着做电商，但它毕竟是国内民营快递的"头号选手"，连 PE 和 VC 的招募都不放在眼里的顺丰，自然也是不差钱的。

从第一次"触电"的顺丰 E 商圈，到随后推出的第三方支付平台顺丰宝，再到跨界零售业开启了顺丰便利店，最后是现在的二次"触电"推出尊礼会，足以看出，顺丰"不差钱"的背后隐含着其垂涎已久的"电商梦"。

王卫与马云、刘强东的出发点不同，虽说他们都经营着自己的电商和物流，也顺带着一些零售业务，但阿里巴巴和京东是电商起家，之后为了给自己多留一条后路，选择了圈地建仓储做物流配送，而顺丰本就是快递大佬，从大物流到跨界电商，虽一直坚守为物流增效的信念，可王卫的电商之路走得并不顺利。尊礼会是顺丰于逆境中深思熟虑后的又一产物，那么它的出现，又映射出了一些什么现象呢？

之所以说"尊礼会"定位精准，还要"归功于"其独有的特性。

电商领域有做礼品的，有专攻奢侈品的，但还真没发现有谁对高档礼品电商情有独钟的，尤其是大佬级别的人物。王卫一直以来的"逆向行径"，又将这样的反常行为淡化到了常人可以理解的程度，他本就不喜欢随波逐流，相比之下，更钟情于逆流而上，反向思维不是他的"独解"，但却将他的战略布局渲染得更具神秘色彩——难道高档礼品电商会是新的潮流导向吗？

其实，顺丰这次给"尊礼会"的定位精准至极，它不参与大众化的礼品网站之间的小打小闹，也不染身于奢侈品电商的浑水之中。换言之，王卫不屑与中流以下的电商竞争市场，也不打算初期尝试阶段就与"实力派"硬碰硬。中高端本是顺丰的定位标准，作为其"同门"兄弟的尊礼会，定位为中高端礼品电商似乎也很容易理解和接受。况且，顺丰做了二十几年的中高端快递市场，这一领域的市场中除了中国邮政的 EMS 之外，只有顺丰最强势、最稳定、最具有竞争价值。

中国是提倡"礼尚往来"的"礼仪之邦"，逢年过节的亲友馈赠、朋友间的友情增进，都离不来馈赠礼品这一重要环节，因此，哪里有消费者的需求，哪里就有提供周到服务的商家。顺丰有着一大票中高端定位的消费人群，这一部分人深深地被顺丰独到又完善的服务体制所征服，对顺丰来说，这些消费群体忠诚、稳定又多金。严格的"会员邀请制"不但彰显出顺丰对消费者的尊重和期待，更为消费者营造出了一个尊贵、高雅、脱俗的消费环境。中高端礼品电商经营中不仅有很多可观的利润，同时以这种定位跻身电子商务市场也是一个有力的竞争手段。尊礼会是顺丰的一张"牌"，一张能打通电商市场的王牌。

那么，顺丰重磅打造出来的"尊礼会"，到底是为了盈利还是为了做品牌呢？

倘若目的为盈利，严格的"会员邀请制"必定会缩小准客户的市场占有份额，虽然这一行利润可观，但需求量并不是很大，没有需求就没有供给，又哪来的盈利呢？用排除法来看，顺丰真正的意图是做品牌。先在电商领域中立足，之后再奋力突围，营造良好口碑以树立品牌形象，最后再逐步扩张、发展、壮大。

中国中高端礼品电商的市场空间很大，可它同样受着来自于国家、政府的约束和时代发展的必然影响。当国家的"三令五申"殃及到这一领域的时候，中高端礼品电商的路是否充满阳光还不得而知，这不禁让我们猜想：顺丰尊礼会能在这条路上走多远？

搅局，还是终结？

2012 年年初，凡客诚品陈年的那一句"2012 如果不是世界末日，就是电商寒冬"，实在是开天辟地，顷刻间，电商市场刮起历史性的血雨腥风。有些电商创业者懊悔自己"入错行"，有些跨界电商的传统行业埋怨自己"嫁错郎"，有些风投公司后悔自己不是火眼金睛……总之，伴随着电商寒冬的来临，越来越多的电商企业步入创业以来的最低谷。

不得不说，寒冬前的价格持久战是导致寒流过早入冬的导火索，团购、价格火拼等营销手段，扰乱了中低端电商市场的竞争秩序。在 2012 年夏季的一次电商峰会上，刘强东、陈年纷纷发布电商寒冬"橙色预警"。本就寒冷的市场，谁又能在持续的价格战中屹立不倒，通过差异化竞争获得微薄盈利呢？

时间还要追溯到 2010 年，那时候的世界经济开始逐步复苏，中国的电商经济也开始崭露头角，电商市场不断涌现出融资潮、上市潮，业内人士对电商经济这个"香饽饽"都寄予厚望。继 2007 年 11 月 6 日阿里巴巴在香港上市两年后，2009 年 5 月 14 日，在阿里巴巴全球股东大会上，马云再次抛出"定时炸弹"，预将淘宝纳为阿里的上市公司；无独有偶，刘强东也公开宣称，京东会在香港或美国纳斯达克上市；当当网也蠢蠢欲动，开始筹备上市计划，并预计 2010 年年底在美国纳斯达克或国内的创业板上市；而作为 B2C 的知名企业麦考林，也加入了上市筹备大军，预计 2010 年年末于海外上市。

看好电商市场的还有很多传统大品牌行业，他们纷纷加码，跨界电商，在大手笔融资的同时也加快了上市计划。红孩子集团会完成 1 亿美元的融资，尝试"触电"；凡客诚品也获得了老虎基金 5000 万美元的注资。红孩子和凡客诚品也将上市的计划提上了日程。

针对国内电商巨头们纷纷筹备上市，传统行业在加速融资"触电"过程的同时，也同样开始实行上市的流程化。中国互联网企业随即掀起一轮又一轮的"上市潮"，这种电子商务扎堆上市的现象注定了电商领域的不太平。

经历过"扎堆上市"的电商企业，在 2011 年还先后受到风投公司的青睐，毕竟电商是炙手可热的淘金法宝，谁都想在这上面赚上一笔。于是，"融资"、"收购"等动词在电商市场盛行了一阵子，可这种热情似乎在 2011 年的春夏季节开始逐渐冷却下来，直到 2011 年年底出现电商频频倒闭的事件，人们算是真正地感受到寒流是如此的"冷"，泡沫是如此易破。

京东 CEO 刘强东对这次寒流发表了自己的看法，他认为，本次电商寒冬的周期会超出 2008 年世界金融危机带给各行各业的冲击时间，甚至会更长，也许这个寒冬需要电商们血拼个三五年，并且，即便寒冬安全挺过去，电商企业也要做好"白手起家"的准备，因为经历了这样的风险，风投公司是否还会青睐电商，就变成了一个未知数。

事实果然像电商企业家预言的那样，直到 2012 年夏季，电商寒流也未曾离去。当当网 CEO 李国庆甚至大声宣扬"京东的钱只够支撑到 8 到 12 月之间"的言论，对于李国庆的"污蔑"，刘强东则是下注千万与其一赌到底。

不管京东还是其他的电商企业，都能挺过这场电商的寒冬吗？即便顺利度过，又有几家能安然无恙呢？电商的盈利，已经是一个短期内不可逾越的棘手问题了，那么又谈何发展？不仅电商企业家开始担忧，就连围着电商转的"准跨界"行业先锋们也在踌躇，是进是退？果敢"触电"后万一溺水，岂不功亏一篑？放弃跨界电商领域的话，那么多年的准备岂不是白白浪费？一时之间，行业内外有识之士都陷入了进退两难境地。

就在包括风投公司在内的所有"边缘人士"不得不谨慎思考、斟酌选择的时候，顺丰却大胆"二触电"，高调推出"尊礼会"。顺丰自有的支付牌照"顺丰宝"以及民营大佬级别的"快递运输"，都为尊礼会增色不少。可是，含着金钥匙出生的"尊礼会"，在电商寒冬未曾过去的风口浪尖二次进军电商的举动，是搅局还是终结？

纵观顺丰发展历程，其欲进军电商的触角早就有所伸展，以 2010 年推出的"顺丰 E 商圈"最为直观。这个主要售卖有机蔬菜的网站在内地几乎没有任何推广，而其在香港地区主打"健康生活网上购物"的门户网站形象，依旧没能令其获得乘风破浪的态势。据相关人士透露，目前其仅仅算得上是勉强维持着运营。

2011年，王卫通过其控股99%的深圳泰海投资股份有限公司，为顺丰宝拿到第三方支付牌照，随后便开始与7-11等便利店合作推出快递业务，合作没多久，顺丰便与7-11和平分手，开始自营便利店。

当然，顺丰没指望通过自营便利店赚钱，甚至经营过程中，都得依托快递的盈利来维持便利店的日常开销。之所以如此，理由就是为顺丰客户做更多的增值服务。比如，消费者可以先在顺丰便利店体验商品，然后再去尊礼会上支付货款，完成交易后再由顺丰将商品送货上门；反之，消费者也可以在尊礼会上完成交易后，到线下顺丰实体零售便利店去取商品，这也就减少了物流配送这一环节。当然，这样的操作适用于那些不便长期摆放在便利店的商品。此战略布局，可见王卫缜密的战略思维及步步为营的战略战术。

那么，为何快递业要跨界电商，电商又积极圈地建物流仓储呢？其实，快递和电商之间的矛盾激化已经不是一天两天的事了。

曾有民营快递公司在互联网上叫板，如果自己有钱、有精力，就自己建一个网站，用自己的物流仓储自己网站的商品，用自己的快递为自己的网站全职服务。

这样的"愤慨"不是没有缘由的，国内民营快递中，除了顺丰以外的其他几家公司，几乎80%以上的业务量全部来自于淘宝等网店，作为在"同一平台"上争夺市场份额的民营快递公司之间，也不可避免地展开了价格战——为了生存、为了利润、为了这一领域的争夺。而与此同时，电商看到快递们都自行压价以争取更多货单派送，于是也开始大肆压价，甚至一度令不少快递公司都喘不过气来。

随着快递公司各种成本的上升，对于电商的压价，很多业务就等于是赔钱买卖，本身就不赚钱，对于服务消费者这"最后一公里"又何谈经营呢？很多时候，电商客服对于消费者给快递的差评也显得无可奈何，而当消费者反复质疑的时候，一些售后客服甚至会直接回复消费者"只能"选择这家快递，想必这其中隐含着更多的利润差额吧。

久而久之，一些电商企业家们便开始筹划自建物流，这样，既减少了一些不必要的麻烦，也有效减少了消费者因对快递配送的不满而给予电商差评。

从京东商城、凡客诚品自建物流仓储配送的行为上看，物流和电商之间的矛盾已经越来越激化了。马云也曾表示，淘宝九成以上的投诉都来自于消费者对快递服务的各种不满意，所以淘宝也要自建物流。电商、快递，二者都向着对方的主营业务领域使劲儿，如果不是迫不得已，谁又愿意向并不熟识的另外一个世界马不停蹄地进军呢？

虽然顺丰此时跨界电商似乎顺应了大势，其自身似乎也占得了天时、地利、人和，但也似乎有些逆水行舟的架势——"明知山有虎，偏向虎山行"，而且，顺丰虽坐上了国内民营快递的头把交椅，可一旦被推上国际舞台，就有些小巫见大巫了。

与国际快递巨头相比，无论是时效性，还是自身基础设施的建设，抑或是大家都想努力做好的"最后一公里"，顺丰都远远落在国际统一步伐之后。顺丰在自己快递老本行方面尚且还有很大的提升空间，这次又冲向云集各电商领域精英的商战中，不知王卫是出于无奈，还是操之过急。顺丰此行，在未知能否盈利的前提下，是否要率先考虑能否存活下去？

目标中高端

从顺丰开始成为文件、合同等小件快递配送的公司时起，王卫就给顺丰在快递行业市场上整体定位为"中高端"。顺丰一直走着拟定的路线，即便其他民营快递公司全部下水进行价格战之际，顺丰依旧没有迷失自己的方向。就连电商寒冬未殆尽时，高调二次"触电"推出中高端礼品电商平台"尊礼会"，其也丝毫没有犹豫和踌躇，并且，为了彰显此平台消费者的尊贵，顺丰特地采取严格的会员邀请制，也就是说，没有接收到顺丰尊礼会邀请函的电商用户，是不能成为"尊礼会"会员的。言外之意，也就是非会员不能通过尊礼会这个礼品电商平台进行任何交易。

从电商网站上，即可看出尊礼会与之前的 E 商圈有所不同，与其他礼品网站相比也凸显出十足的尊贵范儿。黑色的背景、金色的字体……仿佛让每一个浏览过尊礼会网站的用户都迫不及待地想成为其会员，那种高端的气息、奢侈的品味、典雅的感觉，顷刻间让人有一种被推上云霄的荣宠之感。只是，这个网站很快就不能再进入了，也许是内部流程还没有彻底完善，也许唯有被邀请成为其会员后才可访问。不过，有相关知情人透露，尊礼会网站销售的基本都是进口高端品牌礼品，价格不菲。

若当真如此，我们不妨看看都是哪些进口高端品牌入驻了尊礼会！

红岁品牌是一款高端红茶品牌，严格依照"世界品牌基因体系"107项指标塑造品牌，其中不乏中国传统文化的精髓。

创立于1888年的"派克"是一个高品质的钢笔品牌。派克公司的总部虽位于英国，但其业务覆盖了整个世界的各个国家，就连生产基地都分别设在英国、法国、美国、荷兰等全球性的顶尖之所，能够获得派克品牌的信赖，也是尊礼会的荣幸和本事。

与英国派克品牌并驾齐驱的，还有美国特有珍藏价值的古董品牌"高仕"，这也是一个传承了百余年历史文化底蕴的笔界泰斗。

苹果公司的核心产品为电子科技，iPhone手机、iPad平板电脑是最为时下关注的高端热品。不久的将来，苹果公司还将推出更多的高科技尖端电子产品，届时，尊礼会的高端礼品之路会越走越平坦。

台湾主营家居装饰品的艺术创作品牌"亨利屋"，也是尊礼会的高品质成员之一，该品牌已经发展至20余个国家，2007年进入中国市场，先后在北京、上海、深圳、昆明等地成立多家专营店面。

来自芬兰的品牌"iittala"（伊塔拉）成立于1881年，至今已有100多年的历史。iittala把日常家居用品从简单的容器逐步发展成为创意和个性并存的设计用品，其北欧式设计理念赋予了时代的尊贵与历史的厚重，让小小的家居用品成为世代传承的工艺制作，经典经久不衰。

从以上这些合作商家的显赫地位和悠久的历史文化概念上

看，顺丰这次走的中高端路线名不虚实。而且，顺丰做了二十几年的高端物流，自身多年积累的企业高端客户都将成为尊礼会尊贵的会员，这些高端人士对顺丰的认可和信赖以及对高端礼品的强烈需求，都满足了顺丰步步为营的战略战术。

激烈竞争的电商市场上，入行即拼价格是必死无疑的结局，王卫对此看得透彻明白，怎能在这方面搬起石头砸自己的脚呢？此外，也有数据显示，网购市场份额比重最大的数码、电子产品等行业的利润也低至不足3%，这样明显的"陷阱"，顺丰是绝对不会贸然进入的。而唯一最有竞争价值的就是礼品行业，且以高端礼品电商利润最为可观。看来，顺丰此番的中高端路线，走得也是名副其实的谨慎和低调。

11

"三战" 电商

从礼品到食品，顺丰"高端"在路上

2012 年 5 月 30 日，顺丰跨界电商的步伐又前进了一大段距离，继"一战"顺丰 E 商圈，"二战"尊礼会之后，此番"三战"又爆料即将推出"顺丰优选"。这次，顺丰将目光聚焦到中高端食品市场。顺丰优选主要销售母婴食品、营养保健品、酒水饮料、冲调茶饮、休闲零食、饼干点心、粮油副食、美食用品和生鲜日配。

与顺丰旗下的其他产业（快递、E 商圈等）一样，顺丰优选也定位为中高端，且仅在食品领域范围内施展拳脚。顺丰方面相关负责人表示，"我们只是寻找了一个新生市场，暂时没有计划

要做多大，除了食品类，目前也没有经营其他品类商品的计划。"

对于配送时效性，顺丰虽然不能打包票一定是配送速度中的"第一"，但既然能将生鲜食品摆放出来，其配送速度一定不慢。况且，顺丰的快递一向是以"快"著称，顺丰优选采用自己的配送体系，自然是享受"顺丰牌照"的配送队伍的服务，因而时速上绝对不会马虎。

据悉，顺丰优选自 2012 年 6 月 1 日正式上线以来，始终致力于高端食品的销售以及服务中高端客户群体。为了打造出一支与顺丰速运一样优秀的配送团队，顺丰优选特别在顺丰集团中挑选出一部分优秀的快递员进入"优选"的体系。这些快递员一经成为优选一员，便会与原来的工作环境彻底分隔开来，虽同属顺丰集团，但却是不同的体系。这样一来，顺丰优选就在产品的基础上与客户不交叉，且对于快递员本身而言，也不会产生任何业务上的冲突。

电商市场上还是有很多企业选用顺丰速运配送产品，不同体系自然也就不会有太多的摩擦。顺丰优选从一"诞生"开始，便为自己谋好了生存之道。不但不与集团采用同一配送体系，就连支付工具的使用上，优选也没有采用顺丰集团的支付系统——顺丰优选的支付系统还在开发进行中。除此之外，顺丰优选没有跟着集团"跨界"零售业的步伐一起走。

在优选上线的时候，顺丰已经在深圳、北京等地建立自营便利店了，且计划尊礼会和 E 商圈都与顺丰便利店实现"一条龙"式服务，即线上选购和支付，线下实体店体验或取货。为了彻底与集团其他产业结构有效拉开距离，顺丰优选甚至都没有在北京地区建立便利店。虽然顺丰优选最开始的战略布局还仅仅局限于北京地区的物流配送，其库房就驻扎在北京顺义空港物流园，但优选的"自力更生"不得不让业界刮目相看。

北京顺义空港物流园始建于 2002 年，是北京地区唯一"航空—公路"国际货运枢纽型物流基地，在这个国内物流企业聚集的最高区域，企业不仅可以设立自己的现代化物流中心，也可以作为企业总部建立平台的首选。除顺丰以外，包括北京近铁、宅急送和国内航空货运代理行业第一家上市公司——中外运在内的70 家国际知名物流企业，以及 TNT、日本邮船、日本住友等 7 家世界 500 强企业均在此区域"集结"。

选择北京顺义空港物流园作为顺丰优选的"库房"，不仅彰显出顺丰优选的精准、高端定位，同时也为其销售的进口食品大开方便之门。在顺丰优选上线之初所销售的 9 大品种 6000 多款商品中，其中的八成为进口食品。

众所周知，像粮油这种副食类商品的毛利率是极低的，相比之下，葡萄酒等商品的毛利率则会更高些，而进口食品的平均毛利率的数值是最有吸引力的。在顺丰优选销售的 80% 的进口食品中，其 40% 的毛利率保障了每天数十万的营业额。按顺丰优选上线之初的经营态势去估算，半年后，6000 多种商品至少会升级到近万种商品，届时，进口食品的基数也将大为可观。按照顺丰的预计，只要每天达到 10000 单，顺丰优选便开始盈利了。

虽然在顺丰看来，优选的推出并不是为了马上盈利，而是将品牌、服务和产品尽可能完善地展现出来，但所有的经商都是以盈利为最初目的的，王卫也不例外。

选择进口食品作为主要销售的产品，不仅仅是因为进口食品的毛利率高于其他品类商品，还因为进口食品的重复购买率相对较高。顺丰是做服务和品牌的，其广大雇主几乎都是中高端市场上的老主顾，可见，顺丰的高端定位由来已久，且力道刚好，张弛有度，自然而然地把握住了中高端消费市场上相对稳定的人群。

而选择做生鲜食品，则更能发挥出顺丰强有力的时效性优势。时任顺丰优选 CEO 刘淼如是说："第一是顺丰拥有品牌优势，对外的印象顺丰应该不会卖假货。第二，我们有物流经验和配送能力，而对于一般的电商企业来说，物流是一个瓶颈或者说是短板。第三，选择做进口食品是因为顺丰的物流业务已经覆盖了美国、日本、韩国、新加坡、港澳台等多个国家和地区，有了自己的海外网络，并聚集了不少中产阶级主流的社会群体。"虽然这个伴随顺丰优选上线仅仅 5 个月就"调走"的 CEO，曾经在岗位调整的新闻点下多次被质疑，但不能不说，他的辞令还是一语中的的，因为以顺丰的实力，实现以上三点似乎并不困难。尽管，顺丰优选目前开展的业务配送范围还仅局限于北京地区，可一旦时机成熟，定会向其他城市推进业务。

据悉，未来的三到五年内，顺丰优选至少将其业务发展至中国的 30 个大中城市，基本上覆盖所有的一线、二线主要城市。目前，顺丰优选开通了北京市五环以内、顺义区和昌平部分区域的配送服务。除预定类商品之外，消费者完成交易后的 24 小时内会收到在顺丰优选购买的商品，顺丰优选现行配送工具全部为汽车配送，这也就造成了较高额的物流成本。加之顺丰优选主推生鲜配送，而生鲜等产品在冷冻链条方面的要求极高，这在另一层面又增加了基础成本。显然，王卫这次为了顺丰优选，可谓是重金打造，投入非常大。

对于顺丰将快递业务无限延伸至电商、零售实体店等方面的大胆尝试，业内多有质疑和担忧之声。对此，中国快递咨询网首席顾问徐勇发表意见称，快递企业多元化向上延伸发展业务是正确的、必须的选择，但如何延伸、延伸至何领域、延伸后如何定位和经营等问题还有待商榷。

国际快递巨头——联邦快递和联合包裹，虽说也将业务向上游延伸了，但毕竟只是增值开展了维修业务，并没有涉足零售业。而顺丰不仅涉足了零售业，还进行了三次进攻电商领域之举，这样多维度的延伸是否有效地起到"增值"快递服务的效果，目前还不得而知，一切都等待时间去检验。徐勇表示，"快递企业的优势在快递，把零售做大了很容易陷入自我竞争的局面。"

自建物流、自建便利店、自建第三方支付系统、自建电商平台……顺丰总是勇于担当"第一个吃螃蟹的人"。当然，王卫在具有足够勇气的同时，也拥有足够的睿智，就像高端定位一样，正是看好了高端小众市场的竞争之势还没有达到猖獗的地步，并且这一部分人群对价格敏感度远远不及对高品质服务的追求，故此，顺丰追寻的路线恰好与之不谋而合，这也就证明，顺丰在保价增值的同时，一样赚得了口碑和利润。

上线不到一年，顺丰优选又将业务范围扩展至天津、杭州、苏州、南京、武汉等地，算上 2013 年 2 月开通的上、广、深三地，顺丰优选已经布局国内 8 个主要城市的常温配送服务了，相信在不久的将来，一定会实现全国范围内的配送服务，当然，也包括生鲜配送。只是，这对配送时效性的要求极高，顺丰会接招儿吗？

挑战高端，不是一件容易的事

顺丰作为中国民营快递的"一哥"，已经对"当日达"、"次日达"、"隔日达"这种时效性上的挑战不再有任何压力，于是，它开始了跨界，而这一跨就是奔着"高端"使劲儿。

建立高端食品网站，出售进口食品和生鲜，对于一般有电商经营经验的零售企业而言已经算是很有难度了，而顺丰这个专职做快递行当的大佬，一出手就瞄准了"生鲜"，有人说，接这个招儿，顺丰玩得有风险。的确，挑战高端，并不是一件容易的事。

对于当惯了"快递一哥"的顺丰而言，那种高高在上的优越感已经不再如初始那般新鲜，于是，它开始涉足电商，只是能否战胜电商市场上的巨头们还是未知数。顺丰优选的出现并非偶然，更不是王卫的别出心裁，在顺丰优选正式上线之前的半年时间里，王卫一直没闲着，网站平台系统的搭建、物流仓储系统的完善、采购系统的开发和建设等一系列基础设施都在这半年的时间内落实完毕。当选择独立运营顺丰优选，而不采取顺丰集团的快递、仓储、支付等平台时，优选就已经选择了高难度的电商之路。

优选上线后的初期营运情况还不错，据顺丰优选的第一任CEO刘淼介绍，顺丰优选的SKU（库存进出量的计量单位）总数近6000，且以中高端食品为主营项目的进口食品占总销量的80%，这就保障了优选一定毛利润的基数。虽然王卫并没有给优选施加任何盈利的目标和期限的压力，但顺丰上下都将产品品质和服务质量摆在了竞争机制的最前端，这也是顺丰各个产业链中自检的最关键性因素。

谈到顺丰第三次跨界电商，外界都认为主要因素就是电商这块诱人的蛋糕的"香甜味道"吸引了顺丰。而顺丰做了多年的物流配送，积累了大量的经验，也占据了做电商最重要环节的有利优势。因此，顺丰优选依然是为了增值"主业"快递而跨界的。只不过，顺丰在两年时间内一下子建立了三个电商平台，真是"不差钱"啊！

顺丰不融资、不上市的观念，早就暴露出"不差钱"的本质了，但就算钱再多，孤注一掷地都砸在跨界电商上，还真是有点奢侈。至少在电商的历史上，还没有哪个企业一下拥有三个电商门户。就连京东也只有"京东网上商城"和"千寻网"；国美也是左右各一个——"国美电器"和"库巴网"；苏宁电器在"收养"了红孩子之后，也未曾做出 1+1>2 的战略打算。电商巨头们，都未曾尝试过一起运营三个电商门户，对于专注于快递运输的顺丰来说，它能养好三个"孩子"吗？

快递涉足电商并非仅有顺丰一例。2012 年 7 月 28 日，申通所建的"爱买网超"开始上线运营，主要经营日用品和零食，但仅仅两个月后就不幸"夭折"的爱买网超，似乎以身试险地真实验证了"在京东、天猫等'老虎'嘴里拔牙"的做法是行不通的。

无独有偶，圆通的新农网进展的也不顺利，在持续地"招商中"，是不是意味着效益不好，在"关门大吉"的边缘摇摇欲坠呢？

另外，EMS 与 Tom 合作打造的"邮乐网"，也因为配送和支付环节的短板而经营得不容乐观，即便单笔达到 100 元以上的交易免运费，可不能使用支付宝做交易这一壁垒，也徒增了一些不必要的麻烦和琐碎。就连顺丰"二战"电商时推出的顺丰尊礼会，其网页上也很难提交订单购买商品。

也许真的存在漏洞，需要填补和完善，也许是跨界真的有风险，总之，顺丰优选之前的"快递版"电商并不"顺风"。而顺丰至今只能算得上是电商之路的"探路者"，谨慎和踏实，还是顺丰在电商之路上最应该秉持的原则。

那么，王卫盯准的中高端食品B2C，其中又有些什么典故呢？

原来，王卫在和刘淼的一次聊天时谈到了香港生活，他说，香港人不用走出家门就可以品尝到进口食品，这样的"优越感"为什么不让内地的百姓也体验到呢？正是这样的几句简短对话，促成了顺丰优选和它主营的进口食品的诞生。

王卫对香港人的习性十分熟识，他本身也是香港人，只是后来为了顺丰能在国内"有口饭吃"，才将香港身份换成了深圳户籍和身份证。

当想法变成现实可操作的项目时，很多绝佳的构思都极有可能被现实磨灭成灰烬。任何一个做B2C的企业都希望做到最好，王卫和他的顺丰集团也不例外。对于一个优秀的B2C电商而言，商品的价格和供应链是其致胜的两大法宝，也是最具价值的两个方面。显然，顺丰在价格上和产品供应环节上都没有占据任何优势，这也许是其一直都无法"很电商"地辉煌一次的根本原因。

顺丰优选80%都是经营进口零食，这种货品属性，决定了其货源是不可能在国内拿到的，更不可能直接从厂商手里订购，唯一的办法，似乎只能是高额采购，而后将成本迫不得已地附加在商品的价格标签上。而这一部分中高端消费人群，虽然对价格差异并不明显在意，但货比三家，如果顺丰优选的价格总是高人一筹，同时也没有其他致胜因子在物品之中的话，若想抗衡早就立足于该市场的电商巨头，那就的确十分吃力了。

毋庸置疑，顺丰在物流配送上是公认的出类拔萃，但快递和电商毕竟是两套完全不相匹配的体系。比如说，顺丰优选定位的中高端食品电商，在食品配送中不可或缺的就是冷链物流，而顺丰集团现有的物流配送体系，是无论如何也满足不了食品运输需求的。此外，顺丰优选又打算"单干"，也就更徒增了配送体系建设的成本和精力。

即便运作起来的确很伤神，顺丰优选也始终致力于中高端食品电商的根本定位，这不仅因为进口食品存在一定的市场需求，也因为顺丰花重金打造出来的第三个电商平台不能堂而皇之地"存在"。

顺丰为了做好优选项目，为了加码"最后一公里"，保证食品运输的时效性，配送运输工具全部使用汽车，每一次的配送都要配备一名专职的司机陪同一位客户经理共同完成。这个运输汽车可不是普通的汽车，车厢里标准配套设施必包括冷藏、冷冻、0°保鲜三种功能才行。

运输到达目的地后，客户经理将食品从车厢内拿出后，第一时间要放进专门设计的保温包中，再步行交至客户手中。流程并没有到此结束，客户经理在客户确认收货之后，还要在公司专门为其配备的高端电子产品 iPad 上，记录下客户的确认信息及产品体验回馈。

归根结底，用户体验仅仅是电商运营中的一个小环节，对于电商本质的零售情况，毛利率、周转率、损耗情况等都是需要考察和解决的问题关键。顺丰不偏不正，恰好挑了一个电商中最难啃的骨头——生鲜，无论是冷链物流配送，还是交通工具时效性上，都是一个极大的挑战。

专注于食品生鲜

每一个成功创业的人，都有自己不为人知的本事。王卫也是如此，他能一手创建顺丰帝国，在产业架构上自然独树一帜。

当顺丰挑选了电商中一个"最难啃的骨头"——生鲜，就意味着新的挑战即将开始了。王卫觉得，一定要把这块"骨头"啃得干净、啃得明白。虽然顺丰做电商最初的三个王牌门户网站——顺丰E商圈、尊礼会、顺丰优选都不被市场看好，且E商圈仅在香港地区投入运营，尊礼会据说经营得也是起色不大，就连顺丰优选在经历了上线一年有余的尝试后，也是徒有其表，没有任何盈利，但顺丰的"大当家"王卫依然未曾放弃对优选的投入，或者说对顺丰旗下所有产业的悉心运营，每一个"顺丰品"，都是这个谨慎之人十分眷顾的。

与"生鲜"并存的另外两个关键词"温控"和"冷链"，同样是顺丰推出优选项目后最引人关注的。

温度控制，是人们日常生活中尤为常见的一种物理现象，它是指把目标温度的控制操作至计划需要的温度，而所操作进行的过程就是"温控"。温度变化的结果称之为"控制结果"，最好的"控制结果"，就是使该结果接近最初设定的理想。这也是生鲜配送环节中，最应该被看重的一个存在因素。

冷链，即易腐蚀食品自产地收购、捕捞之后，经过加工、贮藏、运输、分销、销售，最后直接成功到达消费者手中的这一条龙过程，每一个环节都能确保食品处在所需的低温可控环境下，这可保障食品的质量安全，尽可能减小食品耗损，并有效防止了污染，这一整套的特殊供应链系统就是"冷链"。

食品冷链分为冷冻加工、冷冻贮藏、冷藏运输配送、冷冻销售四方面，所适用的食品范围包括初级农产品，如蔬菜、水果、肉、蛋、禽、水产及花卉等产品；也包括速冻的禽肉水产等包装熟食、冰淇淋、奶制品、快餐原料在内的加工食品；除此之外，药品也是冷链适用范围中最为特殊的一种商品。

顺丰如此认真地经营着温控和冷链，不仅仅为优选做足了功课，更为生鲜电商打好了提前量，这或许就是王卫推出顺丰优选后"不曾告知"世人的终极秘密。

就在王卫的"不曾放弃"努力之下，顺丰优选已然慢慢地步入了正轨。如果说上线之初的一段时间没有做任何宣传，是低调涉水的正常"前奏"的话，那么进入 2014 年之后，逐渐被掀起来的宣传攻势，应该就是步入正轨之后运作的"画外音"了。刘淼的卸任与李东起的接班，这一度引起热议和猜测的顺丰优选"换帅风波"，并没有"击垮"王卫一直以来的低调运营堡垒。

顺丰优选的市场总监杨军曾在一次采访中说："从食品生鲜电商行业来讲，我们刚进入时，专注的企业并不多，大家都觉得是一片蓝海。而到了现今，特别是进入 2013 年后，这一领域已经被大家炒得很热，这其中既有京东、天猫这样的大型电商，也有沃尔玛这样的传统零售大鳄，大家都在发力。"

杨军的一席话，恰到好处地说到了顺丰优选布局以来每个阶段的"命中密码"。做任何项目都要张弛有度，既不能操之过急地妄想"一口吃个胖子",也不能不紧不慢地"干嚼不咽",尊重每一个时间段应该进入的流程,是王卫一直以来谨慎作为的关键点之一。

一个偌大的市场,不能由一家企业去做,这样也是做不起来的,只有大家一起奋力而为,才有更大的竞争价值,最主要的是扩大了市场需求,企业才有一定的份额争取。所以,当多家电商一起向"生鲜食品"使劲儿的时候,也是顺丰开始正式推广运作之际。

顺丰优选做生鲜食品电商,最大的优势就体现在其强大的物流配送环节上,这一点不言而喻。而顺丰全网配送能力的这一强大优势,也促成了顺丰优选的最终诞生,同时,提供优质的产品一直以来是顺丰自命的另一个优势,抑或说,"提供优质产品"是每一个电商经营法则中最关键的一点。

经历了 2012 年的初创业,顺丰优选迎来了 2013 年这一生鲜电商的开元之年。这一年,生鲜食品不再是优选一家企业的"活字招牌"了。3 月份,1 号店推出生鲜类产品;5 月份,天猫"时令最新鲜"模块在预售频道旗下上线,正式预售生鲜产品。这个时候,包括阿里巴巴、顺丰优选、京东商城、沱沱工社、优菜网、本来生活、重庆农产品集团等多家企业在内的国内所有生鲜电商高层成员,齐聚于第十一届北京物流经理人活动大会的"生鲜电商物流专场"红毯之上。巨头们共同探讨生鲜电商的未来发展,解析这一行业专项的机遇与挑战,谁都希望在这个电商最后一个蓝海上顺风顺水地发展下去。

激烈的市场竞争,从占有产品原产地到冷链物流运输,再到"最后一公里",每一个环节都有竞争者不断地推陈出新,为的就是占有足以与对手竞争的市场份额。

2013 年元月伊始，顺丰便开始了荔枝原产地的蹲守工作，从供应商的选择、区域气候条件的参考以及周边环境的摸索，顺丰优选看样子是一定要打一场漂亮的生鲜大战了，这次蹲守摸点考察的目的，正是为了当年 5 月份的"荔枝大战"。

为了打好这场"荔枝大战"，顺丰优选可谓用心良苦，除了北京和深圳之外，同时又在华东、华南地区建立了工作置办点，组织采购团队前往全国各地的荔枝原产地进行"直采"。完成了这一精致步骤之后，"顺丰王牌"空运再将"新鲜到家"的荔枝送到消费者手中。顺丰用其强有力的配送优势，缩短了整个供应链各环节的流程。

产业链物流与末端配送正是顺丰优选的优势所在，以此为基础不断发掘和延伸，顺丰的竞争力也就更显而易见了。

荔枝大战的成功，使得顺丰优选直接将其复制至海外，如中国台湾的凤梨酥和凤梨，就是顺丰集团台湾地区的团队，协助顺丰优选来与当地厂家取得联系并完成整个配送环节的，而过程中所缩短的供应链环节，恰恰为生鲜毛利空间和消费者的让利空间打出了"折扣量"。

除此之外，荔枝、樱桃、大闸蟹等"时令特产经济"，也在顺丰的全国性物流力量协助下完成了初期采摘、捕捞或采购，到中期的加工和配送，再到最后直达消费者手中这个供应链。优选客户在网站上完成订货交易后的 24 小时或 36 小时之内，便可以品尝到新鲜的果蔬和海鲜等生鲜食品，安全、新鲜、优质的产品，是顺丰优选获得客户认可的关键所在。

如果可以顺风前行，顺丰是绝对不会畏惧逆水而上的。2013

年的余音尚未落幕之际，顺丰优选已经将扩张的步伐迈了出来。旗下常温类食品已扩展至全国多个省市，凡是顺丰速运可达的目的地，都成为了顺丰优选的服务区域，自此，顺丰优选完成了全国性食品电商的转型，而其与我买网、本来生活、甫田网、沱沱工社、优菜网、多利农庄、正大天地、易果网、依谷网等国内生鲜领域超强选手真正的角逐，或许才刚刚开始。

如果战争才算刚开始，那么顺丰在生鲜大战中又准备了哪些战略战术呢？对此，顺丰优选的第二任 CEO 李东起表示，电商竞争的本质在于供应链能力的比拼。供应链环节上，顺丰采取"上游"做时令特色经济、海外直采以减少中间环节并缩短供应链；"中游"的关键在于零售，无论是渠道开发还是市场运作，再到客户维护，没有门店负担的优选在这一环节上显然势在必得；而对于电商最重要的"下游"配送环节，顺丰可是国内数一数二的快递物流大佬，其下游的配送优势可见一斑。

不过，顺丰优选并没有因为自身的一些优势而轻视生鲜大军云集的战场。顺丰优选自知其产品种类还有很大的完善空间，品牌知名度也还处在逐渐打开的阶段，消费者对优选的认知度还有待提高，客户基数也需要不断地扩大，供应链体系也得一步步完善，这一系列关键性问题都引起顺丰优选自上而下的重视。

顺丰优选的终极目标，是成为消费者购买全球美食的首选平台，目前的人均消费单价在 200 元以上，每个月保持在 50% 以上的客户增长率，这些都为顺丰优选勾画出前景美好的蓝图。网站上 30% 以上的产品销售都来自于生鲜，而主营的高中端母婴食品、酒水饮料和生鲜产品三大类累计 50% 的占有率，也让优选看到了自己专注于生鲜，专注于高端食品的丰厚回报。

采用"高配"冷链物流，专注于食品生鲜，做大、做深、做精，是顺丰未来发展的战略目标之所在。而顺丰优选，也仅仅是顺丰集团下电商客户之一，言外之意，顺丰接下来还会不断推出"新鲜"的电商项目，策马狂奔！

打响生鲜电商之战

王卫从来不畏惧任何"战争"，不论是快递老本行的各种价格战、跨界战，还是电商领域的各种挑衅、明战、暗战。即便在生鲜产业链中刚刚试水的顺丰优选，这个不愿意依附顺丰集团而独立成长起来的"孩子"，在面对亚马逊、京东、淘宝等电商巨头挑起来的生鲜电商之战时，也能勇敢地接招。

随着顺丰优选的低调运行，电商巨头的"生鲜梦"也开始蠢蠢欲动。顺丰优选上线运行的第二天，专攻于服装、图书音像和3C 产品的亚马逊中国，在美国西雅图推出了其特色服务 Amazon Fresh 的 5 年之后，便与"鲜码头"合作，在中国做起了生鲜生意，首先推出的生鲜项目就是海鲜。

2012 年 7 月 18 日，京东商城宣布开通新频道——"生鲜食品"，该频道主要经营的生鲜食品包括果蔬、海鲜水产、禽蛋肉及加工类肉食等。

当然，最抓人眼球的还要属传媒大亨喻华峰推出的生鲜电商——"本地生活"了。

一个是电商巨头跨界生鲜电商，另一个是传媒界巅峰人物跨界生鲜电商，把两个相关性不是很强的行业融合在一起本就很难，如果再给这个"融合"附加上生鲜的概念，恐怕就是难上加难了。那么，这两个在各自领域叱咤风云的人物，为何都瞄准了电商中最难做的的生鲜产品呢？两个巨头执掌的生鲜电商之间又会进行一番怎样的较量？这场生鲜大战孰胜孰负……有太多的谜题需要答案。

相关人士分析认为，企业的战略布局和定位发展都与其领导人的性格有一定的关系，而顺丰优选和本地生活这两个生鲜新电商，也将传承它们各自领导人的人格魅力。这也是民营企业一个固有的性格特点——老板的意见，往往就是企业的意见。

从顺丰优选和本地生活这两个生鲜电商的诞生之路上分析不难发现，顺丰优选更现实、更谨慎，而本地生活则相对更理想化，甚至有一些冒进。

顺丰优选是王卫的顺丰集团旗下的一个新兴电商平台，顺丰集团在成为"集团"之前，也一直是踏踏实实做快递起家的。那时候的王卫，从最基础的"快递"做起，甚至于携带货物不停往返于两地区之间。王卫不仅肯吃苦，更有一股子倔强的韧劲儿，敢想、敢做，并且在绝对有把握之后才下手"蛮干"。就这样，顺丰在王卫的带领下，谨慎潜行了二十几年，从一开始的 6 名元老，发展成现在二十几万人的人力大军，执掌着每年创收三百多亿的民营快递巨头公司。从王卫二十几年的经营管理中，我们很容易就能总结出，他不仅精明、谨慎，而且务实、低调，如此性格的领导者，其旗下的企业也一定运营得更为稳重、更有劲头。

与王卫性格截然不同的喻华峰，是生鲜电商本来生活的创始人，也是一位传媒界的传奇性人物。喻华峰出生于湖北，毕业于人民大学，1995 年就职于《南方周末》，做了几年采编工作的他凭借前卫的营销理念、大胆的市场开拓勇气及踏实苦干的责任之心，陆陆续续呈现给世人不同的媒介，同样的传媒奇迹。

经喻华峰手出刊的《南方都市报》《新京报》等南方系报，都深得广大民众的喜爱和热读。虽然 2004 年的那一场经济案件给他带来了 4 年的牢狱之灾，但这个感性、理想、大胆、高姿态的传媒人，用实际行动捍卫了他的百折不挠与卧薪尝胆。2012 年 11 月，在喻华峰的牵头下，一大票传媒人干起了生鲜电商，于是，"南方系"报人的理想主义和传媒界浓郁的人文情怀，赋予了本来生活更为理想化的色彩。

企业内在基因是不可逆地根植于企业生命线上的一个关键因子，基因的不同势必带来企业决策的不同，比如王卫和喻华峰二人，都不约而同地看准了生鲜电商。

众所周知，王卫是在一次与刘淼闲聊中才创造出顺丰优选主营进口食品这一构想的，而做中高端食品中的生鲜食品的想法，则来自于 2009 年的端午节。那个时候，顺丰也是突发奇想，准备在给客户配送快递之际顺便推销一下粽子，最初仅仅是一个尝试，但没想到，这个不经意间流出来的想法却出其不意地取得了良好的效果，仅那一年端午节，卖粽子的营收便达 100 多万。有了第一年的经验，2010 年的端午节，顺丰再度发力，这一次的营收是前一年的 5 倍之多。"粽子"给王卫画出了一个大大的、美美的、充满着香甜奶油的蛋糕，而此时的电商巨头京东和淘宝，则纷纷开展了"物流、信息流、资金流"三流合一的闭环控制商业模式布局，这就更现实地刺激了王卫进军电商领域干零售。

顺丰先是谨慎推出"顺丰 E 商圈"项目，毕竟是第一次试水电商，谨慎著称的王卫不敢断然冒进，并不断调整经营项目和营销策略。2010 年 8 月上线运营的顺丰 E 商圈最先做的业务是节日月饼，随后逐渐扩展业务至礼品、地方特产、茶叶及母婴用品等数十种项目，并尝试运营快递便利店的O2O社区服务模式，但运营不足1年后，还是因为业绩不佳而于2011年6月退出大陆，转战香港销售有机蔬菜。当年年底，"顺丰宝"获得第三方支付牌照；次年的3月，主要销售高端礼品的尊礼会上线运营；6月，顺丰优选上线运营。

这个定位为"全球美食优选网购商城"的顺丰优选的诞生，预示着王卫正在下一盘宏大的棋局，而优选也只是这盘棋局中的一颗致胜的棋子。用王卫的思维思考顺丰的电商之路，头三个"小将"出马的任务不是赚钱，而是为更大的筹码"趟水试路"，销售什么产品都不重要，重要的是把名字摆上，把品牌打响。这也就不难理解，为什么顺丰最开始做电商的时候会游离不定，不停转换思维、更换产品和项目了。

"本来生活"在喻华峰的决策下显得更加锋芒毕露，不仅浪漫，且充满了传奇色彩。

2010年的8月，喻华峰在告别铁窗生活两年，又辞去网易要职身份后，在一笔不小数目的"神秘资金"注资下，成立了鸿基源头有限公司。为了表示对喻华峰的充分信任，投资方不仅没有设定回投时限，更充分地放权给喻华峰，无论做哪个行业都由他做主。喻华峰和他的团队经过时达一年多的考察，看好了生鲜食品电商这个领域。

对于外界来说，喻华峰的团队很"神秘"，那么这究竟是一个怎样的团队呢？

这件事说起来颇具戏剧性，喻华峰多年前依托《南方都市报》的发行起家，这个"发行"又多多少少与物流界有些"瓜葛"，所以，在决定做生鲜电商之前，喻华峰已经对物流配送"一知半解"了。

2011年4月，喻华峰注册资金1亿元，创立了微特派快递有限公司；次年成立北京本来工坊科技有限公司，这次注册资金为5000万元。

喻华峰是个敢花钱的人，每一次跨界都是大手笔、高起点，只是，这样的高起点并没有为"本来生活"带来任何优势。经营了一年有余，本来生活可谓忧喜参半，而此时的顺丰优选虽说也没有开始盈利，但SKU基数在增长，客户年增长率在上扬，运营质量也是远胜本来生活一筹。这恐怕与两位领导人的团队建设及用人方针有直接影响。

王卫需要的是那些和他有着一样战略布局思想和思维模式的中坚力量，显然，优选的首任CEO刘淼没有与王卫达成共识。王卫的电商一直是做"铺路"打算的，但刘淼却心心念念想着造就出一个销售"健康安全食品"的网络大平台，这不是王卫的方向，自然也得不到顺丰集团的战略支撑，所以刘淼下、李东起上。

李东起是主管顺丰航空运输的副总裁，他和王卫一样是以物流为使命和宗旨的，所以，在战略上二人可达成一致。王卫以领导人独有的人格魅力，感染和征服着20万名员工，一个能管理，并且能管理好这么庞大一支队伍的领导者，他更看重的是选合适的人在合适的位置，达到最完美的工作效果。

相比之下，喻华峰的管理经验似乎有些"单薄"，不足一千人的人员梯队，以及文化、传媒圈子人特有的浓厚感情色彩，也或多或少蒙蔽了喻华峰在人才选择上的"千里慧眼"。喻华峰最看重的是义气，跟着他一路走下来的多是从最初就跟着他干传媒的"老交情"——清一色的南方系"报人"，这些或发行出身、或记者转行的人组成了本来生活的团队。对于喻华峰来说，也许这些人用着很顺手，但太过单一的团队结构，往往缺少更多的专业性，故此，战略盲点颇多，管理失误的事件也会时有发生。

在极为注重用户体验的电商时代，王卫的优选远远地将本来生活甩出一大段距离，显而易见，在这场没有硝烟的战争中，优选理所当然地获胜了，或者说，它不战而胜。

快递"触电"，各显神通

由"送"转"商"的可不止顺丰一家，近几年，"恋"上电商的快递公司不在少数，包括中国邮政以及"四通一达"在内的多家快递公司，都纷纷跻身于跨界电商之战的行列。只是，在战场之上带兵打仗，拼的不仅仅是"兵力"，还有"装备"和谋略，不同的领导者都有着其独特的用兵之道，而战场之上有胜也就有败，就看各家如何排兵布阵，各显神通了。

2008 年时，中国邮政为易趣网（易趣网为 TOM 集团的全资子公司）提供配送服务，二者对进军 B2C 领域恰好不谋而合，于是，经过一年的摸索和考察，至 2009 年 10 月，由中国邮政和 TOM 集团强强联合打造出来的"邮乐网"开始投入试运行。

邮乐网定位为 B2C 品牌商品销售平台，主要销售品牌服饰、箱包鞋帽、个人护理、居家生活及数码家电等中高端且便于邮寄的商品。邮乐网平台的搭建，将电子商务与传统的零售网络有机结合了起来，并为该网络提供了一整套的线上、线下订购及交易服务。

圆通速递于 2008 年紧随邮政之后，在获得天使投资的情况下，大力推出销售农产品的"新农网"，这是一个致力于支农、富农、兴农、新农，为农村市场提供大量农业资讯的农产品互动平台；2011 年，又自建电子商务平台——全联网，这是一个互动科技的信息平台，用圆通 CEO 俞渭蛟的话说就是：全联网的存在意义就是为企业服务，为客户服务。

2009 年，申通快递投资创办了久久票务网，作为国内领先的一个网上火车票代购专业性平台，久久票务网不仅可以提供车票查询、用户下单、车票代购、送票上门及票到签收等一系列综合型服务，还可以依托申通快递的配送优势，为消费者提供更便捷的增值服务。

2010 年，运营了 16 年的宅急送，在其旗下的代销平台上推出了 E 购宅急送，它主要汲取了日本等国家和地区的快递模式，为现有客户提供一个销售服务平台，而宅急送则主要负责商品的配送及代收货款等服务，所有代收的商品都是由合作厂商负责提供的。

2013 年 1 月 31 日，中通推出以年货、特产、家纺、小家电及数码产品等为主的电商平台"中通优选"，目前仅以中通内部 8 万名员工为服务对象，开展服务项目，且暂时没打算开放其独立域名和外部注册。对此，业内人士认为，中通快递很有可能借助"中通优选"进行线下资源的整合工作。未来，中通优选也是有对外开放平台的可能性的，因为 2009 年 8 月，由富士康重力打造出来的"飞虎乐购"，曾经也是仅仅对富士康内部员工服务，这个定位于打造"3C 家电网络商城"的电商平台，在对内开放一年之后，开始正式对整个中国市场提供 B2C 服务。

相比以上快递公司的触电之举，顺丰的手笔算是比较大的了，从"送吃的"到"卖吃的"，顺丰优选打造出了一个别有洞天的电商平台。而其他快递的电商之路走得似乎都不平稳：申通的久久票务网早在 2011 年就被携程收购了；邮政的邮乐网也不容乐观，持续很长时间的销售数据，都无可奈何地保持在个位数上。虽然顺丰的 E 商圈也因为经营不善退出中国大陆，但至少在香港地区还有其有机食品的项目经营。而即便顺丰优选还没开始盈利，可销售量及销售额的基础还是持续递增的。总之，顺丰的电商之路比其他"快递版"电商做得要出色得多。

从快递"跨界"电商，顺丰最大的优势就是在全国各地都有配送网点和物流基地，但电商市场的竞争过于激烈，各位电商巨头彼此已经虎视眈眈了，而很多快递在面对电商圈地建物流仓储之后，又一窝蜂地涌入电商竞争市场上，瞬间，电商和快递都忙着各自的跨界经营。只是，电商领域对物流供应链的管理要求极高，快递做电商虽具有物流方面得天独厚的优势，但在专业的电商领域、高效的销售能力、完善的供应链管理方面还是经验匮乏的。

作为电商领域的食品电商，是继服装、3C 之后第三个 B2C 黄金项目，顺丰优选与众电商巨头抢食"生鲜"，是不想失去这个刚刚兴起又大有前景的市场。而顺丰方面更是坦言道：服装和家电等领域俨然已经步入红海，食品生鲜虽然对配送环节、冷链运输和严格温控方面要求极高、投资巨大，但依然是一片蓝海，顺丰在配送和运输方面的优势也会给自己"加油"。

12

顺丰优选，逆流而上

走入电商的"岔道"

当服装、3C 等项目在电子商务平台上"红海"一片的时候，生鲜电商携带着"蓝海"充满希望地出现在众人面前。在电商市场激烈竞争的"绝望"企业家们，迅速捕捉到这个可以"活命"的机会，纷纷加大筹码抢食"生鲜"。顺丰自然位列其中。

随着顺丰优选的高调推出，业界陆续发出各种声音，有支持者亦有追随者，最多的还是质疑者。物流做电商，本身就存在跨界风险，而顺丰已经有了"顺丰 E 商圈"和"尊礼会"，就连电商大佬们都担心一起养 3 个"孩子"负担不起，而顺丰却如此"开源又不节流"。就算做生鲜电商利润可观，但王卫也不至于重

金砸生鲜这个"金蛋"吧？万一没有达到预期目的，岂不"赔了夫人又折兵"？

其实，顺丰不担心"生鲜大战"的输赢问题，因为，顺丰做生鲜电商不是玩跨界上了瘾，也不是要给顺丰在电商找一个好项目，更没有贪恋生鲜40%以上的利润空间，就算想要把顺丰电商品牌做出去的这个说辞，也是勉强通关。顺丰做生鲜电商真正的目的，是"借助生鲜电商这个平台，为自己涉足冷链物流做出足够的准备"。这个准备，至少要包括人才储备、配送经验、营销管理、温控熟练程度、合作商家维护、物流仓储能力以及"最后一公里"的增值服务等诸多方面。

与顺丰的"大战略"布局相比较，其他快递公司的"触电"似乎显得很幼稚，尤其除了邮政以外的圆通、申通等多家民营快递公司的电商之路，皆举步维艰。他们选择做电商，可能仅仅是盲目地跟风尝试，并没有将"做电商"当成一种事业，甚至根本谈不上战略构想。这种盲目的跟风、尝试，在电商竞争市场日趋白热化的背景中，是很难存活的。当然，顺丰也曾险些失足，不过凭借掌舵者的谨慎和未雨绸缪，终化险为夷，现在反而更有平步青云之势。

2012年5月31日，顺丰优选刚刚开始上线运行，便信心满满地表示，优选不会借助顺丰集团的丰满羽翼前行，它要打造一套属于自己的"全套设施"，包括人力、物流、仓储、配送等一系列软件和硬件，让顺丰优选成为一个消费者心中最完美的"销售健康安全食品的网络平台"。然而，顺丰优选第一任CEO刘淼的"完美计划"可不是那么容易实现的，最关键的问题就在于，打造一套完全脱离于顺丰集团"庇佑"的物流体系是何等艰难，也许，这就是刘淼离开顺丰优选的根本原因吧。由此可见，构建一套独立的物流体系，且要加上一个"生鲜"作为定语，就更难比登天了。

因此，无论顺丰跨界多少项目，最根本的目的都是为了大物流的建设。

李东起与王卫的战略布局思路一致，当他正式接替刘淼，成为顺丰优选第二任 CEO 之后，便将顺丰优选的配送团队与顺丰速运结合在一起。其实，此时的顺丰也还处在摸索阶段，相较于其他快递公司的电商之举，算是更理性也更客观地去尝试罢了。

经过一段时间的摸索，在顺丰全国范围内的广泛布局的直营网点优势之下，顺丰优选完成了直采的业务增值项，也逐步加大投资，提升了冷链配送的经验和基础配套设施。顺丰方面表示，"直采可以降低成本，缩短供应链，保证产品的品质和安全性。"

虽然，冷链市场已经成为快递市场中增速最快的一个领域，也为电商平台上那些怀揣"蓝海"希望的生鲜电商"保驾护航"，但顺丰想"顺风"地走下去，前方道路还是布满荆棘、充满挑战的。

事实上，顺丰选择生鲜食品电商作为其第三次涉足电商的"选项"，无疑是正确且明智的，但当国际快递巨头们经过多年的发展之后，仍然坚持着老本行而不跨界、不涉足的"坚守"之心，还是让中国快递行业的企业家、分析师们有些担心：中国快递的涉水电商与国际快递的坚持物流，绝不转型的"内外之别"，会不会是某种意义上的暗示呢？对于国人的疑惑，顺丰用实际行动验证了中国快递完全可以与国际快递走不一样的快递之路。

与国外的快递行业相比较，中国的快递跨界成本不高，且中国的电商已经开始对物流展开攻势，快递业若不逆势而为的话，未来也是会因此而丧命的。就像王卫曾经评价顺丰的跨界一样，"顺丰现在做电商是'死'，现在不做电商将来还是'死'。"

其实，王卫这句话只说了一半，如果把剩下的那一半加起来重新描述，应该是这样："在电商圈地建物流仓储的时候，快递若还是只做快递不做电商的话，总一天会因为没有饭吃而饿死；但是快递企业太缺少做电商的资本（人力、物理、财力、管理经验等）了，如果把握不好或者做得不到位的话，那么将来也会因为现在的短板而命归西天。"

在中国电商市场尚且不算成熟的时候，快递涌入进来做电商平台算得上是恰逢其时，虽说有很大的风险，但同时也有很多机会并存。

自从顺丰优选不再坚持自己独立建立物流配送体系，而转道投入顺丰集团的温暖怀抱之后，就凭借顺丰大物流的优势获得了最主要的运输过程中的温控经验，此外，顺丰还加大投资，在上海、广州、深圳等地建立冷藏库，当然，这个冷藏库不只是为顺丰优选而建，它同样也对其他"生鲜电商"提供温控配送服务，这并不是顺丰"慷慨"的直接表现，而是更加迎合了王卫构建冷链物流仓储的"野心"。这样的操作也就意味着顺丰已将"生鲜配送"的买卖做到了顺丰优选其他竞争对手的圈子里。据顺丰相关负责人透露，顺丰已经开始为优选以外的生鲜电商做仓储配送服务了。

顺丰的冷链物流计划，不仅适用于生鲜和时令产品，同样适用于所有与温度、冷藏技术有直接关联的其他需冷链运输的产品，比如药品、保健品类。目前，国家对药品运输的门槛也不再有过高的要求，只要技术和卫生安全方面能够达标，快递企业也是被允许进入药品运输领域的，这样一来，就给顺丰的冷链物流计划增加了做大、做强、做好的动力。

冷链宅配业务俨然成为快速行业市场上的一个新增长点，这个增长点的增长速度超过了100%，只是，与大好前景同时存在的问题，即是冷链配送对人员技术、设备程度等要求极高，需要投入的资金也跟着水涨船高，因此，快递企业要想做冷链物流，还是要做好万全的准备才行，且一旦操作以后，只能不断进步和完善，不能有一丁点的懈怠和马虎，不然肯定前功尽弃。

关于资金，"不差钱"的顺丰一手操办，据顺丰方面表示，顺丰优选的诞生及成长阶段所有的"花销"，只在集团整体中占很小的比例，不仅不会影响顺丰集团各项目的正常运转，且集团还会逐步加大对优选的资金注入，以确保顺丰优选在当前良好的财务状况背景下更健康地"成长"。

优选的出现，是王卫电商计划中的必然之举，而自然而然走入的"岔道"，却是业界人士始料未及的。这就好像，当大家都在争抢着吃电商蛋糕的时候，顺丰却摇身一变，成了刀叉提供商，如此看来，顺丰始终是棋高一着的。

优选"铺路"，顺丰自"元"其说

"多元化"，成为企业发展的一个"坎儿"。大多企业呈现蓬勃的发展之势后，都不满足地进一步扩充，可这并不容易。一方面，所在领域似乎已到极限；一方面，触手往哪里伸？这是难点。

那么，什么是多元化，多元化适用于哪些领域，如何才能将多元化顺利开展起来呢？究其意义，多元化泛指一些相似但却不同的单元在某种程度上组合成的一个单位。往往在一个专业性相对强的环境中，多元化充当着一种新的发展与战略的布局筹码。多元化可以应用在各行各业的发展规划之中，比如科研、教育、社会关系、思维模式……多元化中的每一"元"都可以独立自有地存在，众多"元"汇集在一起，为的就是满足社会进步和人们不断革新的社会需求。而这种进步和需求，多参考社会不同竞争机制下的企业之间竞争现状，并以人的意志为转移。

就像随着人们消费习惯的改变，越来越多的行业将步子迈进了电商领域，寻求线下与线上的完美融合，此时的电商又为了不将全部的希望吊在一棵树上（快递物流），于是也开始寻求自己独活的方式（如圈地建仓），如此，整个电商领域汇集了电商、零售、物流等多行业的竞争，而这些行业之间也将触角伸向了彼此的领域，整个大平台便呈现出一片多元化发展的态势。大环境已经多元化了，环境内的企业也就不得不为自己的下一步发展打开思路了。

在电商涉猎的各领域中，以顺丰的多元化发展最为明显，其旗下最新推出的电商产品"顺丰优选"，作为多元化布局的一枚棋子，从迈出第一步开始就充满争议。不过，争议再多，王卫都不在意，因为他自有分寸。

王卫的用人文化中，最强调的就是以客户为本，以员工为中心，所以，顺丰才会涌现出一大批万元月薪的快递员，这在行业内早已传为佳话。如此，顺丰在成本支出上就面临着费用过高的问题。毕竟，顺丰有20万大军，其人力成本就占了公司总成本的一半以上。而且，顺丰推出优选项目的时候，还要加大冷链配送运输商的基础设施建设，这方面的投资也不是小数目，虽然顺丰表示，对优选的投资仅是集团内的一小部分，且不会影响到其他项目的正常进展和运行，但从中国目前冷链设备的引进及建设上，是可以窥探出其高额的成本不是一般公司可以承担得起的。除了顺丰，目前似乎还没有哪家快递公司或电商巨头涉猎这一领域。

再则，顺丰在运作线上优选的同时，还加大线下便利店的布局，在下游零售市场已经很难逾越自身瓶颈之际，顺丰的介入也为自己增添了一份阻碍的因素。无论是电商还是零售，整体状况即便逐渐进入膨胀期，顺丰对这两个领域的营销和管理上的经验都不算丰富，此种状态下依然加快多元化步伐迈进的速度，的确令人担忧。

中投顾问曾在发布的《2012—2016年快递行业投资分析及前景预测报告》中明确提出，快递企业在增加业务量的同时也在寻求多元化的发展，并且其多元化布局正在逐渐铺开。在预测的1—5年之间，中国快递行业增长的业务量平均达到20%以上，所带来的业务收入增长比例几乎与业务量增长比例持平。但顺丰不仅仅在一个领域加大投入，也不仅仅将固有的老本行扩展出一个"元"，而是多个"元"一起推出一起发展，相比之下，顺丰的多元之路走起来会更加辛苦和曲折。

如此看来，顺丰又开店、又上线，步子是不是迈得过大了？纵观国际的快递市场，快递公司涉足零售业的先例虽有，但国际快递巨头做电商的似乎不多见，而且，国际快递公司做零售市场，也仅限于并购和联盟，像顺丰这样不引进第三方的加盟，仅玩自营模式的还是头一例。

不过，顺丰早在 2007 年于台湾地区布局网点的时候，已经尝试了便利店的运作。虽然大陆方面不得知其运营的状况是否良好，但至少证明，顺丰目前在大陆地区的"快递+便利店"模式不是身先士卒，而是复制台湾方面的经验而已。

即便如此，顺丰这次多元化的触角延伸至便利店和电商领域，还是存在诸多风险因素的，比如库存和运营管理方面。

每一件商品都蕴含自身的销售周期问题，尤其是生鲜、时令产品、肉蛋禽类以及农副产品等食品，所以，库存及冷链仓储运输方面的风险相对较大。另外，多元化跨界的运营管理也存在风险，倘若商品不被消费者"买账"，供需关系不能协调进展，产品的订货与销售环节就会出现分歧，无论是顺丰自身还是经销商，都可能产生不和谐的音符。不同领域的不同行业，都拥有自身独特的一面，无论是经营技术还是管理经验上都是机遇与挑战并存的，顺丰在多元化的进程中，一定会面临服务管理和产品安全等方面的巨大挑战。

只是，前方道路尽管曲折，顺丰的多元之路还是要继续走下去的，顺丰必然会以其物流为中心，向周围不断多元化扩散发展，以此通往成功之路。王卫并没有因为多元化的延伸发展而将自身主业放弃或忽略，相反，一切以快递业务为中心，这也是其多元化进展得相对成功的根本原因。

任何一个企业，在其经营的领域内不可避免地遭遇激烈竞争之时，都必须找出自身的核心竞争优势并加以完善，才能在该领域脱颖而出，立于不败之地。顺丰在快递领域的核心竞争力，无外乎就是高端定位、完善的物流仓储体系、完整的组织架构以及最重要的时效性优势。然而，仅依托核心竞争力也未见得能当常胜将军，当其他领域的竞争者不断向自己"地盘"延伸和扩张的时候，如果你依然稳如泰山，不做有力反击的话，核心竞争优势也会慢慢被同化，甚至于自身逐渐走向衰亡。

比如快递行业，当电商一个一个地开始圈地建仓、自建物流自主配送的时候，快递的市场份额就会大幅缩水，一旦电商的物流体系完善，快递面临的就是"自然灾害"，所以，唯一有效的应对措施就是多元发展。

在多元发展过程中，也一定要分清主业和副业，比如顺丰，其主业一直以来都是快递物流，无论是线上电商网站、第三方支付系统，还是线下开便利店等多元化的延伸，都是为了其主业物流而加码的增值服务。

随着经济的不断提升，社会分工也会越来越细化，物流企业又不可能包揽所有的物流业务，就像一些国内传统的快递公司，只能配送简单的服装、3C 等产品，而对温控要求极其严格的生鲜、时令产品的配送却不能胜任，故而，像顺丰这样构建冷链物流的快递公司才会成为少数，毕竟这其中涉及到资金、运营能力以及更多方面的思考。

所谓"闻道有先后，术业有专攻"，专注一个领域的建设才可能做好、做大、做强，而只做一件事又难免将自己立于竞争优势之外，所以，既要有主业，又要有副业的多元化发展，就成为快递以及其他行业再生存、再发展的唯一出路。

企业与企业之间，本质上是有很大区别的，就像顺丰始终如一定位于中高端小众市场，而其他民营快递公司定位于中低端大众市场一样。一个物流企业的主业与副业的结合，同另一个快递公司的主业与副业的结合，也是要有所差异的。这也就是顺丰的多元化之路为什么可以一边做零售，一边做电商，且主业快递部分又一样跟着发展和延伸的原因；而同样的选择却不适合其他的快递公司，比如"四通一达"中的几家都在布局电商过程中饱受艰辛，最终不得不"术业有专攻"，只做快递以求平稳发展。

　　一个领域中，几乎所有企业都在多元化发展时，其领域内的竞争伙伴们要依据自身的特点来选择适合自己的多元化之路。很多时候，大家一起多元化，却有所"错位"，那么这个领域的竞争机制就显然是良性和健康的。因为无论大家如何将业务延伸至其他领域，最终的目的还是要满足消费者的不同需求。

　　合理的"错位"多元化布局，不仅可以有效避免不必要的恶性竞争，及自相残杀的悲剧发生，更关键的，还在于满足了消费者更多的需求。

　　顺丰优选是顺丰多元化发展的一次新尝试，而有别于优选的其他"快递版"电商产品，也不是没有存在价值的，毕竟多元化发展是快递领域内各企业的生存法则，所以，打造出适合自身发展的多元化项目，走出自己独具特色的多元之路，是顺丰，也是其他物流精英们必须谨慎思考的问题。

优选背后的"生意经"

　　顺丰优选从一诞生开始就备受争议。其实，细数顺丰自2007年买飞机开始，到后来的顺丰E商圈、尊礼会、顺丰宝、便利店，又有哪一个跨界项目不备受争议呢？即便如此，王卫在电商之路上也从未止步。

　　优选是顺丰的一枚战略棋子，既然它仅仅是棋子，就很容易让人想到棋局。那么，在优选的背后，到底是一盘怎样的棋局呢？

随着李东起的接任，顺丰优选的战略方向开始有所扭转。自2013年起，优选开始在业务布局与冷鲜配送服务展开延伸，并在直采环节上加大马力。首先是常温配送业务增设至上海、广州、深圳等8个城市，其次是从北京市区内的冷链配送跨度到天津，再次是通过与出产时令荔枝的销售方洽谈，开始筹备重点品类的"备战工序"。

也许，2012年上线运营的顺丰优选在上线之初，还处于行业边缘的摸索阶段，而此时的顺丰优选，俨然成为食品电商领域中的一枝新秀。从填补中高端食品的"空缺"，到进口食品的销售，再到生鲜、时令产品的"优选"入围，顺丰优选依托顺丰集团大物流的优势借力打力，用物流优秀的基因，逐渐弥补了电商领域经验的不足和营销短板。

"优选"是顺丰的，直采又是"优选"的，所以，直采是顺丰集团的一个战略战术。关于顺丰做荔枝直采，第二任CEO李东起表示，直采是供应链上游最顶端的工序，顺丰优选只有通过直采才能缩短供应链，换言之，才能获得更高的毛利，才有可能在生鲜电商领域谋得利润空间。直采时令荔枝与直采海外凤梨酥完全是两个概念，虽然都冠为"直采"，但时令果蔬这种保鲜期短的食品，对运输和保鲜又有极为严格的要求，对顺丰优选而言，这又是新一轮的挑战。

荔枝产自海南、广西、广东等省份，除这些地方的其他地区，很难品尝到新鲜的、无冰无水的荔枝。在没有任何保鲜措施之下的一枚刚从树上摘下的新鲜荔枝，其保鲜时间仅为两天，所以，中国的荔枝，除原产地之外的老百姓，其他消费者吃到的荔枝，基本上都是用药水浸泡过或采取加冰保鲜的方式运输过来的。这样的荔枝，无论色泽还是口感上都比新鲜荔枝逊色很多。于是，从2013年元月开始，顺丰优选的荔枝采购工作就开始进行了。

当年，顺丰优选的新鲜荔枝的两大看点，是令老百姓对其信赖并选择的动力：一是来自原产地的直采；二是航空直达和二维码溯源。

对于以上两大看点，顺丰优选的工作人员可是付出了巨大的努力才实现的。为了确保荔枝的品质和安全性，顺丰优选的采购员需要驻扎在广东等荔枝原产地，经过现场确认荔枝品质合格后，还要在包装盒上"附赠"二维码，这样一来，消费者可以通过二维码的扫描对荔枝"刨根问底"了，二维码会将荔枝的品种、重量、原产地、采摘时间、装箱时间、发货时间等详细信息呈献给消费者。

如此精细的工序全做下来，必然会为荔枝增色不少，因而，顺丰优选的荔枝与优选的其他生鲜产品不同，这些荔枝更多地被定位为"礼品"。一盒精装荔枝5市斤，售价在150—300元之间，虽然价格比市面上的略有上浮，但其原产地直采、24小时左右送达、全程生鲜配送、无任何水或冰的添加……这些"独一性"确保了荔枝新鲜、品质好、口感佳以及高性价比。

这样的一份时令生鲜水果，不仅价格适中，且品质优良，最主要的是还能送货上门，岂不正是那些异地间朋友之间往来馈赠礼品的首选？毫无疑问，顺丰优选在2013年开年之际，就打响了生鲜战场上的第一枚响炮。

在顺丰优选直采荔枝的同时，还有一个同样的直营品类也在悄然进行中。2013年4月，顺丰优选的"茶礼季"开始上线，在没有广告，站内也没有任何推广的情况下，"茶礼季"似乎进展得也不错。

一直以来茶叶的同质化竞争就很激烈，顺丰优选有意躲开高端市场的竞争，而将茶叶定价为几百元至千元之间的中端市场，包括黑茶、红茶、绿茶、普洱茶等，这些茶叶同样作为顺丰优选原产地直采的产品，在线上、线下的合力下创下千万的销售额。

不过，在李东起看来，创下再多的销售额也比不了整个流程的捋顺，因为一次成功的销售不能代表每次都成功，索性，只要熟悉了成功的步骤，不跑偏就不会很差。基于此，顺丰优选近一个月的"茶礼季"更像是一场实验过程，值得一提的是，这个过程成功地带来了供应商、顺丰速运、顺丰优选三方的共赢，即增加了厂商的销量，增加了快递的业务量和收入，缩短了优选的供应链，也提升了毛利空间。

不论是荔枝，还是"茶礼季"，抑或是接下来的樱桃、海鲜、水蜜桃、粽子、大闸蟹等其他生鲜产品，通过"直采"，均缩短了供应链、拓宽了毛利空间，这种深入供应链上游的营销渠道，让顺丰优选成功地找到了撬动食品电商的支撑点——给出一个支点，顺丰优选可以撬动食品电商的整个蓝海领域！

如果通过顺丰优选在生鲜食品上的布局和低调的大动作，就单一地认为它要做中国生鲜电商的第一品牌，那可就完全掉入王卫的"零售陷阱"里了。生鲜电商仅仅算得上是顺丰进入食品电商的切入点，毕竟在电商大佬们的圈子里，顺丰还是刚刚入行的"毛头小子"，其他做生鲜食品的电商也都有着坚强的后盾。在如此激烈的竞争环境下，顺丰必须通过差异化来弥补自己在零售和电商两方面的缺陷，对于顺丰集团而言，优选不会单纯地做生鲜电商，它更为神秘的身份是"顺丰集团新的业务增长点"。

一直以来，生鲜产品都具有高损耗、高配送成本、高难度扩张的"三高症状"，也因此让诸多领域的企业不敢轻易而为。顺丰的前两枚棋子"顺丰 E 商圈"和"尊礼会"，颇有功败垂成之意，那么"优选"身上就肩负着更多的成功期望值。做生鲜电商、做冷链物流配送，就此成为顺丰优选跻身此领域的秘密武器，但顺丰优选从一而终的定位高端食品电商平台的初衷，却一直没有改变过。

顺丰优选自 2013 年年初开始主推的除了生鲜之外，另外两个高端产品为母婴和酒品。顺丰优选副总裁连志军曾对媒体如此坦言道："生鲜是我们的强势品类，是增加客户黏度的；母婴则能够增加用户群体；但真正对于毛利率产生巨大贡献的，是我们的酒类。"

的确，酒类产品是食品类中毛利最高的产品，可过高的客单价，极具特殊性的储藏和运输，导致酒类产品也是食品类中最难做的一个产品。那么，如何营销酒类产品，便成为了顺丰优选面临的又一个难题。

对此，顺丰优选首先采取了"科普宣教"攻略，即有意识地灌输给消费者一些酒类知识，培养出消费者对酒类产品的认识和欣赏高度，比如介绍酒产品的来源和不同功能等，这样的尝试，让顺丰优选很快将相关酒产品销售一空。

这次成功的尝试，让顺丰优选领悟到，中国人口众多，也是一个美食文化浓厚的国度，很多老百姓喜欢吃，却不知道如何吃，所以，培养消费者的饮食素养是成功销售食品的电商营销基础。

做电商，营销并不是领导人个人的作业，更是整个团队需要具备的能力，顺丰优选已经开始培养团队的营销能力了。

在顺丰集团的鼎力支持之下，顺丰优选在 B2C 领域中悄然而生，成为一颗崭新的明星。虽然顺丰优选做冷链物流具有很多方面的优势，但竞争优势并不等于核心竞争力，一旦优选从顺丰羽翼的庇护下走出来，是否还有更强的优势用以立足生鲜电商市场呢？

往往，威胁与机遇并存，既然顺丰优选仅仅代表顺丰一个"业务增长点"，那么，人们过多的疑虑恐怕也只是自寻烦恼罢了，王卫的真实构想，恐怕不是可被大众轻易窥探到的。

走上"代运营"之路

在顺丰还没有推出下一个"跨界"新产品之前，顺丰优选的每一个动作都牵动着业界内竞争对手的心。外界是支持还是质疑，王卫和他的顺丰伙伴从不关注，依然在多元化的发展上努力实现着顺丰的价值。

顺丰优选上线已经步入第三个年头了，前半年在刘淼的思想引导下，潜心研究如何将自己打造成中高端食品销售平台；第二年，在李东起的带领下加强冷链物流建设，并推出进口食品、生鲜配送、时令配送等主题项目；当 2014 年的新年钟声敲响不久之后，这个顺丰集团旗下目前最引人注目的"优选"项目，又将给消费者带来怎样的新感受呢？

顺丰方面表示，2014 年，顺丰优选会推出开放平台，届时，农副产品等供应商都可以"走进"顺丰优选的开放平台。只是，与传统意义上的开放平台不同的是，顺丰优选推出的开放平台旨在通过代运营的方式，为商家主体，也就是农户提供增值服务。

从这只言片语中不难看出，顺丰优选在 2014 年的几大关键词，无外乎就是"开放平台"、"农副产品"、"代运营"。顺丰优选 2014 年的重点工作，就是围绕着这几个关键词不断加大国内外的直采力度，通过持续缩短供应链，来拓宽直采带来的毛利空间。当然，全过程都离不开不断拓展的冷链物流建设。顺丰接下来，将会向国内三四线的城市不断推进冷链物流。对于三四线城市而言，由于大型超市数量极为有限，反而对生鲜等产品的质量安全品质性有着更高的要求。对顺丰优选而言，市场的需求就是优选发展的方向和目的。

所谓的开放性平台，就是指将网站所能提供出来的服务捆绑在一起，通过计算机可识别的数据接口，传输至第三方开发者手中再利用的行为过程。这就好比学校食堂的一排排档口，各档口内的厨师将可口的菜、饭搭配成各种不同口味的营养套餐，通过食堂窗口传递给购买餐点的学生，对于厨师而言，能提供的服务就是将生的菜和饭做成熟的，且口味极佳；而对于到食堂进餐的学生而言，最需要的就是吃好吃饱。食堂的档口恰巧为厨师和学生提供了这样一个可以进行"交换"的平台，接下来的运作中，顺丰优选的价值也将倾向于这种平台。

在互联网领域，这种开放性平台的出现具有深刻的意义。

第一，以百度、腾讯、阿里巴巴等为主要代表的技术性平台的开放，可以提供更标准化的手机、电脑等电子产品的应用软件，但由于数以百万计的卖家数量，对软件的需求量并不是单纯的几个公司所能满足的，所以，更多的机会出现在众多第三方开发者眼前。

第二，淘宝、亚马逊、京东等电商网站推出的开放性平台。这类平台是在软件系统通过公开应用程序编程接口，给外来程序操作者提供使用的"空间钥匙"，且无需修改系统源代码。针对这种 B2C 企业的开放平台还包含两种形式，第一种是淘宝商城这种提供纯平台，自身不接触任何商品的进销存业务，所有工序均由平台内进驻的商家自行解决。第二种是像亚马逊、当当网、京东商城这样不仅自营，且还联营的联合运作模式。顺丰优选要打造的开放平台，就是第一种"纯平台"，外带提供一些增值服务，比如物流配送、仓储运输、生鲜冷链等顺丰优势项目。

开放了平台之后，顺丰优选还将为商户提供代运营服务。所谓的代运营，就是指帮助那些希望在电商领域有所涉猎的传统行业，在互联网上进行产品销售。因此，可以提供这种代运营服务的公司，就一定要具备网络营销、产品、客服、供应链等全方位的知识，以及对操作模式有良好的掌握。

提供代运营服务的公司，可以在传统行业电商销售额中进行利润分成，或收取一定的代运营服务费用。代运营的形式多种多样，如建站、平台上开网店、前期推广、后期维护、相关数据分析、物流配送、仓储服务、客服咨询等多领域、广范围。

当然，做好代运营的工作也不是那么简单轻松的，需要操作公司具备前瞻性的思维模式、拥有专业操作的人才，要对行业细分和市场洞悉有足够的独到见解，对行业有专注研究，以便"术业有专攻"。另外一点，也是最关键的成功要素，即是具备专业性极强的供应链优势。在这一方面，顺丰似乎比其他代运营公司更胜一筹。

"代运营"作为电商领域的"另类"，不砸钱推广也能赚回10%以上的净利润。目前，中国的代运营公司年销售额数亿元，却仍然以300%的速度剧增中。这是一个充满激烈竞争的领域，数千家代运营公司瓜分百亿的市场，且这个数字还在以惊人的速度增长着。对于这一领域而言，目前还处于初期的发展阶段，或许顺丰优选的介入，又会掀起新一轮代运营黄金期的开始。

目前代运营市场份额中，九成以上的客户来自于传统品牌行业，试水电商的企业不足一成，这就为电商领域提供了一条无限宽广的道路。传统行业知名品牌做电商是一条必经之路，未来的数年中，代运营都是一个持续发展的行业。

不能不说，顺丰的战略布局又进一步告捷了。而顺丰优选特别强调要对农副产品提供代运营服务，莫非又是某种新趋势所向？

2013年年末，有媒体报道了关于中国农副产品电商的经营状况，30000余家的涉农电商平台多处于亏损或不赚钱的状态下，而这并不能说明农副产品的电商之路"无路可走"，只能说明他们的很多思路和措施不符合行业的需求。摆在眼前的一个最现实的问题就是，做农产品电商的企业，不可避免地要面对冷链物流。这就要求他们不仅要建仓，还必须拥有带冷藏、冷冻等功能的运输车辆及冷藏周转和恒温设备。否则，再好的农产品也经不起没有控制的温度的大肆侵袭。

对于传统做农产品的电商来说，一时之间搞这么大排场的基础设施建设，准备工作着实不易，但对于顺丰优选这样已经较为成熟地构建了冷链物流仓储配送机制的"电商"分子而言，问题似乎就迎刃而解了。

农副产品是中国十几亿人口日常生活的必需品，以互联网日渐成为人们购物首选的平台趋势来看，农副产品、生鲜食品，都将是电商领域的一大蓝海领地。顺丰的 2014 年计划，无论是冷链物流建设，还是农副产品的主营倾向，抑或是代运营的大手笔，都将顺丰战略暴露得一览无余，但一个众所周知的现实是，当人们都已将顺丰的野心看的清楚明白时，也许这一切都已经成为过去式了，对于王卫真正的大战略，行业内外也仅限于猜测而已。

13

数十万员工的管理之道

练好内功，先要平衡"五行"

马云的大名街知巷闻，而王卫之名却鲜有人知，可他却是马云最佩服的人。无论对顺丰的战略布局，还是对其多年以来坚持不懈地跨界试水，马云都曾毫不含糊地说，抛出30亿，也没有人能砸出个顺丰来！此话的真正含义，旨在表明其对王卫管理之道的钦佩。

王卫一直低调，但又不可避免地每一次都被冲到风口浪尖之处。

王卫17岁时就离开校园，做过搬运工也做过清洁工；23岁时，通过父亲"借"给他的10万元钱开始筹备顺丰速运，从最开始的 6 名员工，到今天 20 多万名员工，王卫用踏实、勤奋的工作积极性，带动了"满城尽是顺丰人"的繁荣之象。的确，王卫靠这种人海战术很快带领顺丰跻身中国民营快递行业之中，并一跃成为"快递一哥"。

当有人虚心请教王卫，何以管理好这么一支人数巨大的快递公司时，王卫谦逊地表示，顺丰一直都踏实地做好主业——快递工作，只是自己"运气好"，一路走来虽有磕磕绊绊，但还较为顺利，这离不开顺丰夯实的基础。在王卫看来，一个强大的企业必定有着一样强大的内功，而顺丰，在练好内功之前，先要平衡"五行"。

顺丰的"五行"，即经营五元素：质量、品牌、市场占有率、利润、抗风险。王卫说过："顺丰经营五元素犹如金木水火土，属于相生相克的关系，必须保持平衡，在某一环节上投入过多就会打破平衡。"

在顺丰，"五行"之下还有更为细致的由各部门自行制定与执行的行动方案。表层意义，可能展现给我们的是各部门各尽其责，而深层意义，从分析可得，王卫是将所有顺丰的"任务"化整为零，分摊到每个部门的每名顺丰员工人头上，最终成就出 21 万名员工带来的近 300 亿元的年销售额，而且，这个数字仅仅为快递业务创造出的营业额，同时还在以不可估量的速度逐年递增中。

如此庞大的销售数据的背后，有着深厚的顺丰文化保驾护航。那么。顺丰的"五行"，到底需要多么深厚的内功，才能令其达到登峰造极的境界呢？

服务质量，一直以来是快递行业发展的一大短板，尤其民营快递一度打出的价格战牌，更是将原本就很草率的服务质量降低至低谷。当顺丰北京同城快件起价10元钱的时候，其他快递公司为抢夺市场份额，一度将价格压得不能再低，尤其电商又横空飞出来个"竞标"，让深处价格战水深火热中的各个民营快递公司互相厮杀，从起价5元到3元，甚至还有DDS打出2.8元同城快递的"跳楼价"。当温饱问题都很难解决，尤其快递员面临着大量货单的派送，自然就无从谈起优质服务了。

然而，这个时候的顺丰却突然大手笔地买起了飞机，玩空运。这种"买飞机专门用来送快件"的举动，让业界不得不对王卫另眼相看，几乎没有人对这种砸钱买卖持肯定态度。不过，王卫却将空运做了起来，且越做越好。顺丰在国内快递还在紧锣密鼓地打"价格战"的时候，已经开始谋划"时速第一"的竞争之策。

顺丰从未在价格战中出现过身影，不是王卫不屑于价格竞争，而是他始终坚持着顺丰"中高端"定位。顺丰的速度是最快的，当然，与速度相配的是高价格，但人们总是很容易理解"物有所值"、"一分钱一分货"，当快递说出"差不多可以到"和"一定能到"这两种不同的回答时，消费者往往更倾向于选择后者。

顺丰不会因为走价格战竞争而降低客单价，同样，民营快递中较高的客单价也为顺丰的快递员带来了丰厚的利益。员工只有在满足自身所得的时候，才能将全部的热忱奉献给自己的岗位，顺丰为每一位快递员提供了这样一个可以诠释自我的平台，所以，顺丰快递员也将最优质的服务送抵每一位顺丰客户，如此长久的良性循环，造就了顺丰优质的服务口碑。

　　消费者对顺丰有了良好的口碑，自然也就彰显出顺丰积极进步的品牌理念了。这个最开始仅提供顺丰与香港之间即日速递业务的"携人"公司，随着业务不断延伸至国内甚至国际，也逐步位居中国民营快递公司的巨头之列。

　　一个企业的品牌铸就，并不是一天两天的努力就可达成，在王卫的带领下，顺丰有序、积极地做好快递主业，并不断在陆、空两条线路上奔波忙碌着，同时，专注于人才梯队的建设，一直被王卫摆在企业长期发展规划中的首要位置上。

　　作为服务行业，最主要的就是为消费者提供更好的服务，而一个公司的品牌口碑更多折射在"最后一公里"上。因此，积极探索客户需求，为客户提供安全、时效的流通渠道；与时俱进，不断推出新的服务项目以满足消费者革新的消费习惯与购物理念；帮助客户做出市场变化不同时期的应对措施，以及对消费者和客户方面持续创新的服务，是顺丰品牌建设中不可或缺的生存法则。

　　提升服务质量、树立企业在公众心中良好的品牌形象的直接目的，即是为了提升市场占有率。对此，顺丰选择走差异化营销策略之路，以巩固自身市场占有率。

　　有过快递经历的人大多清楚，顺丰的产品定位为中高端文件、票据式小件运输，虽然随着市场不断变化，也增加了其他诸如"四日件"等大众消费业务，但其中高端市场定位从未改变。这是顺丰的一大优势，也是多年以来，其"巨头"之位都不曾被撼动的直接原因。

　　当其他民营快递企业共同抢食以淘宝等电商为主的中低端市场份额时，顺丰没有被眼前的利益吸引，始终如一，此时，差异化竞争明显地呈现在行业市场上。

中国的经济在进步，国民的消费水平在提高，顺丰通过提供差异化的产品竞争和增值服务来维护固有市场份额的同时，也赢得了新市场的青睐，而这也要求顺丰的业务要不断地推陈出新，以满足消费者的不同需求。

比如顺丰优选在生鲜电商领域的"大展拳脚"，足以证明其独具睿智、清晰的洞察之心。此外，顺丰优化配送体系网络建设来扩大消费市场的方法，也做得十分到位。21年过去了，顺丰不断在摸索中前行，在充分维护固有市场份额的同时又在不断延伸业务范围。"跨界"虽忧，却让顺丰更加锋芒毕露；"差异"虽辛，却加大了市场份额——顺丰，是一家从来不做"赔本生意"的企业。

不亏本，就有利润可言。只是，当电商纷纷开始圈地建仓自建物流的时候，顺丰虽然也历经"三触电"，但目前为止似乎并没有通过任何的"跨界"之举实现盈利，电商还要继续铺路的，快递的市场份额却开始出现缩水迹象。面对着一批批"电商版"快递的涌现，顺丰开始上演"利润保卫战"。这场战役，最直接的手段就体现在"降价"上。

顺丰的"降价"也很有技术性，其专门针对电商快递推出了新项目——"航空标准版电商速配"、"顺丰小盒"、"商盟惠"等服务。其中，"电商速配"是为中高端电商市场量身定做的高时效性配送服务。对此，快递行业分析师徐勇表示，顺丰"搅局"电商物流的直接目的就是保证利润。在利润可控的环境下，顺丰才能加大布局，完善战略，实现进一步的飞速发展、扩张、再盈利。

顺丰的员工如果将前"四行"都做得很出色的话，那么"第五行"——抗风险能力就非常强了，至少在有效的市场竞争环境下是游刃有余的。虽然，五个元素中的每一个元素做起来都有难度，但把握好每一环节的关键性要领，并通过化整为零的有效分解，难的就会变简单，简单的就会做得好。

管理员工，与管理企业一样重要，王卫做出了品牌，也升华了自己在员工心中的人格魅力。

心法四诀，避免"走火入魔"

一个领导者的人格魅力，会一步步导向企业的发展方向，也会影响企业的每一个员工。只是，在真正实现影响之前，未必所有员工都买账。王卫很有人格魅力，可他在员工心中的伟岸形象绝非一蹴而就，除了修炼"内功五行"，他还对"外功管理"颇下了一番功夫。

王卫说，顺丰的管理体系其实就是企业管理的"外功"，但修炼外功也不是一件容易的事情，尤其作为企业的最高管理者，一定要时刻保持冷静的大脑、缜密的思维，在对待员工的问题上，更要拿捏准确，把握精良。

那么，王卫的"外功"是如何修炼的呢？王卫说："练外功的同时还得有心法，要不然就会走火入魔。"其心法有四诀：即有爱心，与员工有同理心；有舍心，与员工慷慨分享；有狠心，出于爱与舍对员工严格要求；有恒心，长期坚持这样做下去。

所谓的同理心，就是指企业领导者要站在员工的角度和所处位置上，客观地理解员工内心真正的感受，并把自己的这种相对客观的理解，通过沟通、交流等方式传达给员工。同理心，其实就是我们生活中时常说的"将心比心"、"换位思考"等概念，目的就是让两个完全不同的个体互相理解、互相体谅，达到领导者对员工的关怀和情感上的融洽。

王卫本身就是一个不怕苦、不怕累的领导者，自己白手起家，脏活、累活都干过，所以，他是有"基层员工"基因的领导者。为了设身处地地站在快递员立场思考和抉择，他会不定期将自己"流放"到一线快递配送服务中去。也许有人会问，员工见到老板跟自己平起平坐，还能做好自己的本职工作吗？这一点大可放心，王卫一向低调的作风，决定了别说是顺丰快递员，就是那些独具慧眼、长年累月穿梭在大街小巷的厉害角色，在与王卫面对面时都辨认不出其真实身份。

更何况，顺丰一线员工的眼里只有包裹，在顺丰文化的熏染下，每一个快递员都深深地明白——做好自己的本职快递配送工作才是最重要的。故此，王卫可以"自由"地混在一线快递员中间，他不是想"窃听"员工对老板有哪些不满，也不是"监视"员工是否认真做好本职工作，只是时刻提醒着自己——我是一名快递公司的老板，我和我的企业一起为消费者服务，我的员工是为我造福之人，我要多站在员工的立场为他们谋福。只有老板爱员工，才能为员工带来所期望的所得，同样，只有员工爱工作、爱企业，才能更努力地为企业创造价值，而当企业获得价值了，才能稳步前行，才能为社会、为员工带来更多的实惠……这是一个"良性圆"，王卫就是这个圆的圆点。

企业对员工创造出的价值最大的"回赠"，应该算是福利待遇了，王卫对此是出了名的慷慨。要知道，当几乎所有快递公司的快递员工资仅为 1000 多元的时候，顺丰的快递员工资就已经过万了，且拿这样月薪的快递员在顺丰不在少数。2011 年，王卫第一次面对记者时，曾证实过顺丰快递员月薪过万的事实。

那时，顺丰每天的业务量多达 200 多万单，而顺丰的绝大部分客户都是商户，这部分高端市场份额，自然提升了顺丰快递的客单价。虽然，顺丰也接一些来自于电商的网购货单，但这样的业务每天也就几千单，即便客单价小也不影响顺丰总体货单的收入。此外，顺丰实行员工绩效工资，即多劳多得，对那些"能干"的快递员而言，月薪过万绝非"天方夜谭"。

王卫的确是慷慨的，他的慷慨不仅体现在对员工的关怀和同理心上，其在与员工切身利益息息相关的薪酬福利待遇方面，也是很有"舍"心的。所谓舍得舍得，有舍才有得。王卫深知舍与得的这种关系，所以，他必然会将顺丰的财富与员工们共享，而不是揣进自己的腰包，这样的慷慨，自然留得下员工的赤诚之心。

如果把顺丰比喻成一个大家庭，掌舵者王卫不仅扮演着慈母的角色，同样也扮演着严父一角儿。王卫本就是严谨做人、认真做事的领导，旗下的顺丰公司自然也不能马虎行事。王卫爱顺丰，更爱顺丰最可爱的快递员，正如一个园丁热爱小树一样，只有不断地修剪歪枝，最后才可能成为栋梁。

对于快递行业的"潜规则"——倒卖客户信息、监守自盗等恶劣事件，在顺丰是绝对不允许出现的，一旦发生诸如此类事件，快递员唯一的出路就是被"开除"。

其实，中国的快递人员从业市场门槛很低，似乎只要有吃苦耐劳的精神，就可以成为一名快递配送员。门槛低，决定了大部分快递员的素质不高，如果再遇到松散的管理，那么快递公司的信用度就会出现极大的危机。在利益的诱导下，很多快递公司都被蒙蔽了心和眼，放任快递员的恶劣行径，也导致了快递员们不被社会所接受和尊重，导致恶性循环的出现。

有分析家表示，快递员这个"身份"，市场需求大，所以竞争就不够充分，自然无法快速提升快递从业者的工作积极性；同时，快递市场本身存在不规范竞争的现象，比如价格战上，各个快递公司为了抢占市场份额会不断压价，如果快递公司都赚不到什么钱的话，下面的快递员能解决温饱吗？不赚钱的工作，又怎么能好好地做下去呢？

再者，消费者的消费习惯也是慢慢提升和改变的，虽然现代人消费时对服务品质的要求越来越高，但并不排除一些消费者对价格的过度敏感。快递公司如果一味地追求低价，相应的服务质量也就很难跟得上，就会出现快递服务质量越来越差，客户天天投诉的情况。可对某些消费者来说，毕竟价格低廉得实在无比诱惑，就算有不满意的服务，可还有很满意价格相映衬着，所以投诉归投诉，继续使用还是继续使用。

这样的畸形业态，直到国家邮政总局在 2011 年的 3 月份开始对不良快递进行严格整顿时才有好转，包括"四通一达"在内的多家快递公司的一些分公司都被取缔了。

当民营快递公司都诚惶诚恐、不知所措之时，顺丰却在王卫的严格管控制下，健康、良性地发展着。也许栋梁还不够参天，但优秀的基因从根本之处就傲然群雄，这也就是顺丰的民营快递大佬之位至今为止都无法被动摇的原因吧。

王卫是个懂得坚持的人，这一点，从经历了顺丰 E 商圈、尊礼会等电商产品跨界障碍之后，他依然不曾放弃做电商，继续推出顺丰优选上便可知晓。在王卫的感召之下，顺丰的快递员们也自知，选择做一件事，无论遇到什么样的困境和障碍都要勇于挑战，坚持做下去。故此，顺丰自上而下都不惧任何困难的出现。可见，领导人王卫的"四大心法"，在一件件平常之事中，已透过经商之道渗透出来。同时，也让所有有过经商或没有经商经历的人，对人生有了新的领悟。

给他尊重

企业经营，各有法门。王卫在员工招聘环节上，一向采取以人为本的用人原则，他坚信，每个岗位都是为某一类特定的人准备的，他们必然会对这个岗位充满热情、具备驾驭能力，同时又愿意在这个位置上奋斗。

无论是基层的快递员，还是中高层的管理人员，王卫都给予其足够的尊重。在顺丰，一线快递员也成为了"最可爱的人"。

王卫对员工的足够尊重，最直接就体现在给快递员高额的待遇上。用王卫的话说就是："人性都是趋利避害的，弄清这点，即便是40万人，也没什么难管的。"

"趋利避害"，不仅是人性所向，更是所有生物与生俱来的本能。众所周知，生物的本能包括"求生"、"畏死"两大方面，"趋利"让生物学会更顽强的生存能力，"避害"又使得个体生命得以延续，从而保证了物种的延续。这些概念放在顺丰公司的管理之道上，就显得尤为真实和有效。

比如，在面对快递内幕——监守自盗这样的事件上，快递公司不禁要反问自己，为什么我们的员工要监守自盗？答案可能只有一个，那就是不满足！不满足现在的工资待遇，不满足企业对快递员的各种条条框框，不满足客户和消费者对自己的不尊不重……

那么，这么强烈的"不满"到底该由谁来买单呢？是消费者，是客户，还是快递员自己？毋庸置疑，最该对这样恶劣事件承担责任的就是快递公司。

员工是快递公司的，客户是快递公司的，就连消费者也是快递公司财务收入最大的贡献者，然而，当企业并没有认识到问题关键所在时，就不会采取强有力的措施挽救残败之局，更不会考虑人性的趋利避害了。对此，王卫这样表示：给员工足够的尊重和满意的薪酬，在监守自盗与完美工作之间权衡的话，谁又会去为了一款 2000 元的手机而放弃这么好的一份工作呢？

大自然中"优胜劣汰"的法则，同样适用于激烈的市场竞争中，如果连最起码的竞争都不存在的话，就很难区分出优劣了，对于企业的员工也一样。

从某种意义上说，包括人类在内的任何生物都惧怕死亡，维持生命持续存在是最大的驱动力，也是生物个体最坚实的需求。因此，对于顺丰的每一名快递员来说，他们都希望通过自己出色的工作业绩，来稳固自身的工作岗位；通过为公司和客户创造更高的价值回报，来获取自己应得的报酬。

对于企业而言，首先要认清利害的根本，其次再将这种根本的认识传递给员工。人们对利害的认识属于价值观的范畴，而价值观及其体系又是决定人行为的心理基础，因此，让员工了解利害关系且认识到"趋利避害"对自己的重要性，不仅是员工自身价值的升级，更会让企业由此创造出良好的价值体系。

快递公司的快递员，是流动性最大的一个群体，再加之进入的门槛低，人员素质参差不齐，从而提供的服务质量也就无法保证了，因此，只有培养了他们自身的价值观认识，才能更好地管理和衡量其服务质量。

归根结底，快递公司要给快递员足够的满足，精神上的抑或是经济上的，员工就会踏实为企业效力。不过，若真有那么一些人，无论怎样设法满足，都会为了 2000 元的手机而监守自盗，相信王卫绝不会心慈手软，在对待员工上，他懂得拿捏最精准的尺度。

在顺丰的 21 万员工当中，除了部分团队由绝大多数门槛不高的基层快递员组成之外，还有部分通过公开竞聘的中高层管理人员。作为企业最高领导者，王卫也一样尊重中高层管理者的人生观、价值观。他不会因为某一岗位暂时缺人而不假思索地随意招聘一个并不胜任此岗的管理者，不论这个管理人员在其他领域多么优秀，只要不适合、不能履行所招聘的岗位职责，就不会被录用。王卫更不会因为特别地"中意"某个稀缺人才，而强行将其留下作为储备性人才。

王卫在对员工的职业规划中曾有这样的定义：企业真正要做的，是将有能力并且有意愿做某件事情的人，放到他愿意去做这件事的位置上去。所以，顺丰的中层管理和高层领导者，包括副总裁及区总级别的职位，全部都是通过公开竞聘而招募人才的。首先是需要经过一些工作性质和业绩上的了解，其次在对其过去管理经验的评价和指标筛选，再次要听一听所招聘的人才对自己的职业规划以及能够为公司带来什么样的实际性业绩等，最终再根据企业对人才的综合评价，将其放在他可以胜任又绝对热忱的岗位上，为企业创造更多的价值。

很多概念和道理，往往说起来容易做起来难，这也就是中国那么多民营快递公司，缘何只有顺丰做得最强、最大、最长远的本质性因素了，即领导者自身的能力足够强大，对外经商有道，对内管理有方。

将合适的人才放在合适的岗位上，"因岗选人"或者说"量才用人"，对那些负责人才招聘的管理者来说可并不容易。一旦人力资源的领导或者企业高层领导者其主观性认知偏强，那么就极有可能导致用人的偏差，造成将"不合适的人放在了不合适的岗位上"。比如，人才的综合素质高于就职岗位的要求，就会造成人才的浪费，也会导致人才不安的工作状态；再则，如果所招聘的人才综合素质满足不了岗位的要求，就会使得该岗位的工作难以开展，为企业带来不利的影响，倘若又不能轻易放弃这样的人员，则会造成培训成本的增加；此外，如果将综合素质优秀的人才放在了不适合他能力"发酵"的岗位上，同样会造成各种人力上和财力上的浪费，得不偿失。

由此可见，企业将"合适的人放在合适的位置上"的构想虽好，但实施难度较大，且要承担一定的风险性。那为什么王卫在人才选择上总是很精准、很合适呢？究其原因，大概是王卫不仅从熟悉的角度，更从理解的层面上，对准逐个因素细致入手。熟悉是初级的，了解是深层的，只有在熟悉的基础上了解透彻，并从根本上理解，才是最有效的"择才所用"之道。

在顺丰，每一位中高层管理人员都能找到自己的价值所在，而只有在价值存在感仍然旺盛的季节里，才能开出炫美的花朵，结出丰硕的成果。尊重和理解，是并存于每个人价值观体系中不同却一样重要的两个关键因素，没有谁不希望被理解和被尊重，王卫尊重了员工，最终才会得到员工"回赠"的尊重和各种努力的付出，才会有顺丰的今天和明天。

给他人尊重，就是给自己尊重。企业从不是一两个人就可令其乘风破浪的，要做大，要做强，总是要付出点"代价"的。

条款是用来打破的

"吃得苦中苦，方为人上人"。每个人的成功都是一部充满酸甜苦辣的自传，有人去品读，证明你已经获取了别人远远不及的成功。王卫，就是这样一个让人能从他的苦尽甘来中，品出成功味道的与众不同者。

王卫从一个"送快递"的毛头小子，蜕变成能创办起快递公司的领导者，他经历了从员工到老板的完美过渡，他深知作为一名快递员的辛苦。于是，他在中国快递行业率先推出"薪酬计件式"，采取这样的延伸性工资发放体制，不仅降低了快递员流失率，而且还保障了那些工作更卖力的快递员的福利待遇。

在顺丰，甚至都没有人愿意做仓库管理员、组长，连部门经理的职务都是很多普通的快递员看不上眼的。究其原因，不是顺丰人有多高傲，也不是顺丰不给员工晋升机会，而是作为顺丰的快递员，不仅工资理想，且更受企业的尊重和关怀。

在王卫"以人为本"的管理理念下，在"每一个快递员都是自己的老板"口号下，在"快递员是最可爱的人"的美誉下，顺丰赋予快递员的荣耀光环，早就超越了一般快递公司的员工。尽管快递员每天要在风吹日晒中不停奔波于城市各个大街小巷的居民区和写字楼之间，尽管要饱受着客户们的不理解和不被尊重，但作为顺丰的快递员，在受到企业尊重的同时，更能得到丰厚的收入。也许，这种物质上的奖赏，会在某种程度上降低快递员本身为社会所给予的"冷眼"吧。

据悉，顺丰快递员的基本工资不足 2000 元，公司会依据快递员每天派送货单的数量进行计件工资的发放，虽然具体的计提比例就如同顺丰老板王卫一样神秘而不得知，但从大致的配送数量和过万的耀眼工资来分析，其他快递公司的快递员派送 100 单的货件所得收入，几乎与顺丰快递员投递 60 单所获得的收入持平，直白点说，顺丰快递员实际得到的工资，至少是其他公司快递员工资的 1.5 倍以上。

顺丰从未做过任何推广，也不在各种媒介上做广告宣传，甚至都没有营销环节，就算是市场部的成立时间，与顺丰 21 年的发展历程相比也是如树叶落入大海般不值一提。不过，顺丰得到的所有荣耀都是其他快递公司望尘莫及的。在顺丰的理念中，口碑营销才是他们更注重的。而公司赋予快递员的"主人翁"精神和丰厚的计件薪酬，足以让快递员学会自我提升、自我约束、自我迸发，毕竟多劳多得，是人人都可欣然接受的"按劳分配"原则。据说，顺丰的快递员为了多发展自己的业务，曾在某个写字楼内，每天清晨就去义务地打扫卫生。显然，一个企业有这种主动意识极强的员工，还愁发展吗？

我们都知道，分别揣着自愿、诱导和胁迫三种心态去做一件事情时，其过程和结果都将大相径庭，一个"自愿"胜过了无数的"不情愿"。王卫把每个快递员都导向了"主人翁"的意识和价值观，每个快递员都是自己的老板，干得多就赚得多，不用监督、无需鞭策，这样跳出规矩和框框的策略，实在令企业"省心"。

在同行看来，顺丰企业与快递员之间已经超越了劳动雇佣关系，上升为分配关系，留在顺丰效力的都是认可顺丰，愿意服从王卫的人，而那些不认同他的人，要么无缘顺丰，要么早在当年收权的时候就与今日的辉煌擦肩而过了。

王卫不喜欢条条框框的束缚，同样也不会把这种束缚施加给任何一名顺丰员工。王卫没有什么高学历，更没有接受过专业的教育和培训，但他在管理和营销上的见解却远高于大多数的高学历人才，对此，王卫曾谦逊地表示："我没有条条框框，一切都回归到'什么问题，需要什么东西'。有时我们学了某个框架就想套用，因为不理解设计初衷总会有不匹配。20 年来我一直在寻找适合的框架，最终是佛学的因果循环让我很开窍。"

的确如此，所谓的"因果"，即是你怎样对待别人，别人也就会以同样的方式回馈。

作为顺丰的员工，最满意的除了有保障的高收入，就是公司对员工的负责性，这种负责体现在为员工提供培训、学习的机会，提供晋升的平台，还会为员工家属发放各种福利和补贴。在顺丰，一半以上的高级管理人才都是顺丰自己培养起来的快递员。

"晋升机制"，无论说是作为一个名词，还是作为一种考量单位，都越来越成为人们择业中看重的参考因素之一，甚至比薪酬的参考性价比都高出很多。现代人对择业的观念已经超出了"找一个工作赚钱"这么简单的认知范围，而是选择一个平台释放自己的热血和激情，而晋升，就是平台给予的最佳奖励。

同样，晋升对于企业而言，也是至关重要的一个运营管理机制。对于任何一个企业，最重要的资源就是人才，如果人才流失了，不仅会给企业运营带来损失，同时也会附加许多成本。比如，对新员工培训以令其尽快胜任岗位工作所带来的显性成本支出，以及由于人才流失对现有员工心理上造成的不稳定因素等隐性成本的支出。在企业员工离职的众多因素中，绝大多数因素都与"晋升"有关。

王卫能在大千世界为数众多的快递员中，通过公开、公平、公正的晋升机制提拔优秀员工做管理者，与其说是为员工提供平台、提升其认知度，莫不如说是企业与员工双赢的战略战术。一个企业的发展离不开高层的决断、中层的管理以及基层的努力，王卫作为顺丰的最高领导者，他招聘一名快递员与一名中层管理人员所付出的成本是不一样的，相比之下，中层管理人员不仅薪酬比快递员多一些，且本就拥有工作经验，有一套赋予自己更多主观性的决策风格，一旦完全转型至顺丰套路的话，不仅用时较长，且很容易产生严重的不和谐碰撞，极有可能损失掉这个人才。

反之，如果从一线的快递员中晋升优秀的管理人才，这个与顺丰同进退的快递员，不仅有多年于顺丰的从业经验，对相关的制度、文化、价值观都认同，最关键的，还在于其对企业忠诚度高，经营策略符合顺丰发展规划。毕竟，一枚用得顺手的棋子，才能为整个棋盘带来胜利的希望。

王卫不受拘束，也不去限制员工的发展。能者上、庸者下，如此常规又多遭忽视的经营之法，被王卫使用得"不落窠臼"。

这是顺丰的福，也是顺丰人的福，更是社会的福。

高效管理，对话"巨无霸"

顺丰做快递很牛，在中国市场上的确如此。与国际巨头相比，虽然有些短板，可其一路上扬，正朝着"角斗士"的方向高歌猛进着。把顺丰说成是"中国的联邦快递"，相信没人能反对。能够成为巨头，不局限于规模有多大，而是内核是否具有传承的潜质。

毫无疑问，顺丰是个有精神的企业。王卫对顺丰以及顺丰 21 万员工的高效管理，也助力其赶超国际快递巨头。

联邦快递是国际快递巨头中的巨头，顺丰的榜样似乎很强大。一个没有背景又不愿意引资，还不打算上市的民营快递公司，真的能匹敌国际巨头，做成中国的联邦快递吗？

联邦快递的创始人弗雷德·史密斯，被誉为"联邦之父"，他是一个意志力超强，不断自我奋进的优秀管理者。在弗雷德·史密斯的带领下，联邦快递经历了数次试错，甚至九死一生的自我超越后，才最终成为现在的快递界神话，这个与领导人风格一样，极具倔强和执着特质的企业，不仅仅是顺丰的榜样，更是国际快递舞台上的最美舞者。

顺丰作为一个与联邦快递很多方面"神似"的企业，能否实现自我超越（目前已经是中国民营快递的巨头产业，在发展中，真正的对手恐怕也就只有"过去的自己"了），成为下一个联邦快递呢？首先，让我们对这两个快递巨头进行对比分析，无论顺丰能否成为中国的联邦快递，联邦快递对顺丰的榜样作用还是极大的。至少，在管理的概念下，渠道管控、速度和规模的提升、人性激励作用等方面，顺丰与联邦快递确有可比性。

渠道管控，在企业发展过程中具有重要的导向和决定性，那种来自于制造商对现有渠道进行的管理和控制，最直接的目的是实现公司的分销，以达到对渠道成员之间、公司和渠道成员之间合作进行的一切活动的管控，最终实现核心竞争力的提高，确保企业在市场竞争中长期具有优势，持续、健康地发展。因此，对于那些还处于高速成长期的快递公司而言，在相对复杂的系统内推行整齐划一的执行模式，既重要更难以实现，它更像一把双刃剑，一旦把握不好，便会伤其身、毁其形。另一层面上也反映出，哪些将渠道管控进行得很顺利的企业相比之下更成熟，更能取得竞争中的最大成功。

1973 年上半年之前，弗雷德·史密斯作为"联邦快递之父"，一直都忙于市场调研和公司的筹建工作。通过专家团队的市场调研后，得到的结果让所有准备投身快递行业的企业家都望而生畏，但史密斯却表现出前所未有的强烈兴趣，而其本身也具有不可多得的胆识、魄力。

做快递实在太烧钱了，既要拥有足够的飞机、汽车作为交通运输工具，还要在大面积的范围内铺设网点，建立分支机构，同时还要招募海量的快递员。史密斯为达成夙愿，将全部家当 850 万美元贡献出来，又积极游说投资商，最终募集到 9600 万美元的资金。这使联邦快递从诞生之日起就创下了美国企业界单项投入最高记录。

在获得风投资金后，史密斯做的第一件事就是购买了 33 架体积小，便于提供运送服务，还无需申请执照的达索尔特鹰飞机。

完善了交通运输工具的联邦快递，在短短 4 年的时间里就创造了 1 亿美元的年度经营收入。

到 2010 年，联邦快递旗下已拥有 666 架全航运飞机；2012 年，近 26 万名快递员为联邦快递创收 390 亿美元，不得不说，史密斯极具豪赌精神。当初孤注一掷地募资、买飞机、构建全网络供应链的渠道管控举措，成为其稳固企业、提升运营效率的关键点。

同样具备豪赌精神的，还有中国快递企业家王卫，他创立的顺丰在 21 年的发展道路上可谓曲折攀岩，最终正本清源。1993 年成立的顺丰公司，直到 3 年后才将局限于广东地区的业务范围延伸至全国，2002 年之后才有了顺丰总部。而后，曾经以"自然延伸"方式高速自发扩张的顺丰，逐渐出现不和谐的音律———些加盟商为了眼前的小盈利，置公司信誉和品牌形象于不顾，大肆抢食地区性的市场份额，更有甚之者还自立门户，与顺丰抗衡。王卫认识到事情的严重程度，于是开展了"收权运动"，进行一体化推进。

作为中国第一家购买飞机做快递运输业务的顺丰，靠着 21 万员工的努力，创造出近 300 亿元的年营业额，成为中国快递舞台上的一枚最璀璨之星。

在发展的道路上，顺丰虽然没有联邦快递"财大气粗"，且经历了多年的曲折发展之后才有了今天的成绩，但二者在渠道管控方面的近乎一致，也加速了顺丰向榜样靠近的节奏。

在 40 余年的发展历程当中，联邦快递明确地知道"时效"在快递领域是尤为重要的。尤其"限时"，更成为细分快递市场的关键性特征。联邦快递对运输工具尤为重视，毕竟"时效"完全是由运输工具决定的。目前，联邦快递已经将至少 1/4 的业务"飞"到了世界各个国家，它不惜血本，追求速度制胜和规模扩张的决心，至今依然坚决。

同样以"快"著称的顺丰，在规模扩张方面相对更为谨慎，但一旦发现"目标"，便快、准、狠地占据竞争要地。表面看来，有些冒险主义意味，实质上却是谨慎的王卫深思熟虑后，独有的商业逻辑的体现。

包了 4 年飞机，将速度提升至"最快"的顺丰，已再也不能满足仅仅租飞机了。只是由于当时还未接受任何风投公司资金的注入，顺丰不可能像联邦快递一样一下买那么多飞机，所以，抢占了中国中高端快递市场大部分份额的顺丰，唯有一边租飞机、买飞机，通过空运提升速度确保"时效"上的承诺，一边在全国范围内布局。目前，顺丰的国际、国内业务已经通达全球 200 多个国家和地区。

顺丰和联邦快递都意识到，想成为快递大佬，无论是速度还是规模，都要实现最优化，才能立于不败之地。

对于管理一个人员流动性强、市场节奏快、精准度要求极高的快递企业管理者而言，联邦快递从来都不吝啬硬件设施上的投入。联邦快递系全美地区首家提供加速货物跟踪服务的快递企业，其率先采用激光条码、扫描仪、掌上电脑等高精尖设备用于快件投递系统中，另建立无线电网络，此无线电网络除美国军方之外，是为美国最大。

除了自身修为、外部管控、引进尖端设备之外，联邦快递一样重视人才养成计划，因为在一个快递公司中，员工能将个人主观能动性发挥到工作的点滴之中，就会在为公司节约成本之余创造更大的财富。基于此，史密斯开始了他的人性激励机制，培养员工自主学习的能力，尤其是公司没有明确指示的时候，员工依然能迅速采取行动的能力。

联邦快递的核心价值观为——"员工—服务—利润"，即PSP原则。只有员工得到了满意的工作回报，才能将热情的服务提供给客户，以此为公司创造更多的利润。王卫在这一点上，与史密斯可谓"英雄所见略同"，两人不谋而合地坚持以人为本的内部管理机制，而多年前就引起业界共鸣的"计件+晋升"，更是有力地支撑着顺丰携21万大军稳步前行。

毫不夸张地说，王卫一直是踏着联邦快递的足迹发展顺丰的，不过，也许没有这个榜样，顺丰在王卫的精心打造之下也会成为快递业界的传奇，毕竟中国快递史上，还没有出现第二个王卫，甚至换个人，给他30亿、300亿也打造不出来第二个顺丰。

顺丰一路走来，有人质疑，也有人认同。不断的质疑声，是王卫前进的侧面动力。当然，膜拜顺丰和王卫的仍大有人在。业界对顺丰的肯定，决定了这个"中国的联邦快递"继续谨慎而为，向着下一个世人不得知的战略目标潜行、前行……

14

迷人的顺丰文化

企业低调，员工自豪

　　一个企业能让员工充满自豪感，绝不仅仅因其规模大、工资高，更在于企业把员工当家人，站在员工的立场。顺丰，即是一个让员工可从心底发出自豪感的企业。

　　顺丰的每一个快递员的家属，也都是幸福的，因为他们可以一样分得来自顺丰给予员工的福利。而顺丰员工，其幸福感更是不言而喻。他们拿着同行业中最高额的工资，同时也身处一个硕大的晋升平台，尊享着自上而下的来自企业的尊重和关怀。如果有人询问顺丰快递员："你喜欢你的工作？"相信他们肯定会毫不犹豫地回答："喜欢！"

　　简单的两个字，将顺丰企业与员工之间的和谐、美好关系表现得真切、确切。若不是顺丰迷人的文化感染着员工和客户，顺丰又怎能在"纠结"的快递行业中始终如一地备受尊重呢？就像顺丰的企业愿景——"成为百姓最值得信赖和尊敬的速运公司"一样，顺丰正朝着这个目标稳步前行，甚至于，其已经得偿所愿。而为了达成此愿景，顺丰首先让"顺丰最可爱的快递员"值得信赖、备受尊敬。

　　顺丰是积极的，这种来自于正面的自我肯定、努力进取的企业文化，使得顺丰迅速打造出多样的、充满进步之色的业务产品，更多地满足客户和消费者的多种需求。

　　在顺丰的众多业务产品中，最具特色的是"即日达"、"次晨达"和"次日达"。顺丰空运能力的强大，造就了其以速度致胜的因子，良好的门对门服务，也为顺丰的时效性增添了客户的满意程度。

　　多年以前，顺丰就看到了飞机对于快递运输的重要价值，从如今的业绩来看，当初重金砸向飞机的选择是多么正确，那个业内首个使用飞机配送快递的中国民营快递公司，现在已经成为"高端、时效寄送服务"的行业典范。在"即日达"推出不久之后，2011年顺丰又推出新产品"陆运通"，这个产品是针对那些对快递包裹没有时限要求的客户打造的一款新品，全部流程均在陆地上完成，一般快件会2—3天送达，速度较特色产品慢，价格也相对优惠，首重2公斤内为30—36元，续重每公斤5—8元。

　　顺丰于2011年率先推出"国际件"业务，目前除了港澳台地区之外，国际件业务延伸至日本、韩国、美国、新加坡和马来西亚5个国家，国际件业务的开展，为顺丰打入国际快递市场奠定了一定的基础。

2012年8月1日起，顺丰推出经济件"四日达"产品，作为陆运新产品，四日达完全弥补了航空不能运输的产品种类的空白，例如化妆品、光碟、酒类、奶粉及电子产品均可以通过这个新产品实现配送服务。

该产品曾一度引起包括"四通一达"在内的民营快递公司的恐慌，毕竟快递大佬"自降身份"，与其争夺中低端市场份额的手段是他们应付不来的。2014年3月底，顺丰推出一站式门对门新品"物流普运"，主要针对20公斤以上的大货配送服务，单票最低收费120元，续重1—7.5元/公斤不等，通过定时定点的集散中转模式来保证物流普运的时效性，临近省份2—4天送达，偏远的地区要4—6天才可以送达。这种门对门的大货配送服务，虽然要将"上门"服务的价格加到总运输成本之中，但却为客户减少了很多送货和取货的麻烦。

在外界看来，这是顺丰直面德邦、天地华宇、佳吉等国内公路运输物流公司的对战，但顺丰真正的用意不局限于此，其更大更远的目标，是向UPS、联邦快递看齐，成为真正的物流综合供应体系。

除此之外，顺丰还推出了专人专车派送、全程跟踪、严格签收、专属理赔的"特殊安全件"产品，这类专门针对于2万—5万元贵重物品的配送服务，早在2011年的上半年就已经全面开放了。另外，顺丰业务产品中还包含代收货款、保价等"增值服务"产品。

琳琅满目的业务产品，让顺丰忙得"不亦乐乎"，也为消费者提供了更多的业务选择。随着业务不断地扩展以及迈向国际的步伐，顺丰越来越稳得住民营快递"大佬"的宝座了。当然，这种自信同样来自于持续创新和完善的配送服务体系中。

快递是人员流动性最强的企业之一，人员的流逝对任何一家公司而言都是有百害而无一利的，尤其是以"人海战术"为根本的快递行业。为了降低经营成本，顺丰不仅通过"满足快递员理想工资"的计件方式，还通过晋升机制在公司内部培养适合管理的中流砥柱。顺丰对员工的"好"，被同行业其他快递公司的快递员看在眼里，记在心上，这么理想的工作单位和福利待遇，可不是任何一家快递公司都可以提供的，同样低门槛的快递员行业中，顺丰注定是最吸引人的。

当其他快递公司的快递员也想往高处走时，首先想到的就是去顺丰。顺丰从来不会埋没一个人才，也不会姑息任何一个不懂得珍惜顺丰提供的机遇的人，对于那些工作效率高、责任心强、像热爱生命一样热爱顺丰事业的人，顺丰甚至会主动邀请其加入顺丰大军。此外，顺丰还会与高校签署定培协议——定向培养物流专业人才，这在顺丰企业被称为"大学生种子引进计划"。凡是签署该项协议的大学生，毕业后都将进入顺丰公司，通过前期的岗位培训、技能培训、价值观培训及相关业务知识的学习后，正式成为顺丰企业的一员。

顺丰的"大学生种子引进计划"，不仅解决了大学毕业生择业难、就业难的现状，同时也为顺丰企业人才储备和建设做出了不小的贡献。虽然，很多业界内外的人士会不理解，通过大学四年的专业学习的大学毕业生，做快递员岂不是可惜了？其实，顺丰绝大多数的中流砥柱都是从基层的快递员一步一步晋升为管理人员的，在顺丰，快递员并不是不起眼的小角色，而是顺丰企业

"最可爱的人",是最有晋升潜质的一个群体。

顺丰通过大学生的养成计划,每年都会引进一批高学历人才,据悉,一半以上为本科生、研究生学历。这些大学生在校园中就开始接受专业的物流学习,毕业后又得到专业性很强的培训和工作中的学习,即便这些人最终未能在顺丰站到最后,从顺丰走出来的高、精、尖学子们,也会成为社会上稀缺的物流人才。

顺丰就这样,稳稳当当地"走"在中国民营快递的跑道上,当其他快递公司策马奔腾、不遗余力地向前冲刺的时候,顺丰早已经在临近终点的空地上安步当车了。当然,顺丰并不是在上演现实版的"龟兔赛跑",而是通过这种谨小慎微的动作向业界诠释,顺丰的每一步虽然迈得大、速度快,甚至还没有人看清楚顺丰"穿什么样的衣服"时,就已经从别人身边急速而过了,但顺丰始终很认真、很踏实地走着每一步。

从企业内部流程的标准化,到先进设备的引进与投入使用;从系统含量的高科技注入,到员工技能与素质的养成和提高;从为客户提供最优质的配送服务,到不遗余力地塑造顺丰品牌,顺丰一直埋头前行,并不时抬头看路。不嚷嚷、不招摇,"蹑手蹑脚"地一步步走上了山之巅!这样的企业,是值得员工为其骄傲的。

信赖,就是信得过,赖上你

为什么顺丰一路走过来,被同行关注着,被业界关注着,甚至被客户关注着?它到底有什么样的魔力吸引着周遭的一切?其实,真正美好的事物,宛若完全不需要修饰和装点的"素颜美女"，一颦一笑都能感染所有人。顺丰文化，就是这样美好的事物，其文化中，最具有复制价值，也是最靠谱的，当属完善的物流信息化系统。

所谓的物流信息系统，是指人、设备、程序三者组合在一起，为物流管理者提供计划的执行、实施和有效管控等职能，并提供信息交换的系统。其主要功能是：对物流信息的采集、存储、传输、加工、维护和输出，为物流管理者的战略战术决策提供有力的数据支持，从而实现物流的高效运作。在竞争日益激烈的买方市场中，谁掌握了更多真实有效的第一手资料，谁就控制了绝大部分市场份额。因此，建立完善的、反应迅速准确的物流信息系统，就显得至关重要。

顺丰为了加强物流信息系统的建设，与 IBM、ORACLE 等国际知名企业牵手合作，致力于研发和建立具有行业领先价值的物流信息系统，目前已经投入使用了 35 个对快件流转进行全程信息监控、跟踪和资源调整的信息系统了。

顺丰快递结点查询功能的推出，让客户可以看到自己快件所历经的每一个时间节点的运输情况；多平台查询功能的推出，又将快件查询功能向前推进升级了一步，客户可以不再拘泥于一个平台进行查询快件了，有更多的平台可以为客户提供快件的实时运输情况，更便捷地了解自己快件的节点信息。

顺丰的另外一个先进的"工具"就是巴枪，这是顺丰快递员人手一个的"法宝"，当客户发快件的时候，顺丰快递员会用巴枪扫描快件的条形码，之后，关于快件的信息内容就会传输到物流信息平台。

巴枪的作用，就是将快递信息同步传递，确保了快件安全、有效地运输，最后按时送达。人们平时通过多平台输入快递单号后，在看到有关快递详细内容（如客户姓名、签收时间、货物状态、异常信息等）的同时，也可以看到快递途中流动情况，这些都是巴枪的功劳，它经历每一个步骤的时候，都要将快递信息同步。巴枪的存在，彻底拉开了顺丰与其他民营快递公司之间的差距。

顺丰的巴枪于 2003 年由韩国进口而得，7000 余元/台，与外资快递公司相比，顺丰仅仅"迟到"了三年，而且是中国第一家引进巴枪的快递公司。现在，顺丰的巴枪已经升级为第四代了，随着科技的进步和信息系统的健全和完善，这种高科技产品的价格也有所下降，现在的第四代巴枪基本上是 3000 余元/台。

巴枪的外形很帅气，长得很像 PDA（一种手持无线设备，可计算、电话、传真，先进者还可以包含手机的诸多功能），内置 17 项子功能，除了同步快件信息的功能之外，还可以进行运费结算、查收派件范围、拍照等先进功能。

2013 年 8 月，顺丰与 IBM 合作再次推出 APP 手机客户端，客户完全可以通过手机来完成顺丰各项业务。为此，顺丰特聘 IBM 的专业人士加盟顺丰，为顺丰管理架构做参谋，同时，IBM 另派出一支由几十人组成的专业团队常年驻守在顺丰，为其提供技术上的支持。

2014 年 5 月，顺丰 APP 手机终端又推出新功能。据悉，新功能可以识别"真假快递员"。最新升级的 APP 增加了推送快递员头像的功能，也就是说，一旦有客户需要配送快件，客户端会在快递员到达客户处取件之前，将快递员的工号、照片等身份信息推送到平台上，让客户现行了解，如此，当快递员登门取件的时候，客户就可以通过之前传输到平台的信息，对快递员的"真伪"身份进行核对了。该项升级功能的投入使用，不仅增强了快递服务的便捷性，同时也带给客户更多的安全保障。

除此之外，顺丰还曾在 PC 端推出过"虚拟地址"，此项策略，实质上就是指客户所填写的收件人地址，完全可以用一组数字代码来替代原有的实际详细地址。这种数字代码只有顺丰的物流信息系统才可以识别，这又为客户的信息安全多提供了一层保障。

现在，这种"虚拟地址"功能也同样应用在移动客户端上。

顺丰移动客户端的推出，目的同样是增加客户信息安全性，此外还保护了快递员的身份以及客户详细地址等信息的安全。顺丰的物流信息系统，还作用于手机短信功能之上，即顺丰推出短信自主功能，客户完全可以通过发送短信来进行寄件、查询快件状态等操作。这项功能目前仅对中国大陆的客户投入使用，支持移动、电信和联通的手机用户，只要手机有发送、接收短信的功能，就可以进行该项业务。

顺丰身处"微时代"，又怎么能错过微信营销呢？

顺丰早在 2013 年 5 月就推出了微信公众账号自助服务，即客户通过微信，可实时掌握快件的全部流程时间表，并可以进行寄件、订单管理等功能的操作。微信公众平台对客户的收件地址、寄件地址的保存功能，让越来越多的客户对顺丰产生依赖性。这恰恰是王卫想要看到的结果。

顺丰完善的物流信息系统以及便捷、安全性强的各种终端功能，在体现了自身设备精良、技术过硬的同时，更确保了客户的信息安全。在物欲横流的当今社会，"贩卖"客户信息的事情频繁上演于各个领域，人们对个人信息的保护意识也更加强烈，相信顺丰这种以客户信息安全为导向的信息配套系统的推出，会对更多的消费者产生巨大的粘性，而顺丰在享有来自于客户信赖上，大有"坐享其成"之状——这是顺丰应得的。

业内的领袖，业外的偶像

马云最佩服的人是王卫，其实，佩服王卫的人又何止马云呢？至少在中国民营快递领域，其他的快递公司都尊誉顺丰为"老大哥"。王卫的"独裁"，塑造了顺丰的强势，而顺丰的强势，则造就了顺丰帝国。

在顺丰，王卫更像是一个"大家长"，对顺丰的员工而言就像亲人一般亲切、和蔼，即便他再怎么神秘，对员工的尊重和关怀都彰显在一点一滴中。员工有错，王卫并不会姑息，但自己的员工只能自己去挑毛病，外界对顺丰员工有不和谐声音，也就等于对顺丰不满，这是王卫不愿听闻的。这更像是我们接触到的任何一个家庭，父母怎样教育孩子都不会怨恨，但旁人若是说一个"不"字，家长定会心中不快。也许，这就是中国人特有的教育方式吧，顺丰也是在这样的"方式"下茁壮成长起来。

有人说，王卫的想法就是顺丰的想法，王卫的策略就是顺丰的策略，这在民营企业中是比较常见的"领导人作用"。对于任何一个打工者来说，不管是基层还是中高层，达到了老板的意愿，那就是公司需要的人才类型，这也就是为什么刘淼下而李东起上的原因了。

王卫从来不掩饰自己"独裁"的作风，从他"收权"的时候就已经表露无遗了。那些愿意听从王卫"摆布"的加盟商，便会换一种身份再次成为顺丰的一员，而那些想霸权一方的加盟商，其结局就是与顺丰老死不相往来。

王卫"收权"时也遇到不少麻烦事，甚至生命也曾受到过严重威胁。对此有人调侃地说，王卫之所以低调行事，不接受任何采访的原因，就是担心被当时收权时得罪过的加盟商报复。虽然我们都清楚王卫的低调"与生俱来"，但这样的调侃还是"无风不起浪"的。王卫收权的目的，是为了顺丰整体的品牌形象和未来发展的道路走得更顺利，其更深层的意义，无外乎就是所有人都要听从他一个人的命令！收权运动历时几年的时间结束后，王卫终于实现了对顺丰的100%控股。

当风投公司将眼光盯上了顺丰的时候，王卫不直面回绝，却玩起了"失踪"，PE和VC们没有机会见上王卫一面，也就无缘注资顺丰了。尽管顺丰的地位显赫，足以起到"招蜂引蝶"的作用，但王卫的避而不见，除了让外界对顺丰刮目相看之外，又多了一层"专权"的猜测。外界认为，王卫不融资的目的，不是不缺钱，而是不想放权！

的确，顺丰并非真的富得流油。当初10万元起家，即便经营有善，打造了行业领先的巨头形象，但王卫的"不安分"跨界、试水、试错，都是需要用钱来做铺垫和善后的。也许，王卫经历过当初的"加盟"模式后，已经认识到了"分权"的弊端，所以在融资问题上无比谨慎，直到电商纷纷瞄准物流，他才不得不战，这一战，顺丰最缺少的就是保护和钱。故而顺丰接受了融资，但被王卫瞧上眼的只有"国字号"的PE，他们除了给顺丰大量的注资之外，还给顺丰披上了"国字号"的外衣。即便王卫这次不得已地"放权"，可顺丰75%的股权还是归王卫个人所有，顺丰还是王卫说了算。

顺丰目前的市值超过 300 亿元，但王卫却坚决不上市，用他的话说就是，上市后会有太多的人"监视"顺丰，顺丰就失去了自由……对此我们是不是可以这样理解：顺丰若上市了，王卫就得被众多股民、股东以及消费者"盯着"？不自由是一方面，最主要的原因恐怕还是王卫失去了"霸权"。

在顺丰还没有诞生的时候，中国邮政几乎控制了所有国内的运输市场，但顺丰出现了，且以迅雷不及掩耳之势迅速扩张和壮大，中国邮政的市场份额大幅缩水。目前，快递运输竞争市场上，顺丰至少占有20%的市场份额，且这个比例还在扩大中。

不得不说，顺丰的崛起带给了民营快递企业可以更好生存下去的勇气和力量，也为"国家队"EMS曾经的"独领风骚"带来致命一击。顺丰作为民营快递的巨头，它的一举一动都带动着整个民营快递市场的格局变换，其他民营快递公司在市场竞争中，也开始越来越紧随顺丰的"变化"而"变化"了。

顺丰帝国的"影响力"牵动着业界的行情和趋势，同样也影响着圈子之外的一些变革性因素，比如顺丰的各种"跨界"。顺丰跨界到电商，电商开始紧张；顺丰跨界到零售业，零售业开始焦虑；顺丰搭建第三方支付平台，其他第三方支付系统有所纠结；顺丰看好生鲜食品并构建冷链物流，于是，整个经济市场都开始向着多元化"使劲儿"。

王卫的种种动作，其实只是先于行业而做出来，并不是他有着多么强的颠覆中国经济的能力，但我们至少都清楚地知道，王卫走的每一步，都带动了周遭的狂喜或烦躁，这个影响力巨大的人物，不仅是快递行业内的领袖，同样也是行业外的偶像。

也许最初，大家都在嘲笑顺丰首次的跨界不利之后，再跨界再不利，但谁也没有认识到，这些跨界失利的背后，王卫不仅总结了失败的教训，同样也摸索出行业中致胜的法则。王卫不说，不代表不知道，他悄悄地做着想做的事，这并不意味着他是一意孤行、不懂得分享的。试问，谁又清楚他的战略战术，是否将会影响着中国的经济市场变化呢？

2014 年 5 月，顺丰"嘿客"便利店开始在全国范围内启动，并计划在 2014 年达到 3000 家便利店的规模。如果顺丰顺利完成"顺丰速运+顺丰优选+顺丰移动端布局+顺丰金融+顺丰 O2O 服务布局+顺丰物流农村线+……"等多渠道全线整合，那么王卫的零售帝国之梦算是真的实现了。

有评论说，未来的互联网电商天下是马云、刘强东和王卫三人的，这话不无道理，因为他们同样白手起家，同样被认为"不务正业"，但同样缔造了商业神话。相比较马云和刘强东，王卫的战略布局更早，对于唾手可及的机遇也是稳妥抓牢，伴随着快速的发展和扩张，以主业快递为主，副业电商、零售、金融支付为辅的多元化发展，让顺丰集团的布局更加紧凑。环环相扣的优势，放大了顺丰成功的足迹。

世界上并不缺少聪明人，也不缺少勤奋人，甚至不缺少善于管理的人，但既聪明，又勤奋，并且擅长管理企业和员工的、时刻充满创新意识和危机感的人，却是这个世界无比稀缺的。王卫就是这样无比稀缺的人，他每天都会"练功"，不求一招制胜，但求所向披靡；他每天都会有新的创意，不求血液的新鲜，但求坐立而安。王卫赋予了顺丰太多的传奇，也许你可以复制他现在的成功，或者模拟他过去的积淀，但你一定无法超越他持续创新的未来，王卫，俨然成为行业之外的"偶像"。

顺丰是快递，公益是先锋

顺丰在做好自己的同时，也不忘回报社会；王卫在爱和尊重顺丰员工的同时，同样将这份爱和尊重送给了那些最需要的人。

自 2002 年顺丰开始"贫困助学"起，王卫的慈善公益之路就未曾中断过，虽然过程中曾有过外界的质疑声，但顺丰是光明磊落的，王卫不怕有质疑和反对，更不怕出错，因为顺丰在做好事，如果连最起码的爱心奉献都不能得到理解，那还有什么能被理解呢？王卫始终坚信，误会解除了就是光明，爱心永远在路上，顺丰只是一个将爱进行到底的人。其实，王卫也只是一个抛砖引玉之人，毕竟全世界需要爱和奉献的空间太大了。

2002 年，顺丰开始首次与广州教育基金会合作，并接受了该基金会颁发的"扶困助学"捐赠证书。广州教育基金会是于 1989 年创立的具有独立法人资格的社会公益性团体，以扶困助学、奖教奖学、自主教育为宗旨，动员、发展社会各界各方面的力量，多渠道筹集资金来实现捐助的价值，顺丰就是与之合作的社会企业之一。

2003 年的"非典"，带给顺丰最大的收益是航空运输的契机，而顺丰同样在这样不可逆的"灾害"面前伸出了援助之手。顺丰捐赠出 200 万元用于中国非典型肺炎的防治工作，为此，其获得了国家民政部颁发的"爱心捐助奖"。

2004—2005 年间，顺丰累计投入慈善事业资金 250 万元，其中，为希望工程捐赠 100 万元，并获得由广东省青少年事业发展基金会合作颁发的"捐赠证书"。广东青基会成立于 1994 年，也是具有独立法人资格的社会团体，旨在通过海外关心青少年事业的团体、个人的支持，以推动青少年教育、文化、社会福利等事业的发展。

2006—2007 年，顺丰连续为中国慈善事业捐赠 250 余万元资金。始终致力于社会慈善事业的顺丰，用最简单的捐赠方式表达了一个成长中的企业的真实社会责任感。

2008 年，汶川地震震撼了整个中国，各行各业各界人士，或以公司名义、或以红十字会名义、或以社区名义、或以个人为单位开始了广泛的捐赠，顺丰自然也位列捐赠企业之中。顺丰不仅向灾区捐款 1000 万元，还捐赠了可供 3500 人使用的简易帐篷，并安排 78 名志愿者参与汶川灾区的救援和重建工作，另助养了北川、青川和安县三地的孤儿，直到他们长到 18 岁。

2009 年，顺丰投入到慈善公益事业的资金为 250 余万元，并构建起广东省顺丰慈善基金会，开展扶贫济困、赈灾救助和奖教助学等慈善公益项目。

2010 年，顺丰慈善基金会累计为西南旱灾救助项目、青海玉树灾区援建项目、凉山州美姑县爱心班资助项目、少数民族村落水电站建设项目捐助资金共计 1650 余万元。

除了广东省顺丰慈善基金会投身于公益事业建设之中，顺丰集团各地区的公司也都在集团的感召下始终致力于慈善事业。

2011 年，广西顺丰为贫困小学捐款 5 万元，用于改造贫困小学危旧校舍等。

2012 年，甘肃顺丰为锁龙九年制学校捐赠 2 万余元的书包、文具、衣物等学习和生活用品。

任何企业都具有社会的属性，取之于民而用之于民的不只是金钱，还有道德和责任。多年来，或许我们知道顺丰致力于慈善事业的步伐也就仅仅如上几点，但还有很多社会公益之事出于顺丰，却不为世人所知。这并不是我们故意的遗漏，而是顺丰并不想在这本该去做的慈善事业中过多宣传自己，试问一个连广告都不做的企业，其品牌效应又怎么会依赖公益救助活动呢？

近些年来，顺丰在 15 家高校开展了"顺丰奖学金"，共投入 156 万余元；

为福建省三明市尤溪县安宁乡道路建设投入 16 万元援建费用；

为四川省康定县塔公社乡江巴村老人院提供 250 万元的援建费用；

先后为广东省鹤市镇中心小学、河布小学、黄石小学的贫困学生捐赠 450 个书包及其他学习用品；

为青海省果洛藏族自治州斑马县达卡乡爱心板房建设提供 30 万元资助；

参与广东省和平县李田村扶贫项目两次共捐赠 15 万元资助；

为福建省福州市平潭县北厝中心小学、数字青少年宫、校园网建设等项目投入援建费用 26 万元；

成立四川省凉山州普格县荞窝镇中心校顺丰爱心班，该爱心班里有顺丰资助的 50 名贫困学生，他们 1—6 年级的所用费用都由顺丰资助，约 80 万元；

顺丰还捐建成立 7 间"顺风电教室"、333 台置换电脑主机、112 台 CRT 显示器，68 台液晶显示器以及相关配件 333 套……

也许，顺丰做了很多类似的"小事"而不声不响；也许，顺丰的每一笔公益支出数额不大，但其一直以来投身慈善事业的决心和作为，令世人感动。我们相信，顺丰公益慈善项目还会继续，会伴着时而出现的误会和不解一直继续。

2013年4月，四川雅安庐山发生的7.0级地震，再次受到中国各界人士的关注和资助，包括中国邮政、顺丰、金峰快递三家公司在内的快递公司，也投入到赈灾救助的行列中，他们将免费邮寄个人寄往震区的救灾物品。然而，这样的公益慈善之事，却出现了不和谐的音符。

4月21日，深圳市民王女士先后网购了5吨大米，准备通过顺丰捐献给灾区。次日，王女士填写邮寄信息时，指定收货人为北京感恩公益基金会的志愿者周健，但到了4月23日，王女士却得知，这5吨大米已经入了雅安市民政局的库房，不可能再拿出来送到王女士指定的基金会了。对此事件，王女士以及北京感恩公益基金会的志愿者周健都一头雾水，满心狐疑。

这次免费邮寄赈灾物资，在接收人一栏填写上有严格且明确的要求，可大量的赈灾物资在物流配送过程中，难免会出现"张冠李戴"，快递员的疏漏似乎也在情理之中，一句话没说透，或对方没有明确理解，都很有可能造成物资流向偏差。

当时，民政部门在接收到救灾物资之后，也是要详细备案的，如果再进进出出，基本是不现实的事情。显然，王女士的5吨大米是不能直接交到北京感恩公益基金会这个民间慈善组织手中了。

对此，顺丰方面表示，社会大量救援物资基本上都集中在那几天运输，不仅使得通往灾区的道路发生严重的拥挤、阻塞现状，且也对主要受捐单位在救灾物资的保管、仓储方面带来很大压力。赈灾是好事，谁也不想把好事办坏了，但若真的出现难以精准掌控的差池，那么做好事的人，岂不是白忙一场，而且在民众心中的形象也有了污点吗？

一位来自于顺丰的工作人员对此事发表了自己的看法，他说："特定突发时期要求每一个人（对其免费模式）理解到位不是很现实，但这并不能说明整个运行模式存在问题。"而对于北京感恩公益基金会方面来说，王女士当时若不选择顺丰速运，而选择顺丰的其他方式，不走免费运输这一步，或许赈灾物资已经解决了灾民们几天的吃喝问题了。

无独有偶，4月29日，网上又传出顺丰慈善基金会私自拦截他人捐赠的救灾物资，并违规代签的事件。对此，人们不禁怀疑，顺丰的慈善基金会和免费运输救灾物资的出现，是在做善事还是做坏事？虽然，顺丰方面曾有相关解释，称确实有将群众邮寄给其他救援队的物资错误地分到了顺丰慈善基金会，但这并不是顺丰故意而为之。经过协调，顺丰已经对这次错误分配做出了解释和物资趋向汇报，并与该物资接收的救援队进行了沟通和协调，双方也达成了共识。

只是，已经在互联网上"发酵"了的错误，还是对顺丰造成了不利的影响。显然，顺丰的"大意"造成了民众的不满情绪，但其也没有否认自己的错误。

人无完人，孰能无错？更何况风口浪尖上的顺丰，即便芝麻大小的一个举动恐怕也会被有意之人放大。可即便如此，顺丰对社会的责任感并不会因此而淡化。俗话说，"好事多磨"，相信顺丰经历了这样的事件，在以后的慈善事业之路上，必然谨小慎微，谁让它是快递业的老大呢？